재일문학이 그린 재일코리안

이 저서는 2016년 대한민국 교육부와 한국학중앙연구원(한국학진흥사업단)의 한국학총서사업의 지원을 받아 수행된 연구임(AKS-2016-KSS-1230011)

재일코리안100년사 – 한민족으로서의 생활과 문화 03

재일문학이 그린 재일코리안

초판 1쇄 발행   2021년 12월 31일

지은이 ㅣ 김병진
펴낸이 ㅣ 윤관백
펴낸곳 ㅣ 도서출판 선인

등   록 ㅣ 제5-77호(1998.11.4)
주   소 ㅣ 서울시 마포구 마포대로 4다길 4 곳마루 B/D 1층
전   화 ㅣ 02) 718-6252 / 6257
팩   스 ㅣ 02) 718-6253
E-mail ㅣ sunin72@chol.com

정가   21,000원
ISBN   979-11-6068-665-4   94900
ISBN   979-11-6068-662-3   (세트)

한국학
총 서 재일코리안100년사 – 한민족으로서의 생활과 문화 03

재일문학이
그린
재일코리안

김병진 저

도서출판 선인

청암대학교 재일코리안연구소가 2016년 12월부터 수행한 한국학중앙 연구원 한국학총서사업 '재일코리안100년사－한민족으로서의 생활과 문 화'가 드디어 총 8권의 연구총서 시리즈로 결실을 맺게 되었습니다. 먼저 이 학술 프로젝트에 참여해 주신 국내외 연구원들께 심심한 감사의 말씀 을 드립니다.

이 학술 프로젝트는 재일코리안의 생활과 문화를 입체적으로 고찰함 으로써 재외한인 연구의 새로운 패러다임을 제시하는 것에 목적을 두고 시작되었습니다. 구체적으로는 기존의 정치, 경제, 외교사 중심의 연구 를 넘어 문화와 일상 속의 100년이 넘는 재일코리안의 모습을 총체적으 로 규명하고자 하였습니다. 특히 전문가들의 비교연구를 통해 새로운 재 외동포 연구의 모델을 모색하여, 이민사와 일상사 연구를 보다 심화시킬 수 있도록 노력하였습니다. 동시에 대중학술서라는 총서의 취지에 맞게 전문성에 기초한 대중성을 적극 결합하여 연구의 보편화와 사회적 확산 도 염두에 두고 진행되었습니다.

이러한 연구 목적을 달성하기 위해 재일코리안 100년의 생활과 문화 의 일상을 시기, 영역, 주제별로 8개 영역으로 나누어 완결성을 목표로 하여 연관성과 독자성을 갖는 연구 성과를 도출하고자 하였습니다. 간단 히 각 권의 연구내용을 소개하자면 다음과 같습니다.

총서 1권『재일코리안의 문화예술과 위상-기억을 위한 소묘』에서는 재일코리안의 문화예술 활동을 미술, 음악, 연극, 영화, 무용, 체육 등의 분야로 나누어 조망하고 재일코리안의 문화예술 활동의 의의와 가치, 역할과 위상에 대한 시사점을 제공하고 있습니다.

총서 2권『재일코리안의 이주와 정주-코리아타운의 기억과 지평』에서는 100년이 넘는 재일코리안의 이주사에 기초한 이주와 정주, 코리아타운의 형성과 변천, 과거와 현재의 변화 등을 종합적으로 조명하고 있습니다.

총서 3권『재일문학이 그린 재일코리안』에서는 재일코리안 문학 연구의 추세와 동향에 대한 총괄과 함께 재일코리안의 생활과 문화의 궤적을 문학 담론을 통해 통시적으로 분석하고 있습니다.

총서 4권『갈등과 화합의 재일코리안 단체의 역사-조직의 변화를 중심으로』에서는 재일코리안의 단체를 중심으로 갈등과 화합의 역사를 구성하고, 조직을 중심으로 한 재일코리안의 정치적 본질에 접근하고자 시도하고 있습니다.

총서 5권『항일과 친일의 재일코리안운동』에서는 1945년 광복 이전 재일코리안의 일상을 통해 재일코리안운동의 역사를 조명하고 항일이나 친일만으로는 규정할 수 없는 재일코리안의 생동감 있는 역사와 문화의 중요성을 제시하고 있습니다.

총서 6권『차별과 싸우는 재일코리안』에서는 일본 사회의 차별적 구조 속에 지금도 존재하는 재일코리안의 대항적 양태를 시기별 사회 변동과 연결하여 살펴보고, 재일코리안이 전개한 반차별 운동의 흐름과 의의를 재조명하고 있습니다.

총서 7권『재일코리안 기업의 성장과 모국 기여활동』에서는 재일코리안 사회의 근간을 형성하고 있는 경제와 모국 기여라는 두 가지 측면의 현실적인 문제를 짚어보고 재일코리안 사회의 과거와 미래를 전망하고 있습니다.

총서 8권 『재일한인 민족교육의 역사와 현재 – 민족교육을 지키기 위한 노력과 한계 그리고 과제』에서는 재일코리안의 민족교육의 흐름을 조망하고 현재 직면한 재일코리안의 교육문제에 대한 진단과 현실적 대안을 제시하고 있습니다.

이렇게 발간된 우리의 연구 성과가 재일코리안의 생활과 문화, 역사와 운동, 경제와 교육 등 재일코리안 전반에 대한 재평가와 재조명은 물론 연구 지평의 확장에도 크게 기여할 것임을 믿어 의심치 않습니다. 아무쪼록 이 연구총서 시리즈가 재일코리안의 과거와 현재를 조망하고 나아가 발전적인 미래를 모색하는 계기가 되기를 기대합니다. 다시 한 번 이번 학술 프로젝트에 참여해 주신 연구원들의 노고에 깊이 감사드립니다. 아울러 이 학술 프로젝트에 많은 관심과 격려, 그리고 조언을 주신 교내외 여러 선생님들께도 감사를 드립니다. 앞으로도 청암대학교 재일코리안연구소가 소기의 목표를 달성할 수 있도록 많은 관심과 아낌없는 격려를 부탁드립니다. 마지막으로 어려운 여건 속에서도 항상 재일코리안연구소의 많은 간행물을 출판해 주시는 도서출판 선인 윤관백 사장님과 편집진 여러분에게도 감사드립니다.

청암대학교 재일코리안연구소장 김인덕

표현 주체의 독립된 세계관을 위하여

이 책은 근래 한국에서 이루어진 재일코리안 문학 연구의 추세와 동향을 정리해 담아 보았다. 재일코리안 문학 연구는 2000년대 이후 양적·질적으로 상당한 발전을 거듭하면서 일정한 궤도에 오르고 있다. 본문에서 살펴보겠지만 재일코리안 문학을 연구해 놓은 단행본들이 속속 간행되고 있고, 석·박사학위논문이나 학술지 논문 등도 상당 수준 생산되고 있다. 필자는 그 많은 연구물을 전부 정독하여 체계적으로 분석할 만한 역량을 갖추지 못하였기에, 일정 부분 제한적이기는 하지만 검토가 가능한 선에서 살펴보았다. 이처럼 처음부터 많은 한계를 안고 있는 글이긴 하지만, 재일코리안 문학 연구의 동향을 점검하고 앞으로의 과제를 모색하는 데 약간이나마 기여할 수 있기를 바란다.

필자의 연구 필드는 일본 근대 사상이다. '다이쇼 데모크라시'라는 말로 익히 한국에서도 알려진 20세기 초의 일본 사회를 주로 살펴보고 있다. 그러한 필자에게 재일조선인은 관동대지진 사건 당시 처참하게 희생을 당한 피해자로 제일 먼저 다가왔다. 1923년 관동대지진이라고 하면 일본의 민간인들로 구성된 자경단이 재일조선인들을 무참히 살해한 '조선인학살사건'이라는 이미지로 다가올 것이다. 그러나 당시 일본의 치안 당국이 '조선인폭동'과 같은 오보를 유포하였고, 계엄령하에 군대와 경찰이 학살에 직접 관여하였다. 배후 세력으로 일본 정부가 개입을 하였던

것이다. 또 계엄령의 근거로 내세웠던 '조선인폭동' 등이 실제로는 발생
하지 않은 유언비어였음을 알게 된 이후에도 국가적 책임을 회피하기 위
한 정책을 실시하였다. 물론 군부와 경찰의 주도적 역할이 밝혀졌다고
해서 당시 일본 민중의 책임이 사라지는 것은 아니다. 수많은 민중이 국
가주의와 쇼비니즘에 매몰되어 조선인학살에 참여한 것은 아직도 간과
할 수 없는 무거운 역사적 사실이기 때문이다. 매해 관동대지진 수난 동
포 추념식이 진행되고 있다는 사실을 아는 사람은 그렇게 많지 않을 것
이다. 그리고 이 사건은 여전히 한일관계사 속에서 뚜렷이 그 진실이 규
명되지 못한 채 곧 100년의 해를 맞이하게 된다.

그런데 2014년 8월 히로시마에서 산사태가 발생하였을 당시, 피해지역
에서 외국인에 의한 범죄 행위가 발생하고 있다는 유언비어가 인터넷을
뜨겁게 달구었다. 2011년 동일본대지진 당시에도 외국인, 특히 재일코리
안 폭동설이 유행처럼 번졌었다. 거대한 자연재해 이후 표면화된 쇼비니
즘적 흐름과 유언비어의 조합, 그리고 국가주의의 도래는 1923년 9월 1일
에 발생한 관동대지진 이후 근대 일본의 암울했던 역사가 마치 되풀이되
고 있는 듯한 기시감으로 다가왔다. 무엇보다 1923년 9월에 발생한 관동
대지진과 2011년 3월에 발생한 동일본대지진은 대지진과 쓰나미라는 천
재지변에 더해, 후쿠시마의 원자력 발전소 폭발과 조선인, 사회주의자 학
살이라는 인재—물론 그 규모와 의도성은 크나큰 차이가 있겠지만—까
지 겹쳐진 점에서 많은 공통점을 지니고 있어 보인다. 특히 정도의 차이
는 있겠지만 두 지진 이후 일반 대중의 쇼비니즘적 행동이 집단적으로
가시적 공간에 등장한 점도 역사적 아이러니를 느끼게 만들기에 충분하다.

동일본대지진 이후 아베 신조 정권의 노골적인 역사수정주의와 우경
화는 자국중심적 언론 환경과 결합하여 한국, 재일조선인에 대한 퇴보적
인 표상을 창출하고 있다. 비록 그 수가 아직은 소수라고 해도 '재일특권

을 허용하지 않는 시민모임(재특회, 在特会)'과 같이 일반 대중의 쇼비니
즘적 행동이 집단적으로, 그리고 사이버 공간이 아닌 가시적 공간에 등
장한 점은 우려를 자아낸다. 일본에 거주하는 외국인은 다양하고 많은
데, 왜 유독 그중에서도 재일조선인이 타깃이 되고 있을까. 이를 '일본형
배외주의'로 지칭하며 그 원인과 현상을 논의해 온 히구치 나오토는 일
본의 배외주의 운동이 단순히 외국인을 배척하는 것이 아니라 과거 역사
문제와 근린 국가와의 관계가 큰 영향을 주고 있다고 말한다. 그리고 이
러한 외국인 배척이 재일코리안으로 집중되는 이유는 일본의 '불충분한'
과거 청산 때문이라고 한다.

일본군 '위안부' 문제는 물론 강제동원 피해자 소송 등 근래 한일관계
의 첨예한 갈등은 모두 과거 식민지지배와 전쟁에 대한 '불충분한' 청산
으로 수렴된다. 그나마 증언이 가능한 생존자, 당사자가 현존하는 사건
은 정치적, 역사적 이슈의 대상이라도 되지만, 관동대지진의 희생자들은
역사의 망령이 되어 추도회의 소재 정도로 소비되어 버리지 않을까 우려
하지 않을 수 없다. 그리고 사상사라는 학문 영역을 사유해 온 필자에게
재일조선인은 바로 관동대지진의 조선인학살사건을 현재로 이어주는 소
중한 존재이다. 망령이 아닌 혁명적 운동의 주체이자 현실 문제를 내파
해 가는 표현자(descriptor)이기도 하다.

이 책은 적어도 재일코리안을 외부에서 재단하는 방식이 아니라 되도
록 그들 내부에서 발산하는 에너지에 집중하려 하였다. 재일코리안이 위
치해 있는 가족을 포함한 공동체, 사회, 국가 체제와 같은 외적 환경도
중요하겠지만, 그들의 내적 환경에 시민권을 부여하여 독립된 세계관으
로서 재일코리안 자체를 존중하고자 한 것이다. 물론 이 책이 필자의 의
도를 완벽하게 구현해 내고 있지 못하다는 것을 미리 인정하지 않을 수
없다. 그러나 적어도 향후 재일코리안 역사, 재일코리안 문학에 접근하

고자 하는 사람들에게 보내는 제언의 역할은 할 수 있으리라 생각한다. 그러기 위해서는 이 책에서 다루고 있는 민족, 저항, 차별, 정체성과 같은 주제어를 비롯해 재일코리안의 가족관을 재단하고 세대를 구분하는 방식부터 타파해야 할지 모른다. 이 책을 구성하고 있는 주제어들이 부정되고 지워지면서 진정한 의미에서의 재일코리안 문학의 '발견'에 더 다가갈 수 있길 바란다.

2021년, '위드 코로나'를 앞두고
김병진

목 차

제 1 장

재일코리안 문학의 현주소

제1장
재일코리안 문학의 현주소

1. 누구를 위한 문학인가? 표현자로서의 주체 문제

재일코리안 문학은 어떠한 세계관을 가진 문학일까? '그들'의 문학을 호명하는 방식은 아직 하나로 통일되어 있지 않다.

국내에서 '재일조선인 문학'이라는 용어는 아직 확립되어 있지 않다. '재일교포 문학'이라 칭하기도 하고(이한창), '재일한국인 문학'이라고도 불렀다(홍기삼). 한편 유숙자는 보다 객관적인 시각에서 일본 내 한국인들의 문학을 한국과 일본 어느 쪽에도 통용될 수 있는 호칭으로 '재일한국인 문학'으로 부르겠다고 하였다(유숙자). 그러나 '재일한국인 명칭'은 그들이 한국 국적이 아니라는 점에서, '재일 조선인'이라는 호칭은 다른 지역의 동포들과의 통일성 문제에서 타당하지 않다고 본다.[1]

---

1) 장사선, 「재일한민족문학에 나타난 내셔널리즘」, 『한국현대문학연구』, 한국현대문학회, 2007; 김종회 편, 『한민족 문화권의 문학』, 국학자료원, 2003; 동국대학교일본학연구소 편, 『재일한민족 문학』, 솔, 2001 참고.

이러한 착종은 현재 일본에 거주하는 혹은 거주해 온 재일본 외국인의 주류를 이루고 있는 조선인, 한국인의 아이덴티티가 여전히 복잡함을 뜻한다. 어떤 집합체 혹은 공동체가 만들어 낸 '문학'을 정의하고 이해하기 위해서는 주체가 되는 '그들'의 아이덴티티를 대상화하고 범주화할 필요가 있다. 결국 재일코리안 문학은 이러한 주체에 대한 규명이 여전히 난제로 남아 있음을 알 수 있다. 그것은 역사적이고 민족적이며 때로는 다분히 정치적이다. 또 유동적이고 혼종적이며 복합적이다. 먼저 그들을 둘러싼 호칭 문제부터 생각해 보자.

재일조선인, 재일한국인, 재일조선·한국인, 재일, 자이니치, 재일코리안과 같은 호칭은 과거로부터 현재까지 일본에 거주하고 있는 '조선적'(무국적), '한국 국적' 그리고 이중 국적을 가진 한인(韓人) 동포를 일컫는 표현들로 한국이나 일본 양쪽에서 통용되고 있다. 이외에 한국에서는 재일교포, 재일동포, 재일한인, 재일한민족과 같은 용어로 범주화하고 있다. '그들'의 이주와 정주의 역사가 비교적 짧으면 짧다고 할 수 있을지 모른다. 그렇지만 그럼에도 불구하고 그 존재를 일컫는 호칭이 여전히 확립되어 있지 못하다는 현실은 그 자체로 '그들', 즉 재일동포의 모호한 정체성을 설명해 준다.

'재일조선인'과 '재일한국인' 두 호칭은 한반도의 남과 북을 표상하는 정치적이면서 국가적인 이념을 내포하고 있다.

우선 '재일조선인'은 주로 조총련 계열의 작가들이 사용하는 용어로 정치적으로 무국적에 해당하는 주체를 나타낸다.[2] 스스로 차별받는 타자로서의 존재를 드러내는 방식의 표현이라 할 수 있다. 서경식은 '재일한인의 존재는 극소수가 될지언정 사라지지도 사라져서도 안 된다'며 '재

---

[2] 김학동, 서경식, 가와무라 미나토, 하야시 고지, 임전혜가 사용하고 있는 용어이다.

일조선인은 근대 일본의 탄생에 있어서 비밀을 내포한 존재이며 그림자 같은 존재로서 끊임없이 만들어지고 스스로 태어나기도 할 것이'라고 말하였다. '조선'이라는 이미 사라진 국가의 명칭을 호칭 속에 넣어 계속 사용하고 있는 것은 대타자로서의 일본을 줄곧 염두에 두면서 견지해 온 역사적 태도라고 할 수 있다. 즉 재일조선인이라는 용어에는 아직 해결되지 못한 역사 속 이야기를 호칭 속에 아우르면서 미해결의 역사를 전제한 존재론적 의미가 강조되고 있다. 따라서 재일조선인은 현재에는 존재하지 않는 '조선'이라는 국호를 내세워 강제적인 식민화라는 역사의 상흔을 나타내는 저항적 의미를 내포한다. 그러나 이 용어를 사용하는 작가들은 주로 '문예동'[3] 작가들이기 때문에 이 단체에서 이탈하였거나 문학적 이념이 다른 작가들은 포함되기 어렵다.

 '재일한국인' 역시 소속된 국가가 호칭 속에 포함된 것으로 주로 홍기삼, 유숙자 등이 사용하고 있다. 재일한국인이라는 용어는 재일동포들이 한국 국적을 취득하기 시작한 이래 한국을 방문하거나 한국 정부를 지지하면서 사용해 왔다. 그러나 이 용어도 실제 조선 국적자만을 대상으로 하기 때문에 무국적자나 이중 국적자가 포함되어 있는 재일동포들의 다양성을 아우를 수 없는 한계가 있다.

 이를 타계해 보고자 '재일한민족'이라는 호칭을 제안하여 '그들'을 묶어낼 수 있는 용어의 확립을 촉구하고 있기도 하다. 그러나 이마저도 현재 4세대 작가들이 출현하기 시작하면서 난관에 빠졌다. 4세대들이 탈민족적 성향을 담은 작품을 발표하기 시작했기 때문이다. 이들의 문학은 자신들을 민족적 내셔널리즘으로 회귀시키는 규정으로부터 탈주하는 양상

---

[3] '문예동'은 1959년 6월 7일에 결성된 재일본조선인총련합회(총련, 1955년 5월 결성)의 산하 단체이다. 기관지『문학예술』(1960년 1월 창간)은 2000년『겨레문학』으로 개명해 발간되고 있다. 이영미, 「재일조선문학연구─재일본조선문학예술가동맹의 소설을 중심으로」,『현대 문학이론 연구』제33집, 2008.

을 보인다. 따라서 '한민족'이라는 민족 공동체를 지향하는 이 용어 역시 재고의 여지가 있다.

이와 더불어 '재일 조선·한국인'[4]이라는 명칭이 있다. 이 역시 말 자체가 분단의 현실을 지속화할 오류를 담고 있기 때문에 적절하지 못하다.

또한 1970년대 후반부터 현재까지 2세대와 3세대, 그리고 일본 사회에서 '재일(在日)', '자이니치(在日의 일본어발음)'[5]라는 용어를 사용하며 그들이 처한 실존적 의미를 상징적으로 표현하기도 하였다. 그러나 이 용어는 현재와 과거의 갈등과 분열의 사유가 삭제된 채 현재 정주하고 있다는 조건만을 담고 있는 용어라며 비판받기도 하였다. 서경식은 이 용어를 가장 피해야 할 표현이라며 반대하였다.[6]

반면 '재일코리안'[7]은 3세대들이 '재일'이라는 의미에다가 남쪽이나 북

---

4) 강재언·김동훈 지음, 지음, 하우봉·홍성덕 옮김, 『재일한국·조선인—역사와 전망』, 소화, 2005; 朴正伊, 「在日韓國·朝鮮人文學における在日性: 김달수, 이회성, 유미리를 중심으로」, 神戶女子大學博士學位論文, 2003 참고

5) '재일'은 일본어로 '자이니치'라고 발음하며, '일본에 있다', '일본에 산다'는 의미를 지닌다. 이는 "1세부터 2세대, 3세대로 세대교체를 배경으로 젊은 세대가 자발적으로 주체성을 표현하기 위해 사용한 호칭으로 1970년대 후반부터 통용되었다. 이 말을 가장 먼저 사용하기 시작한 사람들은 기성세대의 '조국' 지향적 인식을 비판하기 위해 '재일을 산다'고 주장하였다. 윤건차, 「'재일'을 산다는 것—'불우의식'에서 출발하는 보편성」, 『동포정책자료』 제53집, 1996, 28쪽.

6) 서경식은 "재일조선인이란 한국에서 종종 오해되듯이 조총련에 소속된 재일동포라는 의미가 아니며, 또 일본 정부가 부과하는 외국인등록에서 '조선적'으로 기재된 사람이라는 제한된 의미도 아니다. 필자는 어떤 재일 민족 단체에 소속되어 있건, 또 외국인등록에 어떻게 기재되어 있건, 본래 조선반도에 동일한 출자를 갖고, 일본에 의한 식민지지배의 결과 구종주국인 일본의 영역에서 생활하게 된 민족 집단의 총칭으로서 '재일조선인'이라는 말을 사용한다. 이에 대해 '재일한국인'이란 일본에 거주하는 한국국민이라는 '국민적 귀속'개념으로 '재일조선인'이라는 '민족적 귀속'개념의 범주에 포함되는 좀 더 작은 집합을 가리킨다. 일본 사회와 매스컴 등에서는 '재일 한국·조선인'이라는 용어를 많이 쓰는데, 이 용어야말로 분단체제를 반영한 호칭이다. 또한 최근에는 그저 '재일'이라는 용어로 재일조선인을 가리키는 경우도 많은데, 이는 '일본에 산다'는 상태를 표시할 뿐 재일조선인이 일본에 거주하게 된 역사적 경위를 은폐하고 재일조선인이 조국과 맺은 정치적, 정신적 연관을 단절시키는 기능을 하는 호칭이라고 생각한다."고 말한다. 서경식, 「재일조선인이 나아갈 길」, 『창작과비평』 통권 102호, 1998, 353쪽.

7) 김환기 편, 『재일 디아스포라문학』, 새미, 2006. 김환기는 '재일코리언'이라는 용어와 '재일'

쪽에의 선택을 거부하는 존재로서의 자신을 표상하기 위해 사용하는 용어이다.[8]

이렇게 '그들'을 명명할 실존적 호칭이 확립되어 있지 못한 이유는 그들이 디아스포라라는 역사적, 사회적 환경 속에서 탄생했기 때문이기도 하다. 재일동포는 식민지기가 끝나고 조국 해방이 실현된 이후에도 여전히 고국으로 돌아가지 혹은 돌아오지 못하고 떠돌고 있는 디아스포라적 존재(이산인)이기 때문이다. 이러한 존재론적 관점에서 볼 때 '그들'은 이주자이자 이산자이며 이방인이다.

또 재일조선인, 재일한국인, 재일조선한국인, 자이니치, 재일한민족, 재일코리안과 같은 모든 명칭을 아우르면서 민족적·국가적 호명으로부터 가능한 한 거리를 둔 단위의 명칭으로 '재일한인'이 제언되기도 하였다.[9] 그들의 강제 또는 자발적 일본으로의 이주와 그 이후 이산자로서의 삶이 '재일한인'으로서의 존재 조건에 대한 통찰을 보여주기 때문에 가장 적절하다는 주장이다. 이 외에 해외에 거주하고 있는 동포이자 다양한 상황에 놓여 있는 재외 한인에 속하면서 일본에 거주하는 재일 한인의

이라는 용어를 혼용해 사용하기도 한다.

[8] 이은영, 「이름과 언어를 통해 본 재일한국인의 아이덴티티」, 중앙대학교 석사학위논문, 2005 참고.

[9] '재일한인'은 일제강점기에 한국으로부터 일본으로 건너가 그곳에서 생활 터전을 마련하여 일본이 패전한 후에도 계속해서 일본에서 살고 있는 사람들을 가리킨다. 1999년에 조사된 '체류 외국인 통계'에 의하면, 현재 일본에 살고 있는 한반도 출신자는 약 63만 명 정도이다. 그중에 '특별 영주권'을 가지고 있는 재일한인이 약 51만 명이다. 따라서 재일한인 문학이라고 하는 것은 이러한 역사적, 정치적 환경 속에서 '일본 안에 있는 타인'으로서 길러진 날카로운 관점을 큰 에너지원으로 삼는다. 따라서 '재일한인'의 문학은 자기 자신을 국가나 민족 사이에서 어떻게 정의하고 일본 사회에서 어떻게 살아야 할까를 모색해 온 문학이기도 하다. 이영미, 「재일 조선 문학 연구─재일본조선문학예술가 동맹의 소설의 중심으로」, 『현대문학 이론 연구』 제33집, 2008, 519쪽; 北村桂子, 「자서전을 통한 자이니찌의 정체성에 관한 연구」, 서울대학교 석사학위논문, 2006; 김현택 외, 『재외한인 작가연구』, 고려대학교 한국학연구소, 2001; 윤정화, 「재일한인작가의 디아스포라 글쓰기 연구」, 이화여자대학교 대학원 박사학위논문, 2010 참고.

특수성을 호칭에 결합한 '재일동포'라는 명명도 적지 않다.[10] 이 용어는 국가관이나 민족관이 개입되어 있지 않으나 혈연적이고 정서적인 차원이 강조된다.[11] 따라서 '재일한인'이라는 용어를 사용하는 것이 그들의 문학을 가장 객관적이고도 포괄적으로 연구할 수 있다고 주장하기도 한다. 민족이나 국가적 개념에서도 객관적으로 비켜서고자 하는 의도로도 평가할 수 있다.[12]

덧붙이자면, 현재 일본에 거주하고 있는 '재일한인'의 문학을 재외동포 문학의 한 부류로 대상화하고자 하는 것은 '재일한인'을 한국학 혹은 한국 문학 내에 포섭하려는 의도가 내포되어 있다고 볼 수 있다. 그러나 동포냐 아니냐를 결정하는 과정에서 그 대상이 한정되고 배제되는 문제가 생길 수 있어 역시나 그 적합성을 속단하기는 어렵다.[13]

이 책에서도 법적인 위치를 지정하는 동포, 교포의 명칭보다는 이들이 정주하고 있는 장소와 국적의 소속 여부에 상관없이 조상이 부여한 한인

---

10) 이한창, 김학렬, 송현호, 김형규, 그리고 숭실대학교 국학자료원과 전북대학교 재일동포연구소에서 정식으로 통칭으로 사용하고 있는 명칭이다. 반면 이한창은 '재일동포'와 '재일교포' 그리고 '재일한국인'이라는 용어를 혼용해 사용하기도 한다. 그 외에도 재일교포, 재일한국인, 재일한인의 명칭을 혼용하고 있다. 이한창, 「재일한국인문학의 역사와 그 현황」, 『일본연구』 Vol.5, 1990; 「재일교포문학의 작품 성향 연구-정치의식 변화를 중심으로」, 중앙대학교 박사학위논문, 1996; 「민족문학으로서의 재일동포문학연구」, 『일본어문학』 제3집, 1997; 김학렬, 『재일동포 한국어문학의 전개양상과 특징 연구』, 국학자료원, 2007; 송하춘, 「역사가 남긴 상처와 민족의식」, 『재외 한인작가 연구』, 고려대학교한국학연구소, 2001 참고.

11) 송현호, 김형규, 「재일의 현실과 재일의 의미」, 『재일동포 한국어문학의 민족문학적 성격』, 국학자료원, 2007, 82쪽.

12) 전북대학교 재일동포연구소 편, 『재일동포문학과 디아스포라』 1, 제이앤씨, 2008 참고.

13) "외국 거주 한인을 흔히 교포라 하였다. 이것은 본국인에 대하여 객인이라는 의미가 담겨져 집을 떠난 사람, 그래서 나그네라는 의미를 갖는다. (중략) 그러나 외국에 정주하지만 나그네가 아니라는 의미에서 동포라는 용어가 보다 가깝다는 의미를 포함하기에 새로 생긴 교포를 위한 재단을 재외동포재단이라 하였다." 임규찬, 『비평의 창』, 강, 2006, 77쪽. "그러나 재일동포문학 전체의 지형도를 떠올린다면 우리의 이해는 '한정될' 것으로 드러난다. 재일동포문학의 범주에는 정치적인 의미에서 민단계로 분류되거나 중도적인 위치에 서 있는 경우 이외의 많은 작가들이 존재하기 때문이다." 임영봉, 『생성과 소멸의 언어』, 리토피아, 2006, 39쪽.

이라는 명명이 결합된 '재일한인'이라는 호칭이 갖는 의미체계를 계승하고자 한다. 그러나 재일한인은 한민족으로서의 민족적 통일체를 연상시킴과 동시에 일본에 정주하고 있는 그들의 '현재성'을 감추기도 한다. 앞서도 지적하였듯이 현재 활동하고 있는 4세대들은 그들 스스로를 '한민족'으로서의 '한인'이라는 카테고리로 묶는 것을 거부하고 있다. 그러므로 '재일한인 문학'이라는 표현은 현세대가 어느 한쪽으로의 편입을 거부하는 의지, 다시 말해 그들의 '실존성'을 무시하고 일방적으로 한국 문학사로의 편입 가능성을 전제한다는 점에서 다분히 정치적이다.

따라서 이 글에서는 재일한인까지를 포함한 형태로서의 '재일코리안'이라는 용어로 그들을 대상화해 보겠다. 무엇보다 이 용어는 '재일'이라는 시공간적 의미 위에 남과 북이라는 선택지를 거부하는 그들의 탈민족이면서 트랜스내셔널한 '동시대성'을 반영한다. 또 그렇다고 해서 그들의 실존적 역사성을 희석시키는 것도 아니다.

솔직히 말해서 나는 이러한 새로운 세대의 작가를 그렇게까지 읽지 않아 왔고 또 읽어도 이해할 수 있을지 의문을 갖고 있다. 그래도 몇 개의 소설을 읽어 보니 새로운 세대의 문학도 직간접적으로 민족, 조국, 조선인/한국인, '재일'이라는 것에 대한 집착을 도처에서 보이고 있다는 생각이 든다. 『〈재일〉문학전집』에는 수록되어 있지 않은 유미리도 작가로서 등단한 이래 일본 사회의 차별적 압력이 있기도 해서 매일같이 민족적 갈등을 경험하고 또 조선의 역사에도 접근해 가고 있다고 말할 수 있다. 문단에 등장한 후에 스스로가 4분의 1인 '재일'임을 안 사기사와 메구무도 조모의 고향이었던 한국에 어학연수를 하고 그 체험을 에세이집 등으로 출간하였다. 다른 말로 표현하자면 젊은 작가는 일견 무거운 문을 열지 않아도 바람을 타고 시원하게 전해져 오는 듯한 작품을 쓰고 있는 듯하지만 그래도 거기에는 '재일'의 역사가 엿보인다.[14]

---

14) 윤건차, 박진우·김병진 외 옮김, 『자이니치의 사상사』, 한겨레출판사, 2016, 805쪽.

재일 3세대에 대한 윤건차 씨의 솔직한 인상에서도 알 수 있듯이 그들의 실존적 고민과 현실과의 갈등은 과거 그들의 '뿌리'가 되는 1세대, 2세대들의 고민과 갈등을 계승하고 있다. 아니 어쩌면 더욱 치열하게 맞서고 있다고 할 수 있을지 모른다—이에 대해서는 뒤에 이어지는 2장에서 더 자세히 설명해 보겠다.

그리고 그들이 일본어든 한국어든 스스로의 역사와 감정과 인식을 글쓰기라는 '행위'를 통해 표출해 왔다는 의미에서 그들의 문학을 '재일코리안 문학'으로 통칭해 사용하겠다. '표현자'라는 주체에 무게 중심을 두고자 하는 것이다.

2. 세계관으로서의 '재일코리안 문학'

재일코리안은 그들이 살고 있는 정주지의 언어로 다수의 독자인 일본인들을 염두에 두고 글을 썼다.[15] 자신의 모국어는 정주지라는 낯선 땅에서는 실천적 의미가 없었기 때문이다. 이렇게 이산자, 이주자들의 작품에는 '고착된 고향의식, 자기 정체성 추구, 망명 행위의 자기 설복, 의식의 보편성 강조, 언어의 실험'[16]과 같은 정신적 특징이 공통으로 나타난다. 그리고 그러한 디아스포라로서의 자기 정체성은 정의되지 못하고

---

[15] 기존 세대가 조국에 대한 기억을 갖고 일본을 잠시 머무르는 곳이라는 인식을 하며 살았다면, 재일 3세대는 일본을 드디어 자신들이 살아가야 하는 터전으로 받아들이기 시작하였다. 이소가이 지로는 이를 정주화의식(定住化意識)으로 부르기도 한다. 이런 의식의 변화와 더불어 2세대 작가들의 특징은 재일조선인의 불우한 역사성과 현재 상황에 입각해 민족적 자아의 갈등이나 주체의 탐구를 실존적으로 주제화하는 것이다. 磯貝治良, 「在日朝鮮人の文學變遷」, 『在日文學論』, 新幹社, 2004, 12쪽.

[16] 송승철, 「『화두』의 유민의식—해체를 향한 고착과 치열성」, 『실천문학』 34호, 1994, 418~427쪽.

또 호명되지 않은 상태로 더욱 불안해져만 간다. 따라서 그들 스스로가 자신을 호명하는 명칭과 아이덴티티에 관해 심도 있게 검토하고자 하는 사유의 노력이 나타나게 된다. 소수자로서 다수 사회에서 배제되고 단절된 경험과 자신의 존재성을 증명하기 위한 노력의 일환이 재일코리안의 글쓰기가 갖는 의미인 것이다.[17]

재일코리안 문학은 그들이 조선과 한국, 어디에도 소속되지 못하고 경계에 위치하기 때문에 디아스포라의 아이덴티티가 문제시될 수밖에 없었고, 그러한 문제의식을 표현하는 주체로서 그들의 해방 후의 활동이 주요한 연구 대상이 되어 왔다. 하야시 고지가 말하듯이 1945년 이후 해방이라는 표면적 자유의 시간을 기준으로 그 이후에도 자유를 박탈당한 상황에서 글을 쓰는 것을 지금까지 '디아스포라 글쓰기'로 정의해 왔기 때문이다.[18]

그러나 이 책에서는 식민지기에 탄생한 피식민자, 이주자의 입장이 해방 후의 현실과 크게 다르지 않다고 보고 해방 전과의 연속성에 주목할 것이다. 식민지기 재일조선인으로서 문단 활동의 포문을 열었던 장혁주나 당시 피식민자의 고뇌를 처절하게 표출하였던 김사량과 같은 작가가 갖는 민족문학, 저항문학으로서의 성격은 재일코리안 문학의 시원적 성격을 설명해 주기 때문이다.

또한 김달수, 이은직 등 당시 젊은 세대가 등장하여 강제된 일본어를 사용하면서 반일, 반제국적인 문학 활동을 개척했던 것은 이후 재일코리안 작가들의 다양한 투쟁 방식에 계승되고 있다.[19] 일본의 식민지지배로

---

17) "자기 자신의 경험이 타인에게는 잘 전달되지 않는다는 것이다. 단절의 경험"이 난민의 정체성을 형성하는 기원이 되고 있음을 서경식은 지적하고 있다. 高橋哲哉·서경식 외, 『단절의 세기, 증언의 시대』, 삼인, 2002, 33쪽 참조.
18) 김환기 편, 하야시 고지, 「해방이후 재일 조선인 문학과 민족분단 비극의 인식」, 『재일 디아스포라문학』, 새미, 2006, 124~125쪽.

인해 형성된 재일조선인, 한국인이 주체가 된 문학은 해방 전부터 시작
된 것이다.

　따라서 재일코리안 문학은 현재 디아스포라 문학으로서 그들의 문학
을 규정하는 시각뿐 아니라 해방 전의 이주자(피식민자)로서 발산해 낸
이주문학, 저항문학, 민족문학과 같은 세계관을 아우르고 있다.

　그리고 재일코리안은 자신의 이름을 일본명으로 밝히고 있는 귀화자
의 문학도 포함한다.[20] 현재 재일코리안 중에서는 38만 명 정도가 귀화
를 하여 일본국민으로 살아가고 있다.[21] 3세대로 활동하고 있는 재일코
리안 중에서는 자신의 필명을 한국명으로 쓰는 작가와 귀화한 후 필명을
일본명으로 사용하고 있는 작가도 있다. 이렇게 본명과 통명이라는 호명
의 차이가 특별한 의미를 지니고 있기 때문에 일본명으로 활동하고 있는
작가들이 재일한인 문학이나 재일교포(동포) 문학 등에서 제외되기도 하
였다.[22] 재일귀화한인 문학의 영역에서 따로 다루어야 할 문제라는 것이

---

19) 任展慧, 「在日朝鮮人文學－亞細亞人外編」, 『朝鮮を知る事典』, 平凡社, 1986, 162쪽. 일본 비
　　평가인 이소가이 지로도 비슷한 이야기를 한다. 磯貝治良, 『在日世代の文學略圖』, 季刊青
　　丘, 1994, 37쪽; 양왕용 외, 『일제강점기 재일한국인의 문학활동과 문학의식 연구』, 부산대
　　학교출판부, 1998, 133~134쪽 참고.

20) 최강민, 『탈식민과 디아스포라문학』, 제이앤씨, 2009, 152쪽.

21) 在日本大韓国民民団에서 집계한 「在日同胞社会」 통계자료 참고.
　　https://www.mindan.org/syakai.p hp

22) "〈조센징〉이라는 말은 '조선인'의 일본식 발음으로 전혀 문제될 것이 없는 말이다. 하지만
　　'조센징'이라는 말 속에는 식민지지배의 역사 동안 쌓여 온 멸시와 경멸의 뜻이 포함되어
　　있다. 따라서 이 말은 그 언어적 해석을 떠나 문화적 역사적 측면에서 재일한국인에 대한
　　차별어로 인식된다. 이러한 차별어는 '니혼진'과 '조센징'을 범주화시키고 일본인과 조선인
　　을 구분하는 기제로 작용하게 된다. 그 결과 '조센징'이라는 말의 의미가 하나의 차별 코
　　드가 되어버린 것이다. 다시 말해 히틀러의 나치즘이 유대민족을 열등 민족이라고 코드화
　　한 것처럼 일본 사회에서는 재일한국인이 열등 민족으로 코드화된 것이다." 이은영, 「이
　　름과 언어를 통해 본 재일한국인의 아이덴티티」, 중앙대학교 석사학위논문, 2005, 2~6쪽.
　　홍기삼 역시 이와 견해를 같이하면서 귀화 작가 중에서도 가네시로 가즈키, 사기사와 메
　　구무, 다치하라 마사아키, 이주인 시즈카 등은 한국계 작가와는 다른 견지에서 작품을 연
　　구해야 한다고 밝히고 있다(홍기삼, 『재일한국인 문학』, 솔, 2003, 34쪽). 또한 귀화 작가
　　중에서도 자신을 본명으로 표현하는지, 통명으로 표현하는지, 그리고 재일한인의 삶을 문
　　학으로 다루고 있는지, 아닌지 하는 것이 재일한인문학의 영역을 구분하는 기준이 된다

다. 이럴 경우 가네시로 가즈키, 사기사와 메구무, 다치하라 마사아키, 그리고 이주인 시즈카와 같은 귀화 작가에 대한 연구가 배제되게 된다.

그러나 이들은 현재 일본에서 재일코리안 문학의 대중화에 큰 역할을 하고 있다. 그들이 구사하는 주제 또한 재일코리안의 역사성과 실존성을 담보로 한다. 무엇보다 가네시로 가즈키는 호명의 문제로서의 '이름'이 갖는 규제를 고발하며 민족적 기원을 포함하는 '성명(姓名)'이 개인의 아이덴티티에 영향을 주는 역사적, 현재적 제도의 폭력성을 고발하였다. 이는 재일코리안의 근원적 아이덴티파이에 대한 역설이라고 할 수 있다. 또한 사기사와 메구무와 같은 작가는 일본에서 또 다른 차원에서 신세대로 평가받았다. 혼혈이기도 한 그녀는 일본 사회에서 비주류로 차별받는 재일코리안을 작품화하였다. 이상과 현실의 경계에서 고뇌하는 주변인의 자기변혁을 화두로 던진 것이다. 가네시로 가즈키와 사기사와 메구무는 '표현자'라는 주체로서 재일코리안 문학을 선도하였다고 해도 과언이 아니다.

따라서 귀화한 작가들도 포함해서 재일코리안 문학은 그들이 대상화하는 제도, 규범에 대한 탈영역화로서의 포스트콜로니얼 세계관을 담아내고 있기도 하다.

그리고 재일코리안 문학에는 한국어와 일본어로 창작된 작품군이 공존한다는 점 역시 중요하다.[23] 재일코리안의 한국어 글쓰기 연구는 재일

(김환기, 「재일 디아스포라 문학 개관」, 『재일디아스포라』, 새미, 2006, 41~46쪽).

[23] 일본어로 쓴 한국인 작품에 대해서는 이은직 「조선인인 나는 왜 일본어로 쓰는가」, 漁塘 「일본어에 의한 조선문학에 대해서」, 德永直 「일본어의 적극적인 利用」, 김달수 「하나의 가능성」이라는 글에서 한국인이 일본어로 쓴 문학을 한국문학인 동시에 일본문학으로 다루고 있다. 또한 1945년 이후의 일본어에 의한 한국인 작가의 작품은 한국 민족 문학인 동시에 또한 일본 문학의 하나라는 평가가 일본문학계의 일반적인 견해이다. 布袋敏博, 「해방 후 재일한국인문학의 형성과 전개-1945년~60년대 초를 중심으로」, 『인문논총』 제47집, 2002, 90쪽; 조강희, 「해방직후 재일한인 작가의 언어생활에 대한 일고찰」, 『일어일문학』 제36집, 2012, 67쪽 참고.

동포문학연구소에서 활발히 진행하기도 하였다.[24] 그러나 한국에서 재
일코리안의 한국어 글쓰기는 관심의 대상이기는 하지만, 그들의 일본어
작품은 여전히 논란거리이다. 일본어로 된 작품을 한국 문학사 속에서
범주화하여 연구 대상으로 삼을 수 있느냐에 대한 입장이 정리되지 못한
것이다.[25]

학위논문의 양적 현황을 보아도 극히 저조할 뿐 아니라 이 또한 일본
어 문학 전공자가 연구한 것이 대부분이다.[26] 그러나 2000년대 이후 속

---

[24] 김학렬 외, 『재일동포 한국어문학의 전개양상과 특징연구』, 국학자료원, 2007; 한승옥 외,
『재일동포 한국어문학의 민족문학적 성격 연구』, 국학자료원, 2007 참고. 이 두 책에서 한
국어로 된 재일코리안의 작품들을 연구하고 있다. 대체로 북한의 이념과 문학 지침을 고
수하고 있어 한국 문학사에서 배제되어 왔던 연구의 폐쇄성을 타파하기 위한 시도로서
재일코리안 작품들의 한국어작품의 경향과 특징을 종합적으로 소개하고 있다.

[25] "조선 글을 읽지 못하는 동포들이 압도적으로 많은 〈재일〉의 조건'에서 더 이상 '언어'를
문제 삼을 수는 없었던 것이다." 박종상, 「조선글로 소설을 쓰는 의미-〈오늘 왜 조선글로
소설을 쓰는가〉 하는 물음에 대한 대답」, 『겨레문학』 겨울호, 2000 참고.

[26] 김학동, 「민족문학으로서의 재일조선인문학-김사량, 김달수, 김석범」, 충남대학교 박사
학위논문, 2007; 이한창, 「재일교포문학의 작품 성향 연구-정치의식 변화를 중심으로」,
중앙대학교 박사학위논문, 1996; 유숙자, 「1945년 이후 재일한국인 소설에 나타난 민족적
정체성 연구」, 고려대학교 국어국문학과 박사학위논문, 1998; 최효선, 『재일동포 문학연구
: 1세 작가 김달수의 문학과 생애』, 문예림, 2002; 최승희, 「이양지 문학 연구」, 신라대학교
석사학위논문, 2005; 이현영, 「주체성변용과 새로운 가능성」, 목포대학교 석사학위논문,
2008; 양명심, 「이회성 초기 작품에 나타난 '정체성'에 관한 연구」, 건국대학교 석사학위논
문, 2003; 송기찬, 「민족교육과 재일동포 젊은 세대의 아이덴티티」, 한양대학교 석사학위
논문, 1998; 緖方義廣, 「〈자이니치〉의 기원과 정체성」, 연세대학교 석사학위논문, 2006; 北
村桂子, 「자서전을 통한 자이니찌의 정체성에 관한 연구」, 서울대학교 석사학위논문,
2006; 박종희, 「이양지 문학의 경계성과 가능성」, 숙명여자대학교 석사학위논문, 2005; 박
정이, 「在日韓國朝鮮人文學の在日性: 김달수, 이회성, 유미리 중심」, 神戶女子大學博士學位
論文, 2003; 문혜원, 「재일동포문학의 정치적 이념 갈등 연구」, 전북대학교 석사학위논문,
2004; 문지영, 「재일동포작가들의 작품에 나타난 정체성 연구」, 신라대학교 석사학위논문,
2007; 나지혜, 「일본 영상매체를 통한 재일한국인의 재현연구: 영화〈박치기(パッチギ!)〉와
TV드라마 〈동경만경〉을 중심으로」, 고려대학교 석사학위논문, 2008; 김학동, 「민족문학
으로서의 재일조선인문학-김사량, 김달수, 김석범」, 충남대학교 박사학위논문, 2007; 김
정희, 「재일한국인의 문학과 현실-김석범」, 강원대학교 석사학위논문, 2008; 김일태, 「재
일한국인의 민족적 귀속의식 연구」, 연세대학교 석사학위논문, 1987; 김숙자, 「재일조선인
의 정체성과 국적」, 동국대학교 석사학위논문, 2007; 箕輪美子, 「재일조선인 고뇌의 형상」,
경희대학교 석사학위논문, 1993; 강혜림, 「재일신세대문학의 탈민족적 글쓰기에 관한 연
구-유미리, 현월, 가네시로 가즈키」, 동국대학교 석사학위논문, 2006 등 참고.

문주의, 즉 모국어로 글을 쓰지 않으면 한국 문학이 아니라고 보는 폐쇄
적인 민족 문학관이 해체되는 추세이기도 하다.[27]

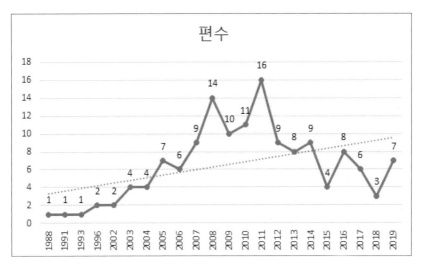

〈그래프 1〉 '재일코리안 문학' 관련 국내 학위논문 제출 추이
(2019년까지 발간된 학술연구정보서비스 검색 결과 총 142건)

27) 홍기삼, 「재외한국인문학개관」, 『문학사와 문학비평』, 해냄, 1996; 홍기삼 편, 『재일한국인
   문학』, 솔, 2003; 布袋敏博, 「해방 후 재일한국인문학의 형성과 전개－1945년~60년대 초를
   중심으로」, 『인문논총』 제47집, 2002; 장영우, 「재일한국인문학을 어떻게 할 것인가」, 『한
   국문학평론』 제7권, 통권 26호, 2003; 이유식, 『한국문학의 전망과 새로운 세기』, 국학자료
   원, 2002, 51~56쪽; 이명재, 『통일시대 문학의 길찾기』, 새미, 2002; 이명재, 『소련지역의 한
   글문학』, 국학자료원, 2002; 설성경 외, 『세계 속의 한국문학』, 새미, 2002; 김현택 외, 『재
   외한인 작가연구』, 고려대 한국학연구소, 2001; 김종회 편, 『한민족 문화권의 문학』, 국학
   자료원, 2003; 서종택 외, 「특집 세계 속의 한국문학」, 『한국학연구』 10집, 1998; 김현택
   외, 「특집 세계 속의 한국문학」, 『한국학연구』 11집, 1999 참고.

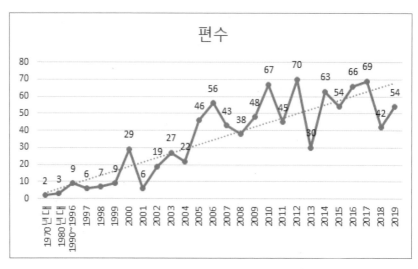

<그래프 2> '재일코리안 문학' 관련 국내 학술논문 제출 추이

(2019년까지 발간된 학술연구정보서비스 검색 결과 총 930건)

특히 재일코리안의 조선어 작품에 대한 연구는 한국조선인총연합회
(조총련)의 재일본조선인문학예술가동맹(문예동)이 주축이 되는 관계로
북한의 지령이나 강령에 영향을 받은 문학까지 포함한다.28) 그러나 최근

---

28) 허명숙,「재일동포작가 량우직의 장편소설 연구」,『한중인문과학연구』제14집, 2005; 허명숙,「재일한국어소설문학의 최근 동향」,『한중인문과학연구』제15집, 2005; 이경수,「재일동포 한국어 시문학의 전개과정」,『한중인문과학연구』제14집, 2005; 한승옥,「재일동포한국어문학연구 총론(1)」,『한중인문과학연구』제14집, 2005; 한승옥 외,『재일동포 한국어문학의 민족문학적 성격 연구』, 국학자료원, 2007; 최종환,「재일동포한국어시문학의 내적논리와 민족문학적 성격」,『한중인문과학연구』제17집, 2006; 조해옥,「재일한국인의 분단극복 의식」,『한중인문과학연구』제14집, 2005; 임경상,「조국의 빛발 아래(재일조선 작가소설집)」, 조선문학예술총동맹출판사, 1965; 이정희,「재일동포 한국어소설 연구」,『한중인문과학연구』제7집, 2006; 이정석,「재일동포가 창작한 한국어 소설문학 담론의 존재양상」,『한중인문과학연구』제16집, 2005; 이정석「재일동포가 창작한 한국어 산문문학의 존재양상」,『한중인문과학연구』제14집, 2005; 윤의섭,「재일동포 강순 시 연구」,『한중인문과학연구』제15집, 2005; 심원섭,「재일조선어문학 연구 현황과 금후의 연구방향」,『현대문학의 연구』제29집, 2006; 백로라,「재일동포 한국어 극문학 연구」,『한중인문과학연구』제14집, 2005; 김형규,「조선 사람으로서의 자각과 '재일'의 극복」,『한중인문과학연구』제14집, 2005; 김형규,「귀국운동과 '재일의 현실'」,『한중인문학연구』제15집, 2005; 김학렬

에 재일코리안의 한국어문학 연구가 다양화되면서 조선어라는 모국어로
자신들의 문학을 창작하려는 노력이 평가를 받고 있다. 비록 그 세계가
북한 문예의 강령을 준수하고 있어 제한된 작품 세계를 보이기도 하고,
또 민족주의 문예이론을 엄수하는 태도로 인해 디아스포라 상황을 다양
하게 서사하며 변주해 내지 못한다는 한계가 지적되기도 한다. 그러나
이러한 글쓰기는 일본 사회의 소수자로서 재일코리안의 위치 감각을 반
영한다는 의미에서 중요하다. 또 그러한 글쓰기를 연구하는 행위 역시
소외와 차별을 고발하고 폭로하는 소수자 문학비평으로서 의의가 있다.[29]

반면 일본어로 쓴 작품에 관해서는 지금까지 그들이 정주하고 있는
일본의 문학연구가들이 재일코리안 문학을 '소수문학'으로 규정한 바 있
다.[30] 또 재일코리안 출신들이 자신의 정체성을 인식하면서 재일코리안
문학을 연구해 오기도 하였다.[31] 그 외 재일코리안 문학은 주로 일본어
문학 연구자들이 담당해 왔다. 앞서도 언급하였지만, 한국문학계는 대체
로 속문주의를 고수해 왔기 때문에 재외동포의 '비한국어' 문학 작품에
접근하기를 주저해 왔다. 작가들의 특이성과 언어의 경계성으로 인해 재

외, 『재일동포 한국어문학의 전개양상과 특징연구』, 국학자료원, 2007; 김은영, 「김윤 시
연구」, 『한중인문과학연구』 제15집, 2005 등 이상의 연구가 이에 해당되며 최근 활발하게
자료를 정리하면서 연구를 진행한 결과물을 출판하고 있다. 박종상, 이은직 편, 「재일조
선인소설」, 『해외동포문학』 1·2·3, 해토, 2005가 그것이다.

29) 이에 관한 연구는 숭실대학교 국학자료원에서 『재일동포 한국어 문학의 민족문학적 성격』,
『재일동포 한국어문학의 전개 양상과 특징』으로 2007년에 출간되었다.

30) 磯貝治良 편, 『재일문학전집』, 逸誠出版, 2006; 中村福治, 『김석범 화산도 읽기』, 삼인, 2001;
林浩治, 『在日朝鮮人日本語文學論』, 新刊社, 1997; 林浩治, 「전후 재일조선인 문학사」, 『戰後
非日文學論』, 新刊社, 1997; 布袋敏博, 「해방 후 재일한국인문학의 형성과 전개 - 1945년~
60년대 초를 중심으로」, 『인문논총』 제47집, 2002; 川村湊, 유숙자 옮김, 『전후문학을 묻는
다 - 그 체험과 이념』, 소화, 2005 등 참고.

31) 竹田靑嗣, 「〈在日〉という根據 : 李恢成·金石範·金鶴泳」, 國文社, 1983; 安宇植, 「在日朝鮮人
の文學」, 『岩波講座 日本文學史』 第14卷, 岩波書店, 1997.; 任展慧, 「在日朝鮮人文學 - 亞細亞
人外編」, 『朝鮮を知る事典』, 平凡社, 1986; 任展慧, 『日本における朝鮮人の文學の歷史 - 1945
年まで』, 法政大學校出版局, 1994 등 참고.

일코리안 문학 역시 그 존재적 정의나 위상 등이 제대로 자리매김되지 못해 온 것이다.

일본어문학 연구자 그룹은 이한창, 유숙자, 김학동, 김환기, 변화영, 황홍모, 김계자, 이승진 등의 연구를 포함해 전북대학교 재일동포연구소, 동국대학교 일본학연구소, 건국대학교 디아스포라연구소, 고려대학교 글로벌일본연구원, 청암대학교 재일코리안연구소 등 다수의 연구소가 주체가 되어 꾸준히 성과를 내 왔다. 학술연구정보서비스(RISS)에서 제공되고 있는 학술논문 중 '재일, 문학'을 키워드로 검색하면 국내 학술논문이 총 940건 검색된다. 그중 일본어문학 연구자들이 주로 투고하는 일본어문학 관련 학술지를 대상으로 살펴보았을 때 36.2%에 해당하는 340여 건의 논문이 추려진다. '일본, 문학'을 키워드로 하는 연구가 14,620건 정도로 한국에서 연구되는 일본 문학과 비교했을 때 340건은 2.3%로 재일코리안 문학은 일본 문학 연구 내에서도 소수 연구에 속한다고 할 수 있다.(검색일 2020년 5월 26일 기준)

따라서 한국에서의 재일코리안 문학 연구라는 맥락에서 봤을 때 오히려 일본어문학 연구자들의 연구가 하나의 경향성으로 지적될 수 있다. 특히 그들은 개별 작품이 갖는 작품 세계를 표현 주체의 내적인 역사성과 일본 사회 혹은 한반도와의 관계라는 외적인 사회상을 모두 고려하여 분석하고 있다. 이를 전체적으로 통합하였을 때 재일코리안 문학의 종적 역사와 횡적 동시대성이 그려질 수 있음은 물론이다. 그리고 이러한 입체적인 접근을 통해 재일코리안의 '세계문학'으로서의 보편적 위상이 도출될 수 있을 것이다. 이러한 문제의식 속에서 연구를 원활히 하기 위해 최근 학계에서는 재일코리안의 일본어 글쓰기 작품을 번역, 정리하여 자료로 집성해 발간하고 있기도 하다.[32]

3. '무엇'을 다루고 있나? 재일코리안 문학의 테마

재일코리안 문학은 앞서 살펴본 것처럼 그 문학 세계의 특징을 규명하기 위해 우선적으로 재일코리안 작가들의 아이덴티티, 즉 재일코리안의 실존적 존재감을 밝히는 연구가 선행되어왔다.[33] 그러나 아이덴티티 연구는 세대별로 작가와 작품에 집중하여 연속적으로 진행되는 과정적 변화를 간과하는 면이 있기 때문에 재일코리안 작가의 전체적인 성격을 규명하기에 어려움이 있다.

그다음으로 재일코리안의 문학 활동에 대한 전반적인 연구가 진행되었다.[34] 그리고 무엇보다 재일코리안 문학 연구에서 주류를 이루고 있는 것은 개별 작가와 작품을 연구 대상으로 한 작가론과 작품론이다.[35] 그

32) 礒貝治良 편, 『재일문학전집』, 逸誠出版, 2006; 이한창, 『재일동포작가 단편선 : 역사와전망』, 소화, 2000; 양석일 외, 『재일동포작가 단편선』 한림신서일본학총서, 소화, 2005 등 참고.

33) 강재언 · 김동훈 지음, 지음, 하우봉 · 홍성덕 옮김, 『재일한국 · 조선인─역사와 전망』, 소화, 2005; 조현미, 「일본인의 대한인식과 재일동포의 아이덴티티」, 『일본어문학』 제23집, 2003; 이현영, 「주체성변용과 새로운 가능성」, 목포대학교 석사학위논문, 2008; 송기찬, 「민족교육과 재일동포 젊은 세대의 아이덴티티」, 한양대학교 석사학위논문, 1998; 緒方義廣, 「〈자이니치〉의 기원과 정체성」, 연세대학교 석사학위논문, 2006; 北村桂子, 「자서전을 통한 자이니찌의 정체성에 관한 연구」, 서울대학교 석사학위논문, 2006; 박현선, 「재일동포의 국가 및 민족정체성과 현실인식」, 『한중인문과학연구』 제17집, 2006; 문혜원, 「재일동포문학의 정치적 이념 갈등 연구」, 전북대학교 석사학위논문, 2004; 문지영, 「재일동포 작가들의 작품에 나타난 정체성 연구」, 신라대학교 석사학위논문, 2007; 나지혜, 「일본영상매체를 통한 재일한국인의 재현 연구, 영화 〈박치기〉와 TV드라마 〈동경만경〉을 중심으로」, 고려대학교 석사학위논문, 2008; 김태영, 『저항과 극복의 갈림길에서』, 지식산업사, 2005; 김종회, 『한민족문화권의 문학』 2, 새미, 2006; 김일태, 「재일한국인의 民族的 歸屬意識에 관한 연구」, 연세대학교 석사학위논문, 1987 등 참고.

34) 양왕용, 『일제강점기 재일한국인의 문학활동과 문학의식 연구』, 부산대학교출판부, 1998; 이한창, 「재일동포조직이 동포문학에 끼친 영향」, 『일본어문학』 제8집, 2000; 이한창, 「민족문학으로서의 재일동포문학연구」, 『일본어문학』 제3집, 1997; 이한창, 「재일동포문학의 역사와 그 연구현황」, 『일본학연구』 제17집, 2005; 이한창, 「재일동포문학에 나타난 부자간의 갈등과 화해」, 『일어일문학연구』 제60집 2호, 2007; 이한창, 「재일동포문학을 통해서 본 일본문학」, 『일어일문학연구』 제39권, 2001; 이재봉, 「재일한인문학의 존재방식─화산도」, 『한국문학논총』 제32집, 2002; 오양호, 「세계화시대와 한민족 문학연구의 지평확대」, 『한민족어문학』 Vol.35, 1999 등 참고.

러나 이러한 연구들은 재일코리안의 역사성과 일본 사회와의 상호 작용

35) 김석범, 「화산도에 대하여」, 『실천문학』, 가을호, 1988; 太田厚志, 「이회성 문학의 특징」, 『논문집』 제16집, 2002; 추석민, 「김달수의 문학과 생애-창작활동을 중심으로」, 『일본어 문학』 제29집, 2005; 추석민, 「김사량과 김달수 문학 비교」, 『일본어문학』 제27집, 2005; 최 효선, 『재일동포 문학연구 : 1세 작가 김달수의 문학과 생애』, 문예림, 2002; 최승희, 「이양 지 문학 연구」, 신라대학교 석사학위논문, 2005; 조경화, 「문학과 영화에 나타난 '피와 뼈' 의 변주」, 건국대학교 석사학위논문, 2006; 정은경, 『디아스포라문학-추방된 자, 어떻게 운명의 주인공이 되는가』, 이룸, 2007; 정수원, 「재일한국인문학작품을 통해 본 재일한인 의 일상적 고민과 대처방법」, 『일어일문학』 제29집, 2006; 전영은, 「가네시로 가즈키(金城 一紀)의 〈GO〉론-가벼움과 마이너리티를 중심으로」, 건국대학교 교육대학원 석사학위논 문, 2008; 장사선·지명현, 「재일한민족 문학과 죽음 의식」, 『한국현대문학연구』 제27집, 2009; 장사선·김겸향, 「이회성초기 소설에 나타난 원형적 욕망의 양상」, 『한국현대문학연 구』 제20집, 2006; 장사선, 「재일한민족 문학에 나타난 내셔널리즘」, 『한국현대문학연구』 제21집, 2007; 장사선, 「재일한민족 소설에 나타난 가족의 의미 연구」, 『한국현대문학연구』 제23집, 2007; 임헌영, 「재일동포문학에 나타난 한국여성의 초상」, 『한국문학연구』 Vol.19, 1997; 任展慧, 『日本における朝鮮人の文學の歷史-1945年まで』, 法政大學校出版局, 1994; 任 展慧, 「'광조곡'을 통해 본 양석일의 문학세계」, 『일본학보』 Vol.45, no.1, 2000; 이한창, 「체 제와 가치에 도전한 양석일의 작품세계」, 『일본어문학』 제13집, 2002; 이한창, 「재일교포 문학의 작품 성향 연구-정치의식 변화를 중심으로」, 중앙대학교 박사학위논문, 1996; 유 은숙, 「이회성의 '다듬이질 하는 여인' 연구-재일교포작가로서의 특수성을 중심으로」, 한 남대학교 일어교육 석사학위논문, 2002; 유은숙, 「이양지의 소설'각'에 나타난 在日性연구」, 『일본어문학』 제6집, 2008; 유숙자, 「1945년 이후 재일한국인 소설에 나타난 민족적 정체 성 연구」, 고려대학교 박사학위논문, 1998; 와나타베 나오키, 「관계의 불안 속에서 헤매는 〈삶〉-이양지 소설의 작품 세계」, 『일본연구』 제6집, 2006; 오은영, 「金石範の作品に表れ る矛盾について」, 『일본어문학』 제38집, 2008; 양명심, 「이회성 초기 작품에 나타난 '정체 성'에 관한 연구」, 건국대학교 석사학위논문, 2003; 심애니, 「재일교포 소설문학 연구-한 국문학사적 수용을 위한 시론」, 중앙대학교 석사학위논문, 1990; 송하춘, 「재일한인소설의 민족주체성에 관한 연구-이회성의 소설을 중심으로」, 『한민족어문학』 제38집, 2001; 서 해란, 「가네시로 가즈키(金城一紀)문학연구-GO의 대중성을 중심으로」, 동국대학교 석사 학위논문, 2009; 변화영, 「재일한국인 유미리 소설연구」, 『한국문학논총』 제45집, 2007; 변 화영, 「유미리 '기억의 서사교육적 함의'-8월의 저편」, 『한민족 문제연구』 제1호, 2006; 박 종희, 「이양지 문학의 경계성과 가능성」, 숙명여자대학교 석사학위논문, 2005; 朴正伊, 「在 日韓國朝鮮人文學における在日性」, 神戸女子大學博士學位論文, 2003; 朴正伊, 「김학영 문학 에 있어 '정체를 알 수 없는' 표현의 의미」, 『일어일문학』 제34집, 2007; 박유하, 「재일문학 의 장소와 교포 작가의 조선표상」, 『일본학』, 제22집, 2003; 나카무라 후쿠지, 『김석범의 화산도 읽기』, 삼인, 2001; 김환기, 「김달수 문학의 민족적 글쓰기」, 『일본어문학』 제29집, 2005; 김혜진, 「이양지 작품 속에 나타난 갈등과 모국체험」, 전북대학교 석사학위논문, 2004; 김학동, 「민족문학으로서의 재일조선인문학-김사량, 김달수, 김석범」, 충남대학교 박사학위논문, 2007; 김총령, 「재일동포 문학의 세계-해방 후의 소설을 중심으로」, 『교포 정책자료』 31권, 1989; 김정희, 『재일한국인의 문학과 현실-김석범』, 강원대학교 석사학 위논문, 2008; 箕輪美子, 『在日朝鮮人文學における苦惱の形』, 경희대학교 석사학위논문, 1993; 강혜림, 「재일신세대문학의 탈민족적 글쓰기에 관한 연구-유미리, 현월, 가네시로 가즈키」, 동국대학교 석사학위논문, 2006 등 참고.

이라는 측면을 고려한 시대성, 즉 동시대성을 이해하는 데에 한계가 있는 것도 사실이다.

주요한 연구 성과를 살펴보면 우선 이한창은 「재일교포문학의 작품 성향 연구-정치의식 변화를 중심으로」에서 전체적인 재일한국인 문학을 대상으로 연구하였다. 재일코리안 작가를 모두 아우르며 시대적 추이를 살펴보는 것은 재일코리안 문학의 성격을 전체적으로 설명해 줄 수 있다는 점에서 의의가 있다. 이런 점에서 그의 연구는 재일코리안 문학 연구의 본격화를 지향하였다고 평가할 수 있다. 물론 다양한 작가들을 하나의 틀에 묶는 것은 자칫하면 일반화의 오류를 범할 수 있는 소지가 있는 것도 사실이다. 그러나 이러한 시도는 재일코리안 작가들만이 갖는 문학적 특수성을 규명할 수 있다는 점에서 역시나 유의미하다.

또 그는 재일코리안의 정치적 의식이 변화하는 양상에 초점을 맞추고 있어 재일코리안 사회와 일본 사회의 상호 작용을 파악하는 데에도 단초를 제공한다. 따라서 그의 연구는 일본과 한국, 어느 학계에서도 다루지 않았던 재일코리안 문학을 다루기 시작하면서 재일코리안에 대한 일본 문학계의 평가를 소개해 종합하고 이를 통해 한국 문학계에 시사점을 던졌다.[36]

재일코리안의 일본어문학 연구로 대표적인 것은 유숙자의 연구이다. 그는 기존 일본 문학계에서 재일코리안 문학을 두 개의 언어 사이에서 발생하는 긴장 관계 속에서만 규정하는 시각에 반론을 제기하였다. 재일코리안 문학이 두 언어 간의 갈등과 위화감만으로 설명될 수 없으며 재일한국인이 일본 사회에서 겪는 외적 차별과 내적 혼란을 극복하기 위해

---

[36] 그러나 재일코리안 문학의 시점을 1800년대까지 소급하고 있어 논란이 되기도 하였다. 홍기삼은 이러한 이한창의 논의를 비판하면서 '재일동포 또는 재외동포문학'이란 어떤 형태로든 한국인의 한국인으로서 뿌리를 가진 채 외국으로 이주해 살면서 그곳에서 창작한 문학 작품이라고 정리하였다. 홍기삼 편, 「재일한국인문학론」, 『재일한국인 문학』, 솔, 2001.

스스로 모색해 왔다고 주장한다. 그리고 이러한 특징 때문에 재일코리안 문학이 갖는 고유의 독자성은 지속될 것이라고 말한다.[37] 재일 사회에 대한 차별이 존재하는 한 그들의 문학은 존속할 수밖에 없고 차별과 배제가 재일한국인의 디아스포라에 독자적인 고유성을 부여한다는 것이다. 이는 재일본 외국인 문학과도 구별되는 것이라 할 수 있다.[38]

재일본 외국인이나 소수자의 문학은 이방인, 유학생, 여행자의 입장에서 사회 속에 개입하지 않고 경계 밖에 머무는 시선에서 출발한다. 그러나 유숙자는 재일코리안은 일본 사회나 일본 문화와의 거리를 유지하며 관찰할 수 있는 여유가 없다는 점에 주목하고 있다. 따라서 재일코리안 문학은 삶의 뿌리와 존재 기반을 일본이라는 사회에 두고 있지만 자신들이 먼저 그 배제를 의식하고 다른 삶의 방식을 모색한다는 점에서 외국인 문학과 차별성이 있다는 결론에 이르고 있다.

또 유숙자는 과거 재일코리안 문학연구가 김사량, 장혁주에 편중되어 있고 시기적으로도 해방 이후에 주목해 오지 않았음을 지적한다. 이러한 선행 연구를 보완하기 위해 연구 대상과 시기를 해방 이후로 설정하고 1세대에서 3세대로 이어지는 재일코리안 문학의 통사적 연구와 더불어 재일코리안 문학의 핵심 문제라고 할 수 있는 아이덴티티의 변화 양상을 규명하려 하였다. 따라서 그의 연구는 주로 2세대, 3세대 작가들을 다루고 있고 재일코리안 문학의 근간을 통시적으로 살펴보았다는 점에서 의의가 있다.[39]

---

[37] 유숙자, 『재일한국인 문학연구』, 월인, 2000.
[38] 유숙자, 『재일한국인 문학연구』, 월인, 2000, 16~17쪽.
[39] 유숙자의 논문에서는 1세대로 김달수 『후예의 거리』, 『박달의 재판』, 김석범 『까마귀의 죽음』, 『만덕유령기담』, 2세대 이회성 『다듬이질하는 여인』, 『백년동안의 나그네』, 김학영 『얼어붙은 입』, 『錯迷』, 3세대 작가로는 이양지 『나비타령』, 『유희』, 유미리의 『돌에 헤엄치는 물고기』, 『가족시네마』 등을 분석 대상으로 하고 있다.

김학동은 일본 문단에서 통용되는 '재일조선인문학'이라는 명칭을 사용하며 일본 문학계의 개념과 세대 구분을 수용하고 있다.[40] 이러한 방법론을 통해 작가의 원체험과 작품 세계의 관련성을 면밀하게 분석해 낸 반면, 김사량과 김달수, 김석범 등 민족문학으로서의 가치를 재일코리안 1세대에 국한하여 평가하고 있다. 그 결과 그의 연구는 많은 성과에도 불구하고 재일코리안 문학의 초기 경향에만 집중하고 있어 급속하게 변모하고 있는 세대 변화의 추이를 이해하는 데에 아쉬운 점이 있다. 그러나 일본 문단의 평가를 자세하게 제시하고 있고 평가 자료를 충실하게 검토하고 정리해 놓았다. 또 김사량과 김달수의 관계를 살펴보면서 해방 이후 재일코리안 1세대의 발상을 더욱 상세하게 설명해냄으로써 다음 세대와의 변별적 차이를 확연히 구분 지을 수 있는 이론적 토대를 확립하였다.

재일코리안의 디아스포라 문학의 가능성을 살펴보고 있는 정은경은 민족 정체성이나 이산의 역사적 원인으로부터 소외된 그야말로 진정한 의미에서의 디아스포라로 살고 있는 재일코리안 세대에 주목하였다.[41] 주로 1.5세대 이후의 세대가 이에 속하는데, 그들의 디아스포라적 삶이 한민족이라는 정체성을 확인하는 것이 목적이 아니라 한국인이 '바깥'에서 경험하게 되는 '타자성'과 동시에 이를 통해 타자화되는 '나' 혹은 '우리'의 이질성을 이방인의 의식으로 바라보게 되는 이산의 경험을 담고 있어 중요하다고 지적한다. 확대된 이산 의식을 통해 오늘날 경계를 초월하여 전지구적으로 확산되고 있는 초국가적, 초경계적 의식으로서의 디아스포라의 정체성을 그들의 문학을 매개로 추체험할 수 있다는 말이다.

---

40) 김학동, 「민족문학으로서의 재일조선인문학 – 김사량, 김달수, 김석범」, 충남대학교 박사학위논문, 2007.
41) 정은경, 『디아스포라문학 – 추방된 자, 어떻게 운명의 주인공이 되는가』, 이룸, 2007.

  윤정화의 연구 역시 해방 이후 재일코리안 작가들이 디아스포라라는
운명적 상황에 처함으로써 다른 작가들과 차별화되는 특징에 주목하고
있다. 해방이라는 역사적 사건이 긍정적 조건으로 작용하지 못하고 오히
려 디아스포라의 경험을 공고하게 만들었다는 점에서 재일코리안 작가
의 디아스포라 연구는 조국이나 타국 모두에서 제외되고 배제된 '소수'에
대한 연구라고 그는 지적한다.[42] 디아스포라로서 재일코리안 문학을 읽
는 것은 재일코리안 문학이 발생하게 된 상황의 맥락을 함께 고려하여
읽게 해 줄 수 있는 총체적 시각을 확보할 수 있도록 해준다. 뿐만 아니
라 재외코리안의 정체성을 관통하는 디아스포라라는 공통된 개념으로
볼 때 재일코리안만의 특별한 문학 세계가 변별점으로서의 '차이'를 함축
한 서사로 해석될 가능성이 있다.[43] 따라서 그의 연구는 정체성이 모호
한 재일코리안이 타자에 대응해 가면서 자기를 인식하는 방법으로서의
글쓰기 양상을 확인한다는 맥락에서 기존의 연구와 상통한다. 그러나 형
상화하는 방식상의 차이나 이러한 차이를 낳는 심리적, 미학적 차이를
검토하는 데 주안을 두고 있다는 점에서 시사하는 바가 크다. 재일코리
안의 정체성과 의식을 살펴보기 위해서는 그 존재론적 근원을 제공한 상
황을 고려하면서 해방 이후의 재일코리안 문학을 모든 세대에 걸쳐 통시

---

[42] 윤정화, 「재일한인작가의 디아스포라 글쓰기 연구」, 이화여자대학교 대학원 박사학위논
   문, 2010 참고. 윤정화는 이 논문에서 이러한 소수자와 소수자들의 다음 세대가 그 이전
   세대와 다른 글쓰기를 도모하면서 구축해낸 글쓰기에 주목하여 다름의 양상과 의의를 살
   펴보고 있다.
[43] 가와무라 미나토, 「분단에서 이산으로—재일조선인문학의 행로」, 전북대학교재일동포연
   구소편, 『재일동포문학과 디아스포라』, 제이앤씨, 2008 참조. 여기서 가와무라 미나토는
   "재일조선인문학에 대해 생각할 때에는 이러한 조선 민족의 이산상태, 민족 디아스포라의
   상황을 생각하지 않을 수 없다.", "조선 민족이 20세기에 가지고 있던 것은, 민족 디아스포
   라라는 확실한 '이산'의 경험이었다. 하지만 이 '이산'이라는 말은 '분단'이라는 단어가 가
   진, 피가 흐르는 것 같은 '하나'를 향한 희구성은 없다. (중략) 그러한 디아스포라, 민족 이
   산의 경험을 '산종'의 가능성으로 바꾸어 가는 것이 앞으로 우리에게 부여된 과제일 것이
   다. 그것은 언어나 문화, 종교나 이데올로기의 초월을 지향하는 문학이며, 광대한 대지에
   흩뿌려진 문학의 보편성이며, 그 인간으로서의 가치를 묻는 일인 것이다."라고 지적한다.

적으로 연구할 필요가 있기 때문이다.

　홍기삼은 『재외한국인문학』에서 중국, 러시아, 미주지역의 재외한인
을 다루고 있다. 재일 문학에 대한 전체적인 윤곽을 객관적으로 소개하
고 있어 심화할 수 있는 연구 영역을 파악하는 데에 도움이 된다. 이 외
에도 수많은 연구를 통해 재일코리안 문학은 물론 재외한인 문학은 그
연구 대상이 확대되고 논의 또한 확장되고 있다.[44]

　그렇지만 그럼에도 불구하고 해방 이후 현재까지 활발하게 문학 활동
을 펼친 재일코리안 작가들의 작품에 대한 학문적 관심은 여전히 부족하
다. 재일코리안 문학의 독자성과 그 존재론적 의미를 파악하는 작업은
앞으로 더 진행되어야 한다. 전체적으로 방대한 자료에 그 원인이 있기
도 하지만 앞으로 더 많은 관심을 통해 문학 작품의 구체적인 분석과 함
께 통시적으로도 통일된 시각으로 정리할 필요가 있다. 이러한 문제의식
위에서 최근 재일코리안 문학에 대한 연구는 총괄적인 작품 소개나 작가
소개를 넘어 작품에 대한 구체적이면서도 분석적인 작업으로 진행되고
있다. 재일코리안의 디아스포라적 정체성의 개념을 빌어 작품과 작가 의
식을 더욱 면밀하게 이해하려는 연구가 시도되기도 하였다.[45]

---

[44] 근대의 연구가 심도 있게 진행되어 오면서 일본어 소설과 일본어로 된 작품에 대한 접근
이 활발하게 진행됨과 동시에 재일한인 문학에 대한 연구도 꽤나 그 접근성이 넓어진 분
위기를 볼 수 있다. 나아가 재일코리안 문학을 한민족 문화권으로 당연히 포함해야 할 것
으로 인정하고 한국 문학의 범위를 확장해 줄 수 있는 가치를 지닌 문학으로서 보며 우호
적인 태도로 연구를 하고 있는 경향도 볼 수 있다. 전북대학교의 『재일 동포문학과 디아
스포라』 연구가 대표적이다.

[45] 강영숙, 「디아스포라, 민족 정체성 그리고 문학, 〈대담-이회성〉」, 『현대문학』 제53권 12호,
2007; 강진구, 「탈식민, 역사, 디아스포라」, 『한국문학의 쟁점들』, 제이앤씨, 2007; 강진구,
「제국을 향한 모델 마이너리티의 자기 고백」, 『현대문학의 연구』 제29집, 2006; 고화정,
「이질적 타자, 재일조선인의 초상」, 『황해문화』 겨울호, 2007; 고부응, 「디아스포라의 전개
과정과 현재적 의미」, 『대산문화』 제18호, 2005; 공종구, 「강요된 디아스포라」, 『한국문학
이론과 비평』 10권 3호, 한국문학이론과비평학회, 2006; 김명혜, 「디아스포라 여성의 자아
정체성 재창조 과정」, 『커뮤니케이션학연구』 제15권 4호, 2007; 김부자, 「Haruko-재일여
성, 디아스포라, 젠더」, 『황해문화』 통권57호, 새얼문화재단, 2007; 김종회, 「재외동포문학

그러나 연구사적으로 볼 때 구체적인 각론으로서의 작품론 및 작가론
이 총론으로서의 재일코리안 문학의 세계관에서 크게 벗어나지 못하고
있다. 다시 말해서 지금까지 재일코리안 문학은 '민족, 국가, 주체'라는
키워드가 핵심이 된 세계관을 형성해 왔다. 개인으로서든 집합으로서든
재일코리안이 추구하는 아이덴티티가 재일코리안 문학에도 큰 영향을
주고 있는 것이다. 특히 재일코리안 사회의 가족관에 있어서 '부자간의
갈등'을 중심으로 묘사되는 '부성'과 '모성'의 대립은 민족, 국가, 주체라
는 세계관을 보여주는 상징적 주제이기도 하다. 그러나 중요한 것은 이
러한 세계관이 각론으로서의 작품론과 작가론으로 그대로 수렴되고 있
다는 점이다. 오히려 이러한 일관된 특성이 디아스포라로서의 재일코리
안 문학의 성격을 뒷받침한다고 할 수도 있다. 디아스포라 연구에서 이
산의 경험에서 발산되는 민족적 근원을 찾는 스토리와 이방인 의식, 개
인적 체험과 역사 인식, 실존과 아이덴티티라는 문제는 중요하기 때문이
다.

의 어제, 오늘, 내일」,『어문연구』32권 4호, 2004; 김희숙, 「재일인의 현실인식」,『한국문
예비평연구』제25집, 2008; 김환기, 「재일디아스포라 문학의 형성과 분화」,『한국일본학회』
제74집 1권, 2008; 김환기, 「재일디아스포라 문학의 '혼종성'」,『한국일본학회』제78집,
2009; 김환기,『재일디아스포라문학』, 새미, 2006; 김혜연, 「김석범의 〈까마귀의 죽음〉의
인물형과 디아스포라 역사의식연구」,『국제한인문학연구』제4호, 2007; 박광현, 「재일문학
의 2세대론을 넘어서」,『일어일문학연구』제53집 2권, 2005; 신명직,『재일코리안 3색의 경
계를 넘어』, 고즈윈, 2007; 변화영, 「문학교육과 디아스포라」,『한국문학이론과 비평』10권
3호, 2006; 윤인진, 「코리안 디아스포라: 재외한인의 이주, 적응, 정체성」,『한국사회학』
제37집 4호. 2003; 윤인진, 「디아스포라를 어떻게 볼 것인가」,『문학판』통권18호, 2006; 윤
인진,『코리안 디아스포라: 재외한인의 이주, 적응, 정체성』, 고려대학교, 2004; 윤정헌, 「한
인소설에 나타난 이주민의 정체성」,『한국현대문예비평』제21집, 2006; 이연숙, 「디아스포
라와 국문학」,『민족문학사연구』제19호, 2001; 이정석, 「재일조선인 한글문학 속의 민족
과 국가」,『현대소설연구』제24호, 2007; 최강민 편,『타자·마이너리티·디아스포라』, 여
름언덕, 2007; 장미영, 「제의적 정체성과 디아스포라 문학」,『한국언어학회』제68집, 2009;
전북대학교재일동포연구소 편,『재일동포문학과 디아스포라』1·2·3, 전북대학교출판부,
2008; 정은경,『디아스포라문학-추방된 자, 어떻게 운명의 주인공이 되는가』, 이룸, 2007;
천관희, 「한·일 디아스포라 : 사적 전개와 실존적 갈등 연구」,『한국동북아논총』제13권
제2호, 2008; 황은덕, 「탈국가, 코리안 디아스포라」,『작가와사회』제30호, 2008 등 참고.

디아스포라라는 삶의 조건은 그들의 정신세계와 그들의 문학 형식에 특정한 방향성을 부여한다. 자발적이든 역사의 강요에 의한 것이든 자신의 땅에서 추방당한 '망명자'는 자신의 정체성에 대해서 언제나 불안해하기 때문에 타국에서 차별과 멸시를 당하며 잃어버린 고향을 찾으려 한다. 고향에서 멀어질수록 고향에 더 집착한다. 이들을 이해하기 위해서는 조국에서도 타자인 그들의 존재론적 감각이 어떠했는가를 살펴야 한다. 이를 규명하는 데에 이주의 개념인 디아스포라의 개념과 의식에 착안한 연구 역시 그 해답을 찾는 데에 유효할 것이다.

또한 일본 문학계에서 바라볼 때 재일코리안 문학은 일본 사회가 봉착해 있는 폐쇄적이고 국수적인 성향을 내파할 수 있는 대안적 문학으로서 기능할 수 있다. 일본 문단에서는 금기시되고 있는 천황제 문제를 상대화한다거나 침체된 고용시장의 노동 문제를 고발할 수도 있다. 특히 여성차별 문제가 뿌리 깊은 일본 사회의 현실을 재일코리안 여성 작가들의 탈이데올로기적 지향성과 남성중심주의를 벗어난 탈가족적, 탈민족적 전략은 단순히 재일코리안 문학의 새로움을 넘어 일본 사회의 변화를 촉구하는 제언적 선언(마니페스트)으로도 평가할 수 있다.

재외한인들은 자신의 조국을 떠나 망명자로 생애를 보내거나, 정주하는 곳에서도 자신이 속한 사회와 동화하지 못하는 이질적 존재가 되어 내적(내면적) 망명자로서 살아간다.[46] 재일코리안은 식민지배로 인한 타자화의 경험에서 해방될 것이라고 믿었던 시대 1945년 이후에도 지속적인 타자화를 현재진행형으로 경험하며 살고 있기 때문이다. 따라서 타자화의 역사를 경험하고 있는 불안한 현재를 살아가는 난민 혹은 고국상실자[47]와 같은 존재감을 가진 재일코리안과 그들의 표상 체계인 재일코리

---

[46] 박이진, 『아시아의 망령』, 성균관대학교출판부, 2015; 송승철, 「『화두』의 유민의식 – 해체를 향한 고착과 치열성」, 『실천문학』 34호, 1994 참고.

안 문학에 대해서는 더 다양한 각도로 접근할 필요가 있다.

이 책은 이렇게 재일코리안 문학에 다양하게 접근하기 위해 필요한 필드워크의 하나라고 할 수 있다. 우선 선행되어 출간된 재일코리안 문학 관련 서적들이 취하고 있는 시대별 구성 혹은 세대 간 전환에 따른 설명 구도로 2장과 3장을 구성하였다. 그리고 시대가 변하면서 두드러지는 재일코리안의 아이덴티티와 문학의 관계를 특징지어 보았다. 해방 전, 식민지기에 그들은 재일조선인으로서의 '선택'을 문학에 투영하며 협력과 저항의 세계관을 개척하였다. 해방 후, 1945년에서 1960년대까지는 민족적 뿌리와 조국 분단이라는 거대 담론에 맞서며 본격적인 재일코리안 문학을 구축해 왔다.

1970년대부터는 민족·국가와 같은 이데올로기와 얽혀있는 재일코리안의 실존적 고민을 어필해 왔다. 이때 이데올로기와 아이덴티티는 일본 내부를 포함해 세계와 소통할 수 있는 동시대성을 지닌다. 당시의 문학은 그러한 시대정신을 담아내고 있는 것이다.

1980년대는 이른바 '전환기'로서 보통 이야기해 왔다. '표현자' 주체의 세대 교체적인 성격을 포함하여 그들이 추구하는 지향성이 이전과는 달라진다고 할 수 있기 때문이다. 이것은 탈경계와 문학적 실천이라는 행위 속에서 중요한 시기를 뜻한다. 그리고 전환기적 현상은 1990년대로 이어져서 재일코리안의 자기명명으로서의 '재일론'이 분출하게 된다. 이 부분에서는 특히 아이덴티티 모색이라는 재일코리안의 지향성 자체를 재조명해 볼 것을 제안해 보았다. 우리가 무의식중에 사용하는 아이덴티티(Identity)는 재일코리안의 이산, 난민화, 고국상실, 차별 등 일본의 식민

---

47) Edward Wadie Said, *Reflections on Exile and Other Essays*, Harvard University Press, 2000. 일본어 번역본 大橋洋一·近藤弘幸·和田唯·三原芳秋訳, 『故国喪失についての省察(1·2)』, みすず書房, 2006·2009 참조.

지주의와 배타적 외국인제도가 그들에게 가했던 폭력의 시간, 그리고 피
차별자로서 겪은 폭력의 기억을 내재한 개념이다. 단순히 자기동일성을
회복한다는 의미로서의 정체성 찾기가 아닌 것이다. 따라서 재일코리안
스스로가 자신들을 어떻게 아이덴티파이하고 있는지는 상당히 중요하다.
이러한 문제의식은 다음 장에 이어지는 차별반대 운동과 귀화 문제와도
연결해 생각해 볼 수 있다.

　그리고 마지막으로 표현 주체로서의 여성 작가의 등장이 갖는 의미와
한센병 환자와 같은 소수자문학, 그리고 소년소녀를 주제로 하는 아동문
학 등 재일코리안 내에서도 중심에서 배제되어 있는 표현 주체들을 통해
서발턴(Subaltern) 문학 세계로서의 특징도 정리해 보았다.

　마지막으로 이어지는 장에서는 주요 작가론으로 본 재일코리안 문학
의 흐름과 특징을 구성하였다. 세계관으로서의 재일코리안 문학이 구체
적으로 개별 작가와 작품에 어떠한 영향을 주고 있는지, 혹은 여전히 발
견하지 못한 중요한 세계로서의 문학적 주제를 담아내고 있는지, 재일코
리안 작가들이 표상하는 소우주를 통해 함께 고민해 볼 수 있으면 좋겠
다.

　문학은 민족적 루트나 역사문화, 언어 등의 속성과 관계없이 그 자체
를 뛰어넘어 세계로 연결되는 보편을 추구한다. 그리고 지금 재일코리안
문학은 '세계문학'에의 길을 열어가고 있다고 말할 수 있을지 모른다. 그
러나 그것은 재일코리안이 짊어질 역사적, 현재적 존재성으로부터 이탈
해서는 불가능한 일이다. 주제와 방법이 진중하든 경쾌하든, 새로운 아
이덴티티를 추구하는 고투가 문학적 리얼리티를 형성하고 있다. 재일코
리안에게는 실존적 아이덴티티와 문학적 아이덴티티가 뗄 수 없는 관계
에 있는 것이다.

제2장

표현 주체와 문학의 변용

1. 협력과 저항, 재일조선인의 선택과 문학

재일코리안의 역사를 전체적으로 보자면 글을 쓰는 일에 종사하는 사람들이 많았다고는 할 수 없다. 그 수를 정확히 지적하기에는 시각에 따라 차이가 있기 때문에 어렵겠지만, 해방 이후 오랫동안 재일코리안 가운데에서 대학과 같은 고등교육 기관에서 근무한 사람은 소수였다. 문필업에 종사하는 사람도 그리 많지 않았다. 그 배경에는 식민지기에 재일코리안이 일본의 고등교육 기관에서 공부할 기회가 일본인과 비교해 상대적으로 적었던 사정이 있다. 1920년대 이후 신문과 같은 저널리즘과 문학 영역에서 적은 인원이기는 하지만 글을 다루는 사람들이 나왔다. 다만 이 경우에도 단순히 현실에 대한 철학적 고민만 나열하기만 하면 되는 것이 아니었다. 거기에는 억압받고 지배당하는 제약에서 자유롭지 못한 고독이 있었다. 고독은 어떤 의미에서 사람을 자유롭게도 하지만 동시에 바닥을 알 수 없는 불안에 빠뜨리기도 한다. 이를 구원하는 것이

문학일지 모른다.

그런 의미에서 재일코리안 문학은 개인에게 귀속된 것이라고 하기보다 역사적으로 조건지어진 집합체의 창작물이라고 할 수 있다. 인간은 억압받고 지배당할 때 그것에서 벗어나고자 문학이란 영역에서 활로를 찾는다. 이를 민족의식에 근거한 민족문학의 전개라 부를 수도 있을지 모른다. 그렇지만 '민족'이란 말은 다양한 의미를 지니고 있다. 말 그 자체로서의 민족이기도 하고 민중이나 저변, 주변을 뜻하기도 한다. 또는 강자나 다수파에 스며들거나 포섭된 형태를 상징할 수도 있다. 게다가 이러한 문학 창작에 구사된 언어를 억압받고 지배당했던 피식민자 측의 언어로만 반드시 한정할 수도 없다. 오히려 식민 종주국의 언어가 주된 창작의 조건이 되기도 하였다.

또 민족이라고 하면 '국가'가 연상되겠지만 식민지가 된 조선의 경우에는 고향이나 고국, 혹은 조국과 같은 단어와 등치되었다. 각각의 개인들이 이런 거대한 틀 안에서 글을 쓸 때면 의식하건 의식하지 않건 거대 담론과 개인적 이야기를 동시에 풀어가게 된다. '자유', '변혁', '해방' 등을 주제로 잡거나 혹은 반대로 이를 왜곡된 형태로 은폐하기도 한다. 역사, 공동체, 일상, 사상, 이데올로기, 갈등, 욕망, 자연과 같이 개인과 사회의 관계 전체를 파악하고자 하는 전체소설이든 다른 어떤 형태로든 시대 상황과 맞붙어 싸워가는 자기표현이 과제가 된다. 당연히 조선인과 일본인, 혼혈 문제뿐만 아니라 인습, 전통과 같은 문제, 그리고 남녀 관계나 연애, 그리고 가족의 이야기가 중요한 소재가 되기도 한다. 민족주의 혹은 내셔널리즘은 좋든 싫든 간에 식민지 근대성의 성격을 띠는 동시에 탈식민지화라는 과제와도 밀접하게 얽혀있는 것이다.

조선인은 조선인으로서 태어나는 것이 아니라, 태어난 이후에 조선인이 되어 가는 것이다. 굳이 말하자면 민족이라든가 민족의식, 민족주의와 같은 것도 후천적이며 마찬가지로 역사의식, 정치의식, 전통의식, 문화의식과 같은 것도 가정이나 지역, 사회, 나아가서는 국가(권력)에 뿌리를 둔 교육을 통해 형성된다. 교육은 일반적으로 지배적인 권력과 공동체를 배경으로 하는 다수를 형성하려는 목적을 지닌다. 따라서 거기서 형성된 주체는 민족과 국가, 혹은 공동체와 관련해 자신의 존재에 대해 의문을 품지 않도록 만들어진다. 그러나 일본에 의해 식민화된 역사적 국면에서 조선인은 그저 단순하게 조선인으로 형성되지 못한 채 거기에 권력성을 띤 '일본'이 혼입되었다. 즉 모순, 대립, 저항, 종속과 같은 식민지 피지배와 관련된 양상을 보이면서 조선인은 식민지적 주체로 형성될 수밖에 없었고 조선과 일본 사이에서 자기분열과 갈등에 직면하게 되었다.

이렇게 해서 조선의 근대문학은 식민지적 문학으로 형성되어 왔다.[1] 그리고 그 내실은 지금 서술한 자기분열이나 갈등, 그리고 그로부터 탈출하고자 하는 발버둥과 같은 것들이 주를 이루었다고 해도 과언이 아니다. 덧붙여 말하자면 '조선 근대문학의 시조'라 불리는 이광수는 1892년 3월생으로, 일본에 유학한 뒤 첫 작품 「사랑인가」를 일본어로 쓴 것이 1909년이었다. 서구 근대를 수용한 메이지기의 일본 소설을 배웠던 이광수는 민족주의적 입장이면서도 유교 사상과 인습을 비판하는 계몽주의적 소설을 쓰고자 하였다. 「사랑인가」는 조선인 유학생으로서의 실존과 미모의 동급생 소년에게 매료된 내적 갈등을 견디다 못해 결국 철도에 뛰어들어 자살을 꾀하는 인물을 묘사한 단편소설이다.

근대 일본에서 조선인의 문학 활동은 성서의 조선어 번역판을 출판한 이수정에서부터 시작해서 유학생들이 중심이 되어 발간한 『친목회회보』 (1896~1898), 『학지광』(1914~1930) 등을 통해 이루어졌다.[2] 조선인이 일

---

[1] 김재용, 『협력과 저항』, 소명출판, 2005. 이 책에서 김재용은 일제 말 문학의 양극화 현상을 김사량과 이석훈의 예를 통해 제시한다.

본어로 창작을 하게 된 것은 1920년대 일본에서 프롤레타리아문학 운동
이 활발해지기 시작한 무렵부터다. 조선인의 도일이 늘어나면서 조선인
과 관련된 노동쟁의가 빈발하는 가운데, 일본에서 조선인이 쓴 일본어
작품 수가 조선어 작품을 능가하게 된 것은 1920년대 후반의 일이다.
「이방애수(異邦哀愁)」(『문예전선』 1926.3)는 일본 내의 조선인들의 생활
상을 처음으로 노래한 시인 김희명의 작품이다.

> 싸구려 여인숙 주택에 사는
> 조선인 아이
> 아버지가 돈 벌러 나가면 외톨이
> (…)
> 어머니도 없고, 친구도 없고
> 장난감도 없는 방은 칠흑 같은 어둠이다!
> (…)

　또한 재일조선인 가운데 일본어 소설을 최초로 발표한 정연규는 사회
주의 문인들과 교류를 하면서 작품 활동을 전개하였다. 그러나 정연규
이후 일본어 소설은 공백기를 맞게 된다. 해방 전 조선인들의 프로문학
활동은 사회주의 사상이 크게 대두된 1920년대 조선어에 의한 독자적인
문학 활동으로 시작되었으나 일제의 탄압으로 중단되었다. 이후 정연규
처럼 사회주의 운동을 하던 작가들이 일본의 프로문학 조직 안에서 민족
의 독립과 계급 해방을 목표로 일본어로 작품 활동을 하였다. 당시 발표
된 작품의 문학적 수준은 그렇게 높지 않았지만, 1930년대 이후 일본 문
단과의 교류와 함께 연대를 통해 발표된 작품들은 상당 수준의 작품성과

---

2) 任展慧, 『日本における朝鮮人の文学の歴史』, 法政大学出版局, 1994.

프로문학 의식을 갖추었다고 평가된다.[3]

그리고 장혁주의 등장은 본격적인 문학 활동의 포문을 열었다. 비록 장혁주는 친일적인 작품 활동으로 일관되지만 이후 등장하는 김사량이 활동하는 데에 도움을 주시도 하였다. 김사량은 일제의 침략을 고발하는 민족주의적 작품을 발표하며 재일조선인과 일본 문단 양쪽에서 주목을 받게 되었다.

1930년대부터 해방 전까지 일본 문단은 일본 정부의 검열과 탄압으로 문인들이 정부의 정책에 순응하여 국책에 협력하거나 절필을 해야만 하던 상황이었다. 이러한 시기 1930년대 전반기에 장혁주와 김사량이 일본 문단에 등장하여 주목을 받았다. 그러나 1930년대 후반기가 되면 장혁주는 전향을 하고, 김사량은 귀국을 함으로써 소강상태에 빠진다.

2. 민족과 분단, 거대 담론과 문학

해방을 맞이한 재일조선인은 대체로 고국의 해방을 환호하면서 독립국가 건설에 참여하려 하였다. 그러나 그간 내면에 깃들어있던 황국신민의 잔재를 없애고 조선인으로 다시 태어난다는 것은 쉬운 일이 아니었다. 특히 조선이나 일본에서 황민화 교육을 받으며 자란 청년 세대는 한국어를 모른 체 대부분은 '일본인'으로 살아가는데 의심을 품지 않았다. 해방 직후에 자기를 응시하며 해방된 조선인으로서의 내실을 다져 다시 태어나는 데에는 많은 곤란이 뒤따랐다. 한국어와 고국의 역사를 배우고, 한국 문화를 몸에 익히는 것부터 조선인으로서의 주체를 형성하고

완성해 나갔다. 이것은 지금까지 배워온 일본의 역사와 사회에 대해서 비판적으로 대처해 가는 일이기도 하였다. 그렇게 일본 각지에 한국어 학습을 위한 강습소와 학교가 지어졌다.

이때를 계기로 재일조선인 출신 작가들이 재일코리안 문학의 효시가 된다고 할 수 있다. 재일코리안 문학 활동이 꽃을 피운 시기는 바로 이러한 시기였기 때문이다. 미국과 소련에 의한 남북 분단통치 아래, 고국(고향)을 향한 왕래가 허용되지 않는 상황에서 해방 이후 재일코리안의 창작 활동은 때로는 한국어로 쓰이기도 했지만 대부분 일본어로 썼다. 문학이란 특정한 시대적 상황 속에서 그것에 저항하면서 자기표현을 하는 것이라는 측면에서 볼 때, 재일조선인 문학은 출발에서부터 피지배의 역사와 민족·고국 문제, 그리고 소수자로서 일본에서 살아가는 삶의 문제와 씨름할 운명이었다. 동시에 일본·일본인에게 조선·조선인을 알리는 역할도 짊어지고 있었다.

제2차 세계대전 이후 구식민지의 독립 문제에 직면한 유럽의 지식인과 문학자들은 식민지주의에 저항하면서 사상을 심화시켜 갔다. 그에 비해 패전으로 인해 식민지를 상실하고 전전의 지배체제가 완전히 단절되지 않았던 일본의 지식인과 문학자들은 상대적으로 식민지주의에 대한 대결에서 뒤처져 있었다. 바로 여기에 식민지지배의 살아있는 증인이라 할 수 있는 재일지식인·문학자들의 독자적인 역할이 부여되었다. 실제로 해방 후 머지않아 『고려문예』(1945.11~1946.1), 『민주조선』(1946.4~1950.7), 『조련문화』(1946.4~1946.10), 『조선문예』(1947.10~1948.11), 『조선평론』(1951.12~1954.8), 『새로운 조선』(1954.11~1955.9) 등이 발행되었다.

김달수, 장두식, 이은직, 허남기, 김시종, 강순 등이 재일조선인 운동의 착종과 변천을 같이 하면서 창작 활동을 시작하였다. 많든 적든 전쟁기부터 글을 썼던 사람들이지만 이들 중 이름이 알려진 작가는 장혁주와 김소운 정도였고, 그 외에는 무명의 신인이나 다름없었다. 대부분 일제 강점기에 유소년기와 청년기를 보내며 인격 형성을 한 사람들로 종주국 일본의 언어를 습득하는 과정에서 문학을 접하고 창작으로 이어진 사람들이다. 일본어가 충분히 축적된 이후에 문학 활동을 시작한 이들과는 다른 출발이었다.

피식민자로서 인격 형성을 한 그들에게 있어서 개인의 체험은 제각각이었지만, 그 개인적 체험을 조국과 민족이 짊어진 거대 담론으로 파악하고 왜곡된 자신을 복원하려는 시도는 공통되었다. 식민지로부터의 해방, 그리고 곧 이은 분단이라는 시대의 흐름 속에서 일본어로 구현된 1세대의 창작물은 현해탄에 가로막힌 고국에 대한 그리움과 가슴 아픔이 투영되어 있다. 그리고 민족문제와 식민지문제는 이들 작가에게 공유되고 있었다. 『후예의 거리』(1948년), 『현해탄』(1952~1953년)에서 김달수는 해방 전 조선 지식인들의 민족에 대한 자각을 그렸고, 허남기는 『화승총의 노래』(1951년)을 통해 일본 제국주의의 식민주의를 고발하였다. 김시종은 동인지 『진달래』(1953.2)를 창간하고 제1 시집 『지평선』(1955년)을 출판하였다. 김석범의 『까마귀의 죽음』(1957년), 1960년대에 걸친 이은직의 『탁류』(1967~1968년), 김달수의 『태백산맥』(1969년)과 같은 작품들은 모두 남북분단 시대를 살아가야만 했던 비극과 자신의 과제를 직시하고자 했던 소설들이다. 그리고 장두식은 『어느 재일조선인의 일기』(1966년)에서 고난으로 힘든 재일코리안의 생활상을 담았다. 식민지기부터 비교적 고령층 남성들의 표현 수단이었던 한시는 해방 직후부터 1950년대에 걸쳐서 『해방신문』, 『조선평론』, 『신조선』 등에 실렸지만 이윽고 모습을 감추게 된다.[4]

---

[4] 宋惠媛, 『「在日朝鮮人文学史」のために』, 岩波書店, 2014 참고.

당시 재일코리안 문학은 일제강점기와 해방 이후 소수민족의 소외의식, 이방인 의식, 민족의식, 민족 정체성을 문학적으로 형상화한 작품이 중심을 차지하고 있었다. 재일코리안 문학의 주요 작품은 1960년대를 거치면서 해방 이전에 도일하여 살고 있었던 사람들과 그 후손에 대한 정책, 그리고 식민지 이후 도일한 사람들과 그 후손에 대한 제도적 차별, 1965년 한일협정으로 인한 교포사회의 분열, 한국의 경제발전과 남북대립 등에 관한 내용으로 재일코리안의 각기 다른 형태의 험난한 여정을 그리고 있다.[5]

여기서 특히 재일코리안 1세대가 살았던 시대를 어떻게 이해할 것인가에 관해서 짚어보고자 한다. 그것은 다시 말해서 역사를 어떻게 인식하고, 스스로가 서 있는 위치를 어떻게 이해할 것인가에 대한 이야기라할 수 있다. 일본 근대사에는 크게 세 개의 축이 있다. 첫째는 서구의 일본 침략, 즉 서구에서 보면 자본주의 시장의 새로운 획득이었다. 둘째는 그것에 대항하여 일본이 천황제 국가를 세우고 천황 중심의 국가건설과 국민통합을 도모한 것이다. 셋째는 그러나 그것만으로는 현실의 강대한 침략에 대항할 수 없어서 독자적으로 독립을 확보하기 위해 아시아를 침략한 일이다. 국가의 이데올로기 장치인 국민교육으로 말하자면, 서구 숭배 사상, 천황제 이데올로기, 아시아 멸시관이라는 세 개의 축을 중심으로 일본국민의 아이덴티티가 형성되어 온 것이다.

마찬가지로 조선 근대사에 존재하는 세 개의 축은 반제국·반봉건 투쟁, 식민지 근대의 강요, 남북분단을 들 수 있다. 이를 미래를 향한 지향과 목표라는 입장에서 바꿔 생각하면 반제국·반봉건 투쟁을 추진하여 식민지지배의 잔재를 청산하고 남북분단을 극복한다는 말로 바꿀 수 있다.

---

5) 임채완, 임영언, 허성태, 홍현진, 『재일코리안 디아스포라 문학』, 북코리아, 2012, 33~35쪽.

적어도 재일코리안 문학자들이 기본적으로 이와 동일한 틀 안에 있었던 것은 분명하다. 본래 문학은 시대를 응시하면서 스스로의 생활과 사상을 표출하고 때로는 미래를 향한 지향과 목표를 다룬다. 당연히 그 본질적인 규정성에서 볼 때 재일코리안 문학은 일본 근대사의 세 축과 조선 근대사의 세 축을 동시에 의식하지 않을 수 없었을 것이다. 특히 김달수나 허남기를 위시한 1세대 작가들이 보여준 창작은 이러한 역사성을 공유하고 있다.

그러나 재일코리안 문학을 논의할 때 식민지기의 장혁주나 김사량, 해방 후의 김달수, 허남기 그리고 김석범과 김시종 등에게는 한결같이 한국어로 쓸 것인가 아니면 일본어로 쓸 것인가와 같은 언어 표현의 문제가 따라 다닌다. 단일언어주의가 피식민자와 지식인에게 미치는 영향은 자크 데리다가 『단 하나의, 내 것이 아닌 언어(Le Monolinguisme de l'Autre)』 (1996)에서도 밝히고 있듯이, '언어 소유'에 관한 환상을 심어준다. 알제리 출신의 유대인으로서 프랑스어를 모국어 사용해 집필을 해야 했던 데리다 역시 '절대로 모국어가 될 수 없는 프랑스어'와 자아의 갈등을 언어와 아이덴티티의 관계를 통해 자전적으로 어필한 것이다. 이를 통해 생각해 볼 수 있는 것은 당시 작가들이 일본어로 창작하였다고 해서 반드시 재일코리안의 역사성과 존재성을 손상시켰다고 할 수 없다는 점이다.

3. 이데올로기와 아이덴티티, 시대정신과 문학

민족을 둘러싼 갈등을 중심으로 쓰여왔던 재일코리안 문학은 재일코리안 사회가 가상의 시공간으로서가 아니라 실질적인 형태로 일본에 정

착하기 시작한 1960년대 이후에 범주화되기 시작하였다. 실제로 1960년
대 후반부터 1970년대에 걸쳐서 이회성·김학영·고사명·김태생·정승
박·정귀문·양석일이 소설 분야에서, 신유인·최화국이 시 분야에서 그
리고 오임준이 평론과 비평 분야에 등장하였다.

1970년대 이후 문학은 민족의식이 강하고 자기 주체성이 두드러지게
나타나는 경향을 보이기 시작하였다. 민족차별이라는 국가적 폭력성 앞
에서 재일코리안 작가의 작품에는 국가나 민족을 둘러싼 거대 담론이 주
류를 형성하게 된 것이다. 대표적인 작가와 작품에는 김석범의 『만덕유
령 기담』, 『언어의 주박』, 『민족, 언어, 문학』, 『만덕이 이야기』, 그리고
김시종의 『이카이노 시집』, 이회성의 『제비야, 왜 오지 않느냐』, 『동포의
하늘』, 『찢기는 날들』, 『7월의 서커스』, 김달수의 『낙조』 등을 들 수 있
다.

그리고 무엇보다 1970년대 재일코리안이 직면한 사회상을 그대로 반
영한, 민족차별을 주제론 한 작품으로는 「현해탄」, 『박달의 재판』, 『태백
산맥』 등을 들 수 있는데, 민족차별이라는 폭력에 저항하는 재일코리안
의 삶이 적나라하게 표현되어 있다. 특히 1975년 2월에 창간된 『삼천리』
(1987년 5월, 50호로 폐간) 잡지가 재일코리안 사회의 일본어 종합잡지로
서 김달수, 김석범 등이 관여하여 출판되었다는 점은 의미가 있다.[6] 1970년
대 재일코리안 문학은 형식적으로나 내용상에서도 가장 재일코리안다운
색채를 띤 민족문학으로 평가를 받는다. 이와 관련해 이회성, 이양지, 김
학영, 김석범, 김태생, 양석일 등이 거론되는데, 특히 이회성은 1972년에
『다듬이질하는 여인』으로 재일코리안 작가 중에서도 처음으로 아쿠타가
와상을 수상하였다. 이를 계기로 재일코리안 2세의 민족적 주체 확립과

---

6) 권성우, 「재일 디아스포라 여성소설에 나타난 우울증의 양상 - 고 이양지 작품을 중심으
로」, 『한국민족문화연구』 제30집, 2009, 102쪽.

조국 통일 운동에의 참여 등 적극적인 활동을 이어 갔다.

1980년대에는 이승옥, 안우식 등이 민족 분단의 고통이나 민주화 투쟁을 다룬 한국 문학을 활발히 번역, 소개하기 시작하였다. 시대적으로는 남북분단이 고정화되었고, 재일코리안 젊은 세대 내에서는 일본 정주를 기정사실로 받아들이며 '자이니치(재일)'라는 새로운 명칭이 정착되어 가는 시기였다. 그러면서 재일코리안 사회는 글로벌화와 동시에 일본 사회로의 동화가 가속화되기 시작하였다. 1985년에는 지문날인 거부 투쟁이 본격화되기도 하였지만, 일본 국적법이 '부모 양계주의'로 개정되면서 세대교체와 민족 정체성의 약화로 귀화자가 한층 많아지게 되었다. 글로벌 시대와 더불어 1980년대 이후 재일코리안 작가들의 작품 경향은 집단적 의식보다는 개인 문제에 천착한 내면화, 보편화, 개별화를 통해 자신의 문제를 승화시켜 나갔다. 민족의식이 실존적인 문제나 욕망의 문제, 더 나아가 인간의 다극화되고 보편적인 생존 문제와 연결되면서 내용이나 형식이 민족을 포괄하면서도 동시에 초월할 가능성을 보여주었다.

이 시기 주목할 만한 작가와 작품은 이회성의 『유민전』, 양석일의 『광조곡』, 김석범의 『유명의 초상』, 김창생의 『나의 이카이노 — 재일 2세의 조국과 이국』, 이양지의 『새김』과 『유희』, 이회성의 『금지된 땅』, 원수일의 『이카이노 이야기』, 양석일의 『족보의 저편』 등이다.

앞서도 지적하였지만, 재일코리안 문학이 명확한 형태로 의식되게 된 것은 1970년대부터이다. 이 시기에 다양한 분야에서 재일코리안 작가들이 활약하였는데, 재일지식인은 식민지지배의 경험을 바탕으로 근대 일본과 한반도, 그리고 세계 식민지주의와의 투쟁을 화두로 삼기 시작하였다. 김석범은 잡지 『전망』 1973년 3월 호에 다음과 같이 썼다.

'요즈음 당신과 같은 재일조선인 문필가가 각 분야에서 눈부신 활약을 하고 있는데, 이처럼 약속이나 한 듯 일제히 등장하게 된 데에는 어떤 이유가 있는지, 의문이 드는 것을 금할 수 없다.' 이런 질문을 나는 여러 번 들은 적이 있다. (…) 생각해 보면 과연 최근 몇 년 사이에 집중적으로 등장한 듯한 인상을 주기도 한다. 예를 들면, 역사 분야에서는 강재언, 박경식, 그리고 고고학 분야의 이진희, 경제 분야의 고승효, 철학 분야의 허방원 등이 있으며, 문학 분야에서는 작가 김달수, 이회성, 고사명, 김학영, 정승박, 장두식, 김석범, 시인 김시종, 강순, 평론가 오임준, 안우식, 윤학준 등이 각각 활발하게 활동하고 있다. (…) 이들의 활동이 한반도에 대한 일본인의 관심을 넓히는 데 기여한 것은 사실이다. 그것을 가령 조선 붐 정도로 지칭하며 외적인 요인으로 환원시켜 버려서는 안 된다. (…) 이들의 이름을 언급하면서 든 생각은 문학에서 몇 명인가를 제외하면 나 자신을 포함한 전원이 불과 몇 년 전까지 조선총련의 활동에 가담하였다는 사실이다. 조직의 각 분야에서 상임위원으로 일을 하였다. (…) 거의 모두가 조직 내에서 부당한 비난이나 비판을 받으면서도 열심히 활동한 사람들이다. 그리고 거기서 배제되어 사실은 내쫓기듯 나온 사람들이다. 조직을 떠난 후에도 본인이 없는 상황에서 집요하게 결석재판에 가까운 비난과 비판을 계속해서 받았다. 예컨대 '공명 출세주의'라든가 '사대주의', '민족 허무주의', '자유주의', '매명주의', '개인 영웅주의', '개인 이기주의' 등의 낙인이 찍혔다. 그러나 그 가운데서도 '종파'라는 것이 있는데, 이것은 분파라고도 해석할 수 있는 것으로 우리 사이에서는 그 의미의 어조가 대단히 강하며 반혁명에 버금가는 단죄의 낙인이다. 나도 종파로 규정되었는데, 6개월 뒤인 작년 가을 무렵에는 '종파'는 아니나 비조직적 책동을 하고 있다는 식으로 조직 내부에서 일방적으로 단정 지어졌다.

인용문은 1972년 10월을 정점으로 하는 '김병식 사건'과 관련된 조총련 내부의 혼란, 조직 비판자의 추방과 깊은 관계가 있다. 김석범의 글을 조금 더 인용해 보겠다.

이런 글을 쓰면 나는 '반총련'이라고 낙인이 찍힐 것이다. (…) 총련의 조직 체질에 비판적이긴 하지만 누가 총련의 존재 자체를 부정했던가. (…) 그들은 조직을 떠나 있어도, 그리고 그런 연유로 받게 되는 한국 측으로부터의 공작이나 유혹에도 불구하고 자신의 사상적 절조를 지키며 고독하게 지속해서 집필 활동을 하는 사람들이다. 그 가운데는 한국 측에 굴복한 사람도 있지만, 그렇더라도 대부분은 자신의 신념에 충실하려고 노력하고 있다. (…) 나는 새삼스럽게도 총련의 조직 체질이 창조적인 활동의 장애물이 되고 있다는 사실에 놀라지 않을 수 없다. (…) 남북공동성명이 발표된 지금, 그리고 각자가 조국 통일을 지향하고 있는 가운데 조선총련에서도 한국에서도 꺼리는 존재라고 스스로 인정하는 것은 불쾌한 일이다. 게다가 일본의 공안조사청 블랙리스트에 대부분의 사람들이 올라 있을 것이다. 이와 같은 일들이 앞서 거론한 재일조선인 문필가들이 갑자기 등장하게 된 내적 요인이다. 불행한 사태이지만 어쩔 수 없다.

이것이 1970년대 재일지식인의 진실이다. 상아탑 같은 것이 없었던 재일지식인, 의지할 만한 문단 같은 것이 없었던 재일코리안 문학자들은 그런 가운데서도 조국에 공헌하고자 조총련에 결집해서 헌신하려고 했다. 그러나 결과는 이와 같았다.

여기서 우리는 1970~80년대 재일코리안 문학의 경향성을 파악하는 데 중요한 키워드를 하나 포착할 수 있다. 바로 재일코리안 문학에서 빠트려서는 안 되는 것이 재일코리안과 '조직'과의 문제라는 점이다. 조총련 등 조직과의 관계가 재일코리안 문학에 아주 커다란 그림자를 드리워 왔기 때문이다.

해방 후, 재일조선인연맹(이하 조련) 소속의 젊은 조선인들을 중심으로 창작 활동이 개시되었다. 그에 따라 문학자 조직(1947년에는 재일조선문학자회)이 결성되었으며, 조선어와 일본어 잡지도 창간되었다. 조선어 잡지로는 『조선시』, 『조련문화』, 『조련청년』, 『백민』 등이 있었다. 일본어 잡지로는 『청년회의』, 『조선문예』, 『인민문화』, 『민주조선』 등이 창간되었다.

이와 관련해 1970년대 후반부터 1980년대에 걸쳐 일본인과의 공투를 강하게 주장하며 반차별 재일운동으로 적잖은 역할을 한 민투련을 생각해 볼 수도 있다. 『계간 잔소리』 제2호(1979.12)에 '제5회 민투련 대회에 참가하며'라는 기사가 있는데, 이에 따르면 11월에 가와사키시에서 열린 민투련 전국교류집회에 전국에서 93개의 단체, 총 700명이 참가하여 3일 동안 토의와 보고가 이루어졌다. 재일 민족을 단위로 한 조직이 이데올로기 대립을 반복하는 가운데 민투련은 생활에 기반하여 재일코리안의 요구를 받아들이며 투쟁해 온 것이다. 조선인은 차별을 받아도 어쩔 수 없다는 체념을 버리고 인간으로서의 분노, 의문, 그리고 '이렇게 살고 싶다'는 소박한 발상과 염원을 운동으로 확대해 왔다. 게다가 단순히 조선 민족의 차별만이 아니라 일본인이 받고 있는 차별을 찾아내어 함께 투쟁해 갈 것을 제안하였다.

이 시기 주목할 만한 또 한가지는 재일코리안 문학이 갖는 세계관을 둘러싸고 학문적 접근이 이루어지기 시작하였다는 점이다. 현재 재일코리안 문학을 연구한 저서나 논문은 일본 문학계에서는 비록 소수 문학에 해당하지만, 물리적인 시간이 흐른 만큼 상당수가 축적되어 있다. 대표적으로 재일코리안 문학론을 전개하기 시작한 저술 중에 이소가이 지로의 연구가 이때 등장하였다.

이소가이 지로는 나고야에서 '재일코리안 작가를 읽는 모임'을 주재하였는데, 1977년 12월 시작한 이래 거의 한 회도 쉬지 않고 매달 월례회를 개최(총 470여 회)하였다. 모임을 발족하고 1980년 1월에는 잡지 『가교』도 창간하였다. 이소가이 지로의 『시원의 빛−재일코리안 문학론』(1979년)은 고전(정전)이라고 할 만한 입문서이다. 이후 『'자이니치' 문학론』(2004년), 그리고 『'자이니치' 문학의 변용과 승계』(2015년)를 출간하였다. 이 저술과 함께 중요한 논고도 다수 내놓았는데, 「재일조선인 문학의 세계−부

성을 극복하는 문학」,[7] 「새로운 세대의 재일코리안 문학」,[8] 「제1세대의
문학 약도」,[9] 「변용과 승계 – '자이니치' 문학의 60년」[10] 등은 재일코리안
문학을 연구하는 데 있어 중요한 담론이다.

1970~80년대에 등장한 문학론에서 간과할 수 없는 것은 다케다 세이
지의 『'자이니치'라는 근거 – 이회성 · 김석범 · 김학영』(1983)이다. 이 연
구서에는 이소가이 지로가 『시원의 빛 – 재일코리안 문학론』에서 다루지
않은 김학영론이 포함되어 있다. 윤건차의 논의도 눈여겨 볼 필요가 있
다. 「'불우의 의식'으로부터의 출발 – '자이니치'를 살아간다는 것」,[11] 「변
용 개념으로서의 자이니치성 – 재일조선인문학/재일문학을 생각한다」[12]
등은 당사자성을 지닌 재일코리안 지식인으로서의 예리한 비평적 담론
을 담고 있다.

이러한 흐름은 2006년에 결실을 맺었다. 지금까지 재일코리안 문학을
집대성하는 데 주력해 온 이소가이 지로와 구로코 가즈오가 편찬한 『자
이니치 문학 전집』전18권이 간행된 것이다. 방대한 작품군을 다루고 있
어 전부 소개하기는 어렵지만, 각 권의 내용은 제1권 김달수, 제2권 허남
기, 제3권 김석범, 제4권 이회성, 제5권 김시종, 제6권 김학영, 제7권 양
석일, 제8권 이양지, 제9권 김태생 · 정승박, 제10권 현월 · 김창생, 제11권
김사량 · 장혁주 · 고사명, 제12권 이기승 · 박중호 · 원수일, 제13권 김중
명 · 김재남, 제14권 후카사와 가이 · 김마스미 · 사기사와 메구무, 제15권

7) 磯貝治良, 「在日朝鮮人文字世界 – 負性を超える文学」, 『季刊三千里』第20号(特集 : 在日朝鮮人文学), 1979.
8) 磯貝治良, 「新しい世代の在日朝鮮人文学」, 『季刊三千里』第50号, 1987.
9) 磯貝治良, 「第一世代の文字略図」, 『季刊青丘』第19号(特集 : 在日朝鮮人文学の現在), 1994.
10) 磯貝治良, 「変容と承継 – 〈在日〉文学の六十年」, 『社会文学』第26号(特集 : 「在日」文学), 2007.
11) 尹健次, 「「在日」を生きるとは」, 『思想』第811号, 1992.
12) 尹健次, 「空容概念としての在日性 – 在日朝鮮人文学/在日文学を考える」, 『社会文学』第26号(特集 : 「在日」文学), 2007.

작품집I, 제16권 작품집II, 제17권 시가집I, 제18권 시가집II로 구성되어 있다. 이 외에 『사회문학』 제26호(2007)는 한 권을 통째로 재일코리안 문학 특집으로 구성하기도 하였다.

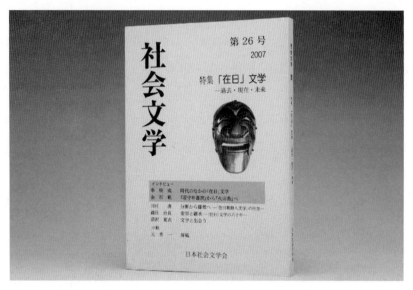

일본사회문학회가 발행한 『사회문학』 특집호 '재일' 문학 표지(2007년)

이러한 재일코리안 문학론에 따르면 1970년대에는 2세대 작가가 중심이 되어 민족이나 조국, 통일 문제 등과 밀접한 관계를 갖는 형태로 자기, 그리고 재일코리안의 모습을 그려내었다. 1980년대에는 이러한 속박에서 벗어나려는 작가가 차츰 등장하기 시작한다.

이소가이 지로에 의하면 같은 2세대라 하더라도 '후기 2세' 이후의 작가는 '자이니치'의 정체성을 지향하면서 동시에 조국 지향의 자세를 보이는데, 거기에는 1세 작가와 같은 조국에 대한 감정이나 '전기 2세' 작가와 같은 민족 이념과는 다른 형태의 지향을 볼 수 있다.[13] 그것은 '자이니치성'의 변용이지만 거기에는 조국과의 관계에서 자기를 대상화하고 조국의 사회 상황, 민중 문화와 관계하려는 지향이 확인된다. 이러한 '자이니치성'은 자이니치 지향인 동시에 민족적 주체로서의 의지를 포함한 것으로, 단락적인 동화로 직결되는 것은 아니다. 조국 지향의 민족이라든가국가, 전통이나 문화가 차별 사회 일본의 현실과 서로 격렬하게 싸워서자이니치 의식 내지는 아이덴티티를 형성하고, 그것이 새로운 존재 방식을 가진 재일코리안 문학으로서 표출되었다고 이해할 수 있다. 2005년에는 모리타 스스무와 사가와 아키가 편집한『재일코리안 시선집』[14]이 간행되었다. 그야말로 재일코리안의 시를 집대성한 것으로 식민지지배와남북분단의 가혹한 환경 속에서 고향과 모국어, 개인적 아이덴티티의 긴장 관계를 정치(精緻)하게 표현하고 있다.

재일코리안 문학은 차별이나 빈곤, 조국의 분단이라는 정치적 상황에영향을 받으면서도 끊임없이 시대와 마주하면서 진지한 작품들을 세상에 내놓았다. 이는 일본 문학을 넘어 세계문학에 상응하는 우수성을 발산하고 있다고 하겠다. 다만 이소가이 지로는 최근에 '재일조선인 문학'이라는 말 대신에 '재일 문학' 혹은 '자이니치 문학'이라는 말을 자주 사용하고 있다. 이에 대해 이소가이 지로는 앞서 언급한 전집 간행에 즈음하여 "재일조선인 문학이 아니라 자이니치 문학이라고 명명한 것은 재일조선인 문학의 변용과 함께 그러한 호칭이 적합한 작가도 수록되어 있기때문이다. 그와 동시에 '자이니치'에 붙여진 괄호에는 재일조선인의 역사성과 존재성이 함축되어 있다."[15]며 입장을 밝히기도 하였다. 실제로

13) 磯貝治良, 「在日朝鮮人文学の世界——負性を超える文学」, 『季刊三千里』 第20号(特集 : 在日朝鮮人文学), 1979.
14) 森田進・佐川亜紀編, 『在日コリアン詩選集—1916年~2004年』, 土曜美術社出版販売, 2005.
15) 磯貝治良, 「『〈在日〉文学全集』の刊行」, 『民族時報』 2006년 6월 15일.

1980년대 중반 이후 재일코리안 문학 세계에는 새로운 현상이 나타났다. '재일 문학' 혹은 '자이니치 문학'이라고 부를 수밖에 없는 문학 상황이 나타난 것이다. 이는 일본 사회로의 동질화 현상이 진행되는 가운데 일본 이름을 사용하는 작가가 다수 등장하였고 이전까지 재일 작가와 구별되는 아이덴티티의 표현이 현저하게 나타났기 때문이라고도 할 수 있다. 이소가이 지로의 다른 저작『전후 일본 문학 속의 조선 한국』(1992)에는 일본 이름을 쓰는 재일코리안 작가로 다치하라 마사아키, 이이오 겐시, 미야모토 도쿠조, 즈카 고헤이, 이주인 시즈카, 다케다 세이지, 사기사와 메구무를 거론하고 있다.

4. 전환기, 탈경계와 문학

1980년대에서 1990년대에 걸쳐서는 일본과 남북한 그리고 세계는 크게 바뀌어 갔다. 소련에서 개혁이 시작되고 동유럽 사회주의권의 민주화 개혁, 독일 통일에 이어서 걸프 전쟁, 소련연방의 소멸이 이어졌다. 남북한에서는 1983년에 소련 영내에서 대한항공기 격추사건과 북한의 소행으로 알려진 랑군테러 사건이 일어났다. 1987년에는 노동자와 학생들이 궐기한 6월항쟁과 집권 여당의 민주화 선언, KAL기 폭파 사건이, 그리고 이듬해 1988년에는 노태우 대통령의 취임과 서울올림픽이 개최되었다. 1990년대가 되면서 남북 총리회담 개최, 북한과 일본의 수교협상이 개시되고, 남북한 유엔 동시 가입과 '남북기본합의서' 조인, 그리고 한국·중국의 국교 수립이 이어졌다.

일본에서는 1980년 이후 재일코리안이 지문날인 거부 투쟁을 비롯해 과감한 반차별·시민권획득 운동을 펼쳐나갔다. 재일코리안의 주류는

2세대로 이행하였고 3세대가 막 등장하기 시작하였다. 북쪽 그리고 남쪽을 보는 관점이 크게 달라져 가는 가운데 민족과 조국, 통일을 중심으로한 기존의 생각도 크게 흔들렸다. 윤건차는 당시를 "무엇보다 한국의 민주화 실현과 특히 텔레비전에서 본 서울올림픽 개회식의 화려함에 충격을 받아 이후 한국관이 변하면서 자이니치로 살아가는 나의 정체성을 재구성해 가게 되었다."16)고 회상한다.

이 시기에는 국가에 얽매이지 않고 역사를 보려는 경향이 강해지면서 국가 간이 아니라 국경을 넘어선 관계를 중시하는 사고가 확산되었다. 재일코리안 사회에서도 1970년대 후반 이후 '자이니치'라는 말을 많이 사용하게 되는데, 동시에 본국으로의 귀국을 전제로 한 '조국 지향'을 부정하고 일본에서의 정주를 기정사실로 받아들이는 '재일 지향'을 주장하는 다양한 인식이 나타났다. 1970년 전후가 재일코리안에게는 조국 지향과 재일 지향의 경쟁 시기였다고 할 수 있는 것이다. 그러나 1970년대 중반부터 2세대 청년을 중심으로 한 '자이니치'의 운동은 생활권 옹호나 영주 지향에 그 기반을 두고 민족차별과 시민으로서의 권리 획득의 문제를 화두로 말하기 시작하였다. 혹은 '제 삼의 길'이 주장되기 시작하였다. 이러한 움직임은 더욱이 민족차별과 싸우는 연락협의회(민투련, 1974년 결성) 등의 운동으로 어느 정도 일정한 흐름을 이루어가게 된다. 그 결과 1980년을 전후해 '자이니치'의 정착 지향이 확립되었다.

이때 이른바 '재일론'이라 불리는 논조가 등장하는데, 그것은 '세 개의' 국가(nation) 사이에 존재하면서도 그것을 극복해 가려는 에스니시티(ethnicity) 중시의 성격을 띠고 있었다. 재일코리안 내부의 세대 간의 교체만이 아니라 조선 국적에서 한국 국적으로 전환하거나 일본 국적을 취득하는

---

16) 윤건차, 박진우·김병진 외 옮김, 『자이니치의 사상사』, 한겨레출판사, 2016, 765~767쪽 참고.

등, 그리고 여기에 일본인과의 결혼도 증가하면서 구조적인 변화가 현저히 나타난 것이다. 호칭 자체도 '재일조선인'은 물론이고 '자이니치', '재일한국인', '재일한국·조선인', '재일코리안'과 같이 다양화되었다. 이른바 혼종적이고 복잡함을 더해가는 재일코리안은 과거 이전과는 전혀 다른 아이덴티티 크라이시스(identity crisis)에 노출되어 민족이나 조국, 통일과 같은 '정치주의'적 접근으로부터 탈피하는 것을 강요당하였다고 할 수 있다.

일본에서는 1981년, 난민조약비준 이후 이듬해에 출입국관리령을 대신해서 출입국관리 및 난민인정법이 제정되었다. 한국 국적, 조선 국적을 불문하고 '평화조약 국적 이탈자'에게는 특별 영주제도에 따라 특별영주허가를 내주었다. 또 난민조약에 명시된 난민에 대한 각종 보호조치를 확보하기 위해서 국민연금법, 아동부양수당법 등 사회보장 관계 법령이나 국적 요건을 철폐하는 등의 법정비가 이루어졌다. 이로 인해 일부 제한적이라고는 하지만 초등교육, 국민연금, 자녀부양수당, 건강보험 등에 대해서 일본국민과 동일한 대우를 받게 되었다. 외국인등록에 따른 재일코리안의 총수는 1984년 당시 약 67만 명으로 추정되고, 그중에 조선 국적이 약 25만 명, 한국 국적이 약 42만 명이다. 1991년 11월에는 일본국과의 평화조약에 기반한 일본의 국적을 이탈한 자 등의 출입국관리에 관한 특례법이 시행되어 일본이 항복문서를 조인한 날(1945.9.2)을 기준으로 이전부터 계속해서 일본에 거주하고 있는 평화조약 국적 이탈자(조선인 및 대만인)와 그 자손은 특별영주자로 처우를 받게 되었다.[17]

변호사 김경득의 말에 따르면, 귀화한 사람이 낳은 아이, 그리고 그 밖

---

17) 여기서 왜 8월 15일이 아니라, 9월 2일이 기준인지 의문도 생기지만, 어쨌든 1994년 당시 한국 국적, 조선 국적의 특별영주자는 58만 명이 채 안 되고, 귀화한 사람은 약 19만 명을 넘었다.

에 일본인과의 결혼으로 태어나 일본 국적을 가진 아이, 또 1985년 국적
법 개정법 시행으로 부모 양계주의를 시행하면서 일본인 여성과 조선인
남성 사이에서 일본 국적을 갖게 된 아이, 이들을 모두 합치면 재일코리
안 58만 명과 거의 동일한 수의 일본 국적을 가진 '자이니치'가 있었다고
한다.[18]

후카사와 가이는 1943년 니가타에서 태어나 호세대학 사회학부를 중
퇴하고 일본 국적을 취득한 재일코리안 2세 작가이다. 그는 귀화라는 말
을 사용하지 않고 일본 국적을 가진 재일코리안이라고 자칭한다.[19] 후카
사와 가이는 「자이니치, 아이덴티티의 행방」[20]이라는 글에서 1960년, 열
여섯 살 때 가족과 함께 일본 국적을 취득한 사실이 20대의 자신을 괴롭
혀 아이덴티티를 분열시키고 갈 곳을 상실하였다고 고백하였다. 그리고
우리 2세대가 마주친 아이덴티티의 위기는 한마디로 말해서 자신은 조
선인도 아니고 일본인도 아니다, 어느 쪽도 아니라는 분열감으로 인해
답을 찾을 수 없는 괴로움이었다고 간결하게 전달하고 있다. 이는 일본
국적을 취하지 않은 채 일본 학교에서 배우고 자란 수많은 젊은이들에게
해당하는 말이기도 하다. 후쿠사와 가이 자신은 민족·국적 그리고 피의
문제를 고민하면서도 '자신의 자이니치성'을 버리지 않고 살기 위해 노력
하였다.

그렇다면 민족학교에서 배우고 자란 자이니치는 아이덴티티의 확립에
어떠한 고민도 없었을까? 역시 그렇지 않았다. 1957년생 양징자는 어머

---

[18] 그러나 1970년에 분신자살을 한 야마무라 마사아키의 시절에는 그렇지 않았다. 귀화제도
의 변화도 영향을 주게 되면서 국적은 일본이지만 조선 민족이라는 입장을 관철하게 되
는 사람이 소수이지만 증가해 왔다고 할 수 있다. 森崎和江, 「民衆の内在律と天皇制国体試
論」, 『アジア女性交流史研究』 No.11, 1972 참조.
[19] 水野直樹, 「座談会 在日朝鮮人問題に就て」, 『世界人権問題研究センター·研究紀要』 第10号,
2005.
[20] 深沢夏衣, 「在日、アイデンティティの行方」, 『中国公論』 第8号, 1949.

니가 일본인으로 민족차별을 피하기 위해 사생아라는 형태로 일본 국적에 입적하였다. 그리고 민족학교를 다니며 민족의 이름을 자칭하고서 조선인으로 살아가는 길을 선택하였다. 그녀는 재일 민족단체가 일본 국적을 취하면 변절자라며 배제하는 경향이 강하였다고 하면서 다음과 같이 말한다.

> 나는 민족학교에서 고등학교까지 다녔는데, 내 세대에서도 민족학교에 다니는 것은 재일 전체에서 20% 정도라고 했습니다. (…) 나는 감각적으로 조선인임을 자명하게 생각하고 살아왔습니다. 민족학교에서는 민족의 긍지를 가지라고 가르쳤고, 조선학교라는 조선인 커뮤니티가 있어서 그것이 심적으로 든든하기에 갖게 된 감각이라고 생각합니다. 나에게는 그러한 커뮤니티가 있다는 점이 너무 좋았어요. 다만 조선학교에서 제일 큰 폐해는 흔히 사상교육이라고들 합니다만, 그 이상으로 일본 사회에 대해서 무책임한 감각을 가져버리는 것이라고 생각합니다. 요컨대 뭐라고 한마디라도 하면 '그것은 내정간섭이'라며 어디까지나 재외공민의 입장에서 국민으로 사는 것이 옳다고 합니다. 그 결과 일본 사회에 대해서 무관심과 무책임으로 사는 것이 조선인으로서 순수하게 사는 것이라는 착각에 빠져있지요. 사상교육에 관해서는 분명하게 반발감을 느끼면서도 민족으로서 살기=국민으로서 살기=일본에 대해 무관심하게 살기라는 공식에 대해서는 의문을 갖지 않고 마치 공기처럼 받아들이고 만다는 것을 최근에 와서 깨달았습니다. 그래서 그러한 교육을 받으며 형성된 가치관이 지금 몹시나 흔들리고 있어서 민족, 국가, 국적이라는 단어가 붙은 것에 대한 의구심이 강합니다.[21]

물론 재일코리안으로서의 민족의식이 강해야 일본 사회에서 살아갈 수 있다는 것은 아니다. 재일코리안은 일본과 남북한이 규정해 놓은 존재인 이상, 일본에 대해서 그리고 분단에 대해서 어떠한 자각과 그에 수

---

21) 森崎和江, 「民衆の内在律と天皇制国体試論」, 『アジア女性交流史研究』 No.11, 1972.

반되는 행동을 요구받게 된다. 게다가 자본주의 시대, 즉 국민국가시대를 살면서 국민국가의 틀을 모두 부정하는 것은 불가능하다.

가나가와현이 그 지역에 사는 재일코리안을 대상으로 1984년에 실시한 추출 조사에 따르면, 일본 국적을 취득하지 않고 민족의 긍지를 갖고 생활하고 싶다고 생각하는 사람이 과반수를 차지하고 있다. 모국어에 대해서는 대체로 '가능하다', '어느 정도 가능하다'고 하는 대답이 총 50~60%로 상당히 높은 수치가 나왔고, 또 과거 10년 동안 모국에 다녀온 적이 있는 사람이 42.2%에 달하고 있다. 혈연이나 왕래를 통한 모국과의 연대도 그리 약하지는 않았다.[22] 이러한 상황 속에서 '재일론'이 다양하게 전개된 것이다. 예를 들어 1980년대에 가장 활발하게 활동을 했던 와세다대학 조선문화연구회의 기관지『림진강(RIMJINGANG)』제3호(1986.12)에 실린 〈권두언〉을 보면, 당시 재일코리안 청년에게 가장 절실하게 요구되는 것은 민족애도 아니고 통일에 대한 신념도 아니다. 어찌 보면 일본 사회를 점점 상대화하는 것이 가능해졌다고 생각될 정도인데, 1980년대 중반 이후 집중적으로 제기된 '재일론'은 한층 여유로운 시각을 담아내고 있다.[23]

'재일론'은 여러 논자에 의해 전개되었다. 그 시작은 일본조선연구소가 발행한『조선연구』에서 멤버 사토 가쓰미와 가지무라 히데키를 필두로 논의가 시작되었다. 나중에 문경수, 강상중, 양태호, 김찬정, 정장연, 서경식, 그리고 윤건차를 포함한 2세대들, 그리고 김시종과 김석범 같은 1세대로 볼 수 있는 연배가 높은 사람들이 논의를 이어나갔다.『계간 삼

22) 森木和美,「在日韓国・朝鮮人および中国人の職業的地位形成過程の研究」,『関西学院大学社会学部紀要』60号, 1989

23) 윤건차는 그럼에도 불구하고 민족, 조국, 통일의 문제가 아직도 재일코리안의 부정할 수 없는 과제라는 점은 확실하다고 강조한다. 윤건차, 박진우・김병진 외 옮김,『자이니치의 사상사』, 한겨레출판사, 2016, 770~771쪽 참조.

천리』(창간 1975.2. 전50호), 『계간 잔소리』(창간 1979.9. 전8호), 『계간 청구』(창간 1989.8. 전25호), 『호르몬문화』(창간 1990.9. 전9호) 등, 주로 재일코리안 잡지를 통해 논의가 전개되었다. 그중에서도 특히 『계간 잔소리』와 『호르몬문화』는 젊은 세대의 독자적인 표현 매체로서 1세대들의 민족 규범에 반발하는 야유와 독설을 담아내었다. 또 재일론은 이이누마 지로가 자비로 출판한 소책자 『조선인』 등에서도 논의되었다.

『호르몬문화』 창간호의 편집후기 「변명」에서 편집인 정아영은 일본에서 태어나고 성장하였지만 일본의 문화와 사회로부터 배제되고, 또 남북한 본국과도 다른 형태로 범주화되어 살아가는 재일코리안의 실상에 직면하여 당사자의 관점에서 가능한 한 다양한 국면으로 그 아이덴티티를 표현하기 위해 잡지를 창간하였다고 밝히고 있다. 당시 이러한 잡지 중심의 재일론이 대두되었던 이유를 짐작해 볼 수 있는 부분이다.

1980년대 이후 재일코리안 사회의 아이덴티티 동요는 재일코리안 문학에도 커다란 변화를 일으켰다. 젊은 세대의 '재일 문학' 내지는 '자이니치 문학'이라는 것이 등장하게 되는데, 단순히 젊은 세대의 작가가 등장하는 데 그치는 것이 아니라 내부적으로 지금까지 눈에 띄지 않았던 재일코리안 여성이 표현자인 작가로 본격적으로 활약하게 된 것이다.

앞서 언급한 이소가이 지로·구로코 가즈오 편 『〈자이니치〉 문학 전집』에는 이양지, 현월(본명 현봉호), 김창생, 이기승, 박중호, 원수일, 김중명, 후카사와 가이, 김마스미, 사기사와 메구무 등이 수록되어 있다. 이 외에 전집에 수록되기를 거부하였다고 하는 유미리나 가네시로 가즈키도 있다. 이러한 새로운 작가들은 지금까지 김석범, 김시종, 이회성 등의 '정통'파와는 그 주제나 감성, 스탠스, 수법 등에서 이질적인 양상을 나타내었다. 게다가 당대의 일본 문학의 자장에 영향을 받지 않고 동일화되지 않는 색채를 띠고 있었다.

물론 재일코리안의 세대가 크게 교체되는 가운데 일본 사회로의 동질화 현상이 진행되면서 일본 이름을 가진 작가도 상당수 등장하였다. 이기승이 『잃어버린 도시』(1985년)로 군조 신인문학상을 수상하고, 이어서 이양지가 『유희』(1988년)로 아쿠타가와상을 수상하였다. 이 두 사람은 재일코리안 문학과 재일 문학, 자이니치 문학의 경계에 위치한다고 봐야 하겠다. 여기에는 일본뿐 아니라 조국으로 생각했던 한국에서도 외부인 같았던 의식으로부터 자유롭지 못했던 이중의 소외감이 표출되어 있었다. 이전까지 재일코리안 문학과는 구별되는 세계가 묘사되기 시작한 것이다. 시인 최화국은 『고양이 이야기』(1984년)로 1985년 제35회 일본현대시인회가 주최한 신인상(일명 H氏賞)을 수상하기도 하였다.

1990년대 이후 재일코리안 문학은 탈민족적 글쓰기로 다양성과 열린 시각이 확보되었다는 점에서 1980년대 이전과는 다른 양상을 띠고 있다. 특히 이 시기를 대표하는 작가들은 유미리, 현월, 양석일, 가네시로 가즈키 등이다. 이들의 등장은 재일코리안 문학이 1990년을 전후해서 1970년대, 1980년대에 재일코리안 2세대 작가와 지식인을 괴롭히던 민족, 조국, 사회주의, 통일과 같은 속박으로부터 해방되어 가는 과정을 상징하고 있다.

5. 폭력의 기억과 아이덴티티, '재일론'의 문제

여기서 잠시 '재일론'을 하나의 독립된 형태로 살펴보고자 한다. 재일론 혹은 자이니치론은 앞서도 소개한 이소가이 지로와 같은 비평가의 재일코리안 문학론과는 결이 다른 형태의 재일코리안론이라고 할 수 있다. 재일코리안 문학을 포함해 재일코리안의 사회적 위상은 끊임없는 아이덴티티 크라이시스 속에서 투쟁한 결과 존속해 왔음은 지금까지 살펴본 재일코리안의 문학적 발자취가 잘 보여준다. 민족적 아이덴티티, 경계자적 아이덴티티, 이산자로서의 아이덴티티 등 그들의 문학은 아이덴티티라는 용어와 때려야 뗄 수 없어 보이기 때문이다.

그러나 실제 1960년대 미국 사회에서 사용하기 시작한 아이덴티티(identity)는 단순한 자기동일성으로서의 주체 찾기라는 맥락보다 훨씬 심오한 내용을 담은 개념이다. 그리고 이 개념은 재일코리안의 문학 세계를 나타낼 때 그 의미체계가 다시 한번 강조될 필요가 있다고 생각한다.

에릭 에릭슨(Erik Homburger Erikson)에 의해 제기된 아이덴티티는 내가 나라는 확신, 내가 누구인지 남에게 이해시킬 수 있는 표식, 나아가 사회 속의 내가 차지하는 위치를 부여하기 위한 집합적 속성을 갖고 있다.[24] 그리고 이 용어가 사회적으로 반향을 일으키게 되는 데에는 미국에 정주하던 흑인을 비롯해 다양한 마이너리티 그룹이 관계하였다. 그들이 교육, 고용, 선거 등 다양한 영역에서 차별에 항의하는 공민권운동이 고조되던 시기였던 것이다. 이 용어의 함의성이 미국의 차별철폐 운동에서 상당히 효과적인 힘을 발휘한 것이다.[25]

아이덴티티라는 용어에 미국의 이러한 특수한 역사성을 지닌 개념이 함축되어 있다는 사실은 중요하다. WASP(앵글로색슨계 백인 기독교도 남성)가 미합중국에서 영유해 왔던 권리에 대해 평등할 것을 요구하는 공민권운동은 수많은 마이너리티들이 벌였던 '뿌리찾기운동'과 관계가 있기 때문이다.[26] 그러나 한 번 송두리째 뽑힌 뿌리를 되돌리기란 쉽지

24) Erik Homburger Erikson, *Childhood and Society*, W W Norton & Co. Abstract, 1950 참조.
25) 당시 인종차별 철폐 운동을 계기로 여성 해방운동, 레즈비언, 게이 해방운동 등도 연쇄적으로 힘을 받게 되었다.
26) 알렉스 헤일리의 소설 『뿌리(roots)』(1976년)가 당시 유행하고 1977년에 퓰리처상까지 받으면서 미국 사회에서는 뿌리찾기운동이 일종의 사회 현상으로 확산되었다.

않았다. 결국 이 운동은 알렉스 헤일리의 소설 『뿌리(roots)』(1976년)가 200년이 지난 후에 미국 아프리카인들이 잊어버린 역사를 재구성해 내었듯이, 일종의 대안으로서 도출된 욕망이라 할 수 있다. 즉 자신의 뿌리가 되는 지역의 언어, 문화, 종교, 생활습관으로 회귀하고자 하는 욕망이 아이덴티티의 '발견'으로 이어진 것이다. 그리고 자신이 욕망하는 아이덴티티를 발견하는 순간, 이미 송두리째 뽑혀 사라져버린 미국 아프리카인들에게 가해졌던 폭력의 역사, 폭력의 기억은 망각되고 말았다. 아이덴티티의 개념에는 이렇게 폭력의 역사, 폭력의 기억을 지우는 모순된 구조가 내포되어 있다.

1990년대를 중심으로 분출되는 재일코리안의 '재일론'은 자기명명으로서의 정체성 찾기, 즉 스스로 자신을 증명하고 그것을 통해 사회적 위상을 찾으려는 아이덴티파이라고 평가할 수 있다. 그리고 이러한 재일론을 계기로 그 이후부터 등장하는 이른바 신세대 재일코리안 작가들은 재일코리안에게 가해졌던 폭력의 기억을 어떻게 구사했는지 짚어볼 필요가 있다.

재일론을 소개하고 있는 윤건차에 따르면 재일론에 대한 논의는 그야말로 백가쟁명의 상황이었다.[27] 1995년 11월에 발간된 『계간 청구』 제24호에 실린 좌담회에서 양징자는 이렇게 말했다.

　재일이라고 해도 대부분 얼굴을 볼 수 없는 사람들로 일본 이름이나 일본 국적 등, 잠재적인 재일을 포함하면 하나로 결집시킨다는 건 애당초 무리지요. (…) 지금까지 재일의 결과적인 방식은 (…) 내부적으로 문제를 품고 있으

---

27) 윤건차, 박진우 · 김병진 외 옮김, 『자이니치의 사상사』, 한겨레출판사, 2016, 772~781쪽 참조. 여기서 윤건차 씨는 재일론을 제대로 정리한다는 것 자체를 지난한 작업이라 말한다. 하나의 해답이나 결론이 있는 것도 아니고, 이런 논의가 있었다는 정도의 소개에 그치는 편이 무난하다는 것이다.

면서 외부에 대해 불만을 발산하면 존재증명이 가능했기 때문에 내부의 문제
를 추구하지 않았습니다. 그래서 재일이라는 결집체에 대한 불신감도 뿌리
깊이 있어서 더더욱 결집은 어렵다고 봅니다. 앞으로는 어필하고 싶은 사람
이 나는 이렇게 하고 싶다고 그저 의사를 제기하고, 그것에 공감하는 사람들
이 함께해 가는, 그러한 커뮤니티가 여기저기 생겨나서 그것들이 원만하게 이
어진다면 상관없을지 모릅니다.[28]

　재일론에 대한 논쟁으로 가장 중요한 조건은 '제 삼의 길'이다. 처음에
'제 삼의 길'이라는 말이 본격적으로 논의된 것은 이이누마 지로가 주재
한 소책자『조선인』제18호(1980.4)의 좌담회「'제 삼의 길'을 둘러싸고」
(김시종 · 히다카 로쿠로 · 오사와 신이치로 · 쓰루미 슌스케 · 이이누마 지
로 참여)이다. 그러나 여기서 '제 삼의 길'이 무엇을 뜻하는지 정확히 정
의되고 있지는 않다. 논자에 따라서 '제 삼의 길'이 의미하는 내용이 미
묘하게 다르기 때문이다. 여기서 제시되고 있는 재일코리안으로서의 길
은 세 가지이다. 우선 '제 일의 길'은 모두 조국으로 돌아가는 것을 전제
로 해 살아가기, '제 이의 길'은 일본 국적을 취해서 일본인으로 동화해
서 살기, '제 삼의 길'은 민족성을 유지하고 조국 통일을 지향하면서 마
이너리티로 일본에서 살아가기이다.
　문경수는「재일'에 관한 의견—협조를 위한 모색」(『계산 삼천리』제39호,
1984.8)에서 재일코리안의 세대교체를 비롯해 재일코리안을 둘러싼 한반
도 및 일본 사회의 변화를 정리한 바 있다. 그는 여기서 1970년대 후반부
터 재일론이 활발하게 등장하였는데 그 시작은 정주화에 대한 모색에서
출발했다고 말한다. 그리고 사카나카 논문[29]이 법무성 행정 및 재일코리

---

28) 森崎和江,「民衆の内在律と天皇制国体試論」,『アジア女性交流史研究』No.11, 1972.
29) 1975년에 입국관리국 내에서 '금후의 출입국관리행정의 방식에 관해서'라는 과제로 논문을
　　모집했을 당시 우수작에 뽑힌 사카나카 히데노리(坂中英徳)의 논문을 가리켜서 사카나카
　　논문(坂中論文)이라 부른다.

안 사회에 미친 영향이나 민족교육의 방식, 일본인의 조선 문제에의 관여 방법 등 여러 방면에 걸쳐 그 논의 영역이 확장되었다. 그렇지만 재일론의 핵심은 무엇보다도 정주화라는 현실적 입장에서 통일을 지향하는 사상적 재구축이었다고 할 수 있다.

문경수는 또한 재일의 위치는 조국 통일과의 관계를 빼고는 생각할 수 없다고 발언한 작가 김석범의 말을 빌려 '제 삼의 길'이 갖는 문제점을 비판한다. 김석범 개인의 삶의 방식으로서는 문제가 없지만 재일코리안 전체의 방식으로서는 무리가 있다는 것이다. 시인 김시종도 재일의 존재의식을 통일 조선에 대응시켜 정립하고 있지만, 그러한 1세대의 본국 지향적 입장은 그 주장하는 바가 아무리 정론이라고 해도 생활 현실에 근거를 두지 않았기 때문에 큰 힘을 발휘할 수 없고, 2세, 3세의 심각해져 가는 동화 지향적 경향을 막는 데에도 도움이 되지 않는다고 정리한다.

여기서 '제 삼의 길'론이 부상한다. 문경수는 기본적으로 재일코리안 전체가 '제 삼의 길'을 선택해야 할 필요는 없다는 입장이다. 그러나 현실에서는 제 삼의 조류는 '재일'의 현재적 기분으로서 지배적일 뿐만 아니라 권리 옹호 운동 같은 형태에서는 조직적인 움직임으로서도 어느 정도 구체화되고 있다며 '제 삼의 길'을 긍정적으로 평가하기도 한다. 다만 여기서 문경수는 현재 진행 중인 '재일'의 추세로 볼 때, 만약 본국 지향을 하는 사람들이 그러한 협조적 모색을 위한 노력을 게을리한다면 '재일'의 제 삼의 조류는 오히려 반동적인 방향으로 조직될 수 있음을 충분히 고려할 필요가 있다고 당부한다. 정주화 그리고 동화가 기정사실화되고, 또 본국의 언어나 문화와도 소원해진 2세대, 3세대가 재일코리안 사회의 다수파를 이룬 현실에서 이전까지 자명한 전제조건이었던 조국이나 민족, 통일이라는 관념, 이데올로기가 재인식되어 가는 시점임을 알 수 있는 부분이다.

여기에 덧붙여 강상중의 발언을 소개해 보겠다. 그는 「재일」의 현재와 미래 사이」(『계산 삼천리』 제42호, 1985.4)에서 이렇게 말하였다.

> 1970년대 후반부터 1980년대에 걸쳐서, (…) 민족적 마이너리티로서의 '재일'이라는 사고가 클로즈업되었다. (…) 그렇지만 그럼에도 불구하고 일본 사회의 일원, 주민으로서의 소수민족의 '정주화'라는 발상에는 몇 가지 애로사항이 있어 보인다. (…) 처음부터 '이질적인 존재'로서의 자기 각성이 곤란한 상황 속에서 대전제가 되어야 할 '이질적인 존재'가 불안정하고 애매한 관념이라면 공생 같은 건 성립될 수 없는 게 아닌가, 이러한 의문이 따라다닐 수밖에 없다. (…) 이런 관점에서 생각해 보면 소수민족으로서의 자각 하에서 정주화의 방향을 겨냥하고 민족성의 확보가 가능하다면 일본 국적의 취득도 불가피하다는 사고는, 일본 사회와 국가의 정신구조를 포함한 근원적인 전환이 없는 한 도저히 실현될 가망성이 없을 것이다. (…) 굳이 말하자면 일본의 국제화라는 것은 적어도 대아시아에 관한 한 이러한 일본 사회 내부의 차별을 해외로까지 투사·확대해 가는 것에 다름아니다. (…) 그것을 극복하기 위해서는 역시 그러한 흐름을 조국을 향해 정립시키지 않으면 안 된다고 본다. 물론 나는 기성의 민족단체가 구태의연하게 표방해 온 본국 지향을 주장할 생각은 털끝만큼도 없다. 또한 1세대의 지도적인 지식인이 내세우는 시점, 즉 '재일'이 남북 양쪽의 입지조건과는 다른 위치에 있기 때문에 그 주도성이 발휘된다면 분단 조국을 전체적인 시야에서 재인식할 수 있다고 하는 '전위적'인 입장에 서고자 하는 것도 아니다. 내가 생각하는 것은 '재일'과 일본, 그리고 분단 조국 양쪽이 공통의 역사적 과제로 떠안고 있는 것을 확인하고 그에 대한 태도 결정을 지렛대로 삼아 간접적으로 조국을 지향하는 것을 의미한다.

여기서 강상중은 '제 삼의 길'이라는 말을 사용하고 있지는 않다. 그리고 1세대의 지도적 지식인이 주장하는 조국과의 관계 방식이라는 것과 강상중이 말하는 간접적인 조국으로의 지향이 어떻게 다른 것인지 애매하게 읽히기도 한다. 그러나 강상중은 마지막에 논지를 '문명론'이나 '문명사관'이라는 것과 관련시키고 심지어 '사이비 문명'적인 일본화를 피하기 위해서도 '방법으로서의 재일'을 모색해 갈 필요가 있다고 주장한다.

이러한 강상중의 논의에 대해서 민투련의 양태호가 「사실로서의 '재일'—강상중 씨에 대한 의문」(『계간 삼천리』 제43호, 1985.8)이라는 제목으로 반론을 제기하였다.

> 나는 재일조선인이 '소수민족'이 되어 간다는 식의 표현을 좋아하지 않는다. (…) 마이너리티라고 표기하고 싶다. (…) 일본에는 아이누나 오키나와, 그리고 부락에 대한 차별이 있기 때문에 민족차별을 받아 온 사람으로서 함께 손을 잡자는 거라면 이해한다. 그러나 강상중 씨는 그렇지 않다. 아이누, 오키나와, 부락과 동류가 되는 것은 사양한다는 말이다. 이것이 차별이 아니고 무엇이란 말이냐.

아울러 '사이비 문명'이라는 말과 관련해서 일본 사회의 차별이 문제가 된다면 재일코리안의, 그리고 남과 북에서의 차별도 역시 묻지 않으면 안 된다며 반박하였다. 무엇보다도 강상중이 말하는 '방법으로서의 재일'이 무엇을 뜻하는지, 오히려 '사실로서의 재일'을 고려해야 하는 것은 아닌지, 재차 의문을 제시하였다. 이에 대해 강상중은 「방법으로서의 '재일'—양태호 씨의 반론에 답한다」(『계간 삼천리』 제44호, 1985.2)라는 글로 답변하였다.

> 우리들 '재일'의 현재와 미래 사이를 방향 짓는 열쇠는 조국을 명확하게 정립시킨 '재일'의 모습을 모색해 가는 것이다. (…) 우리에게 중요한 건 '통일된 조국'이 '재일'의 매일의 생활과 생존에 어떠한 변화를 가져오는가를 구체적으로 상상해 보는 일이다. (…) '분단 시대'에 종지부를 찍어야 하고 설령 소걸음

같은 걸음이라도 민족적 역사의식의 변혁이 진행되고 있는 조국의 동향을 직시한다면 그에 대응하는 '재일' 역사의 재검토와 역사의식의 창조가 불가결할 터이다. 적어도 인권·시민권 획득을 위한 운동은 그러한 과제 의식 하에서 위치 지어질 것이며, 그 실현을 계획해야 할 것이다. (…) [그것이] 내가 말하는 '방법으로서의 재일'이다.

재일론에 관해서 재일코리안 지식인들은 당시 '재일한국·조선인'이라는 말이 빈번하게 등장하는 것에 위화감을 느꼈다고 한다.[30] 그것에 찬성하는 사람과 비판하는 사람이 다양하게 존재하는 가운데 『계간 청구』는 제13호(1992.8)에서 특집으로 '재일한국·조선인'을 기획하기도 하였다. 이런 분위기를 지적하고 있는 윤건차는 이러한 전체적인 상황을 이해는 하면서도 역시나 '재일'은 '통일 조선'이며 재일의 삶을 산다는 것은 동시에 '조선'을 산다는 것이자 조국 통일을 목적으로 하는 것이라고 주장하였다. 적어도 '재일한국·조선인'이라는 말이 갖는 정치성과 함정에 주의하며 분단적이고 이분법적인 사고를 경계할 필요가 있기 때문이다.

그 이후에도 양태호는 강상중에게 재반론을 시도하였다. 반론과 재반론이 반복되었지만 그렇다고 재일론이 결착을 본 것은 아니었다.

재일론에 관해서는 이후에도 다양한 논의가 전개되었다. 서경식이 『반난민(半難民)의 위치에서―전쟁책임 논쟁과 재일조선인』(2002)이라는 책에서 제기한 시민이라는 개념, 그리고 '재일'의 노동상황, 분단 조국과 종주국 일본의 관계, 모국 유학생이 정치범이 된 의미, 통일된 조선의 과제 의식 등, 재일론이 아우르는 논점의 범위는 점차 확대되었다. 그러나 여전히 해답이 없는 상태라 할 수 있다.[31]

---

30) 윤건차, 박진우·김병진 외 옮김, 『자이니치의 사상사』, 한겨레출판사, 2016, 779쪽.
31) 이에 관해 윤건차는 '일본국 거주 특별시민'이라는 제언을 통해 하나의 해답을 제시하고 있다. 그가 1987년 4월부터 근무하던 학교의 재외연구생으로 런던에서 1년간 생활했던 경

6. 차별반대 운동, 그리고 귀화와 문학

조선장학회가 발간하고 있는 『≪장학생소식≫ 청운』이나 오사카에 있는 공립학교에서 나온 민족학급의 활동기록 등, 재일코리안 출신의 중고등학생이나 대학생에 대한 계몽 활동은 늘 '본명을 말하는 것'부터 시작한다. '본명 선언'이 재일코리안이자 인간으로서 사는 첫 관문처럼 인식되고 있는 것을 볼 수 있다. 오사카시 외국인교육연구협의회가 활동 30년의 기록으로 내놓은 『함께 살고 배우기』(2001년)라는 서적은 부제목 자체가 '본명을 호명하는 교육 30년의 행적'이다. 이 협의회의 활동 중에서 가장 중요시되는 '아이들의 민족음악회'는 사물놀이, 농악, 춤, 노래, 장구 등 민족 예술이라고 기록되어 있다.

1983년 오사카에서 『이름·나마에』(다키자와 린조 감독·각본)라는 50분짜리 기록영화가 제작되었다. 이 영화를 보면 현실에서 재일코리안 청년이 얼마나 본명과 통명(일본 이름) 사이에서 고뇌하고 있는지 알 수 있다. 영화 주인공인 재일 2세 박추자(朴秋子)는 대학에서 베트남 반전운

힘을 바탕으로 생각해 낸 것으로, 재일코리안에 대한 행정과 그밖의 법적 책임은 일본 정부가 져야 한다고 주장한다. 처자가 사실상 무국적으로 일본의 재입국허가서밖에 갖고 있지 못한 것이 실제로 얼마나 불이익을 당하는 것인가를 경험하면서, '재일'의 '여권'은 일본국 정부가 발급해야 한다고 생각하였다는 것이다. 원래 여권은 정부 내지는 그것에 상당하는 공적 기관이 교부하고, 국외에 도항하는 사람에게 국적 및 그 외의 신분에 관한 사항에 증명을 부여해서 외국 관헌에게 보호를 의뢰하는 공문서이다. 현재 '재일'은 한국 여권을 가지던가, 사실상 무국적인 채로 일본의 재입국허가서를 갖고 해외로 나가는데, 재일코리안의 역사적 유래를 고려하고 더불어서 '세 개의 국가'를 둘러싼 갈등, 균열, 억압, 번잡함 등을 피하려면 일본 정부가 재일코리안에 대한 역사적·현실적 책임을 다할 필요가 있다는 것이다. 이를 위해 '재일'을 '특별시민'으로 처우하는 특별 입법을 공포하고 그것에 기초해서 세계에서 통용되는 '정주 외국인전용·일본국 여권'이라는 것을 교부할 필요가 있다는 제안이다. '국민'의 부정형으로서의 '특별시민'이라는 개념으로, 이는 지극히 실현 가능성이 적다. 그렇지만 한국 여권을 희망하는 사람은 한국 정부로부터 여권을 발급받으면 된다. 어디까지나 여권의 발급 그리고 사회복지 외에 일본 사회에서의 주민으로서의 권리나 의무는 일본 정부와의 사이에서 해결해야 한다는 게 그의 주장이다. 윤건차, 박진우·김병진 외 옮김, 『자이니치의 사상사』, 한겨레출판사, 2016, 780~781쪽 참고.

동에 참가하면서 자치회 위원장인 일본인과 서로 사랑하게 된다. 수많은 고민 끝에 '나는 조선인입니다'라고 고백하며 처음으로 본명 선언을 하게 된다. 이후 취직시험에서 본명 때문에 탈락하는 등 본명 선언으로 인해 겪게 되는 다양한 에피소드를 이 영화는 묘사한다.

결국 이 영화의 주제는 본명을 말하는 것이 민족차별에 대응하는 것과 어떻게 연결되는가 일 것이다. 실제로는 일을 하는 데에는 통명이 더 편하고 고용주의 대부분도 그것을 강요한다. 1983년 당시에 오사카의 공립 초중학교에서는 절반이 본명을 선언하였다고 하는데, 실제 사회생활에서는 '재일' 70만 명 중 99%가 통명을 갖고 있어서 두 개의 이름과 두 장의 명함을 사용하는 게 현실이었다.[32]

이러한 본명과 통명의 문제는 그대로 각종 차별반대 운동의 전개나 귀화 문제로 이어져 갔다. 1982년에 니혼TV『11PM』에서 특집으로 '재일 한국·조선인'이라는 프로그램을 방송하였는데, 오사카에서 '조선인 사절'이라는 팻말을 내건 부동산중개소에 대응하기 위해 재일코리안 청년이 한 집 한 집 방문하며 차별을 하지 않았으면 좋겠다고 설득하러 돌아다니는 장면이 방영되었다. 재일코리안에 대한 차별반대 운동은 이렇게 착실하게, 그러면서도 열의에 차서 전개되었다. 그중 가장 격렬했던 것은 지문날인 거부 운동일 것이다.

1955년 3월부터 실시된 지문날인 강요는 재일코리안으로서는 굴욕 그 자체였다. 1980년 9월 도쿄 신주쿠구청에서 한종석이 지문날인 거부를 선언하고 홀로 고립무원의 투쟁을 시작하였다. '검지의 자유'를 요구하는 투쟁이었다. 그러나 그날 바로 신주쿠 경찰에게 고발당해 재판에 붙여졌다. 이후 재일 2세대, 3세대를 중심으로 지문날인 거부자가 속출하였다.

---

32) 堀田希一, 「なぜ在日韓国·朝鮮人が本名を名乗ってはいけないのか―映画「(イルム)…なまえ」が提起するもの」, 『朝日ジャーナル』 1983년 7월 1일.

실제 지문날인을 거부한 재일코리안은 1955년 이래 꾸준하게 있어 왔다. 조사기관에 보고된 날인 거부자만 해도 1955년에 27명, 1956년에 195명, 1957년에는 254명으로 늘 끊이지 않았다.[33]

1984년 9월, 한국 국적·조선 국적을 불문하고 2세대, 3세대에 의해 '지문날인 거부 예정자회의'가 결성되었다. 1985년 7월에는 외국인등록 대량 전환을 앞두고 재일코리안 사이에서 집단으로 거부하려는 움직임이 일어났고, 절정기에는 날인 거부자와 유보자의 총수가 1만 명을 넘었다. 다만 조총련은 조직 방위적인 관점에서 거부운동에 참가하지 않았다. 민단은 청년회나 부인회의 요구에 밀려서 날인 유보 방침을 발표하였는데, 곧 본국 정부의 뜻을 받아들여 유보 운동을 종결시켜 버렸다.[34] 그러나 법무성은 각 지자체에 지문날인 거부자에 대한 제재 조치와 철저한 고발 등을 요구하는 통보를 서둘러 전달하였다. 일본 정부는 실제 이미 제도로서의 유효성을 상실했음에도 불구하고 동일인 확인을 위해 필요하다고 강변하며 지문날인 거부자에게 가혹한 탄압을 반복하였다. 지문날인을 거부해서 체포된 사람이 22명, 재입국 불허가를 받은 경우는 107건, 재류갱신 불허 판정을 받은 사람은 6명, 재판으로 송부된 건수는 100건 이상이라고 한다.

재일코리안 출신 목사 최창화와 그의 딸 선애, 선혜가 펼친 날인거부 투쟁은 일본인들의 폭넓은 공감을 불러일으키기도 하였다. 그러나 결국 그 뜻은 좌절되고 최창화 가족은 만신창이가 되어서 헤아릴 수 없을 정도로 많은 것을 잃었다고 한다. 가장 심한 상처는 재입국 불허가, 영주권 박탈, 재류 기간 단축이었다. 최창화는 이 일을 천황 때문에 침략당한 내

33) 宮崎学, 『不逞者』, 角川春樹事務所, 1998 참고.
34) 国際高麗学会日本支部『在日コリアン辞典』編集委員会(編), 『在日コリアン辞典』, 明石書店, 2010.

안의 인격적 파괴를 재검토할 수 있었던 사건으로 회고하기도 하였다.[35] 이렇게 재일코리안 사회의 끈질긴 운동 앞에서 일본 정부는 지문을 검은 잉크에서 무색으로 바꾸고 채취를 1회로 축소하는 한편 서명, 가족등록으로 변경하였다. 그리고 1993년 1월에 날인제도를 폐지하기에 이른다.[36] 지문날인 거부 투쟁은 세대를 뛰어넘은 자유로운 재일코리안 개개인의 싸움이었고, 역사 인식의 새로운 각성을 수반하며 풀뿌리 운동으로 안착하여서 전후의 일그러진 일본 사회를 선명하게 드러낸 사건이라고 할 수 있다.

그러나 1980년대 말까지도 여전히 일본 사회에서 재일코리안은 어두운 이미지에 갇힌 존재였다. 가혹한 역사, 빈궁한 생활, 찌들어 버린 차별과 편견, 그리고 범죄나 유명 예능인, 스포츠 선수에게 얽힌 가십 등이 끊이지 않았다.

재일코리안의 본심을 섬세하게 다루고 있는 잡지의 기획 좌담회 등에서 '재일코리안의 내재적 차별'이라든가 '재일코리안의 민족주의가 차별의 발생원인가'와 같은 표제가 거론되기도 하였다.[37] 이와 관련해 '사상 시인'으로 불리는 김시종이 재일코리안의 민족적 주체성과 관련해 다음과 같이 말하기도 하였다.[38]

조선인을 대립 일본인, 즉 일본인과 대립하는 존재로 내모는 한 정당함은 언제나 조선인 쪽으로 치우친다. (…) 자기 복원을 위한 희구를 재일조선인은

---

35) 梁石日, 『アジア的身体』, 平凡社ライブラリー, 1999 참고.

36) 1965년에 이뤄진 한일 법적 지위 협정 이후 25년이 지나 진행된 재협의, 이른바 '1991년 문제'에 관한 한일 법적 지위 협정에 기초한 협의 결과에 대한 각서(1991.1.10)에서 결정된 사안이다.

37) 金栄·鄭雅英·文京洙, 「座談会 「在日」の内なる差別」, 『ほるもん文化』 제9호, 2000.9.

38) 김태기, 「아나키스트 박열과 해방 후 재일한인 보수단체」, 『韓日民族問題研究』 제27호, 2014 참고.

피차별이라는 피해자의식으로 제지함으로써 민족 융화를 유명무실하게 하고, 양식 있는 일본인은 조선인을 자신의 원죄의식이 투영된 대상으로 생각한 나머지 조선인의 내부 모순을 간과하고 온존 시켰다. 서로가 서로를 비춰보는 지점에 서지 않는 상관관계. (…) 솔직히 말해서 오늘날 우리 조선인의 불행의 대부분은 해방 후에 양성된 것이라고 할 수 있다. (…) 만약 주체성이라는 것을 정치적 판단에 맡긴다면 그것은 당연히 남과 북에 엄연히 존재하는 권위와 체제에 편승하는 가담의 정도가 바로 척도가 될 것이다. 그런 점에서 보자면 사정은 실로 단순 명쾌하다. 북이냐 남이냐, 둘 중 하나를 분명히 하고 고수하는 것이 주체적인 정치 신조가 되고, 스스로 내건 사상·전망에 대한 주체적인 관계 방식이 되기 때문이다. 그렇지만 이러한 주체성에는 불가피하게 분단의 고정화라는 사상이 개재해 있고 저주스러운 내실조차 내포되어 있음을 알아야 한다.

김시종은 재일코리안의 모순과 문제점을 엄격하고도 역사적으로 지적하고 있다. 그리고 국제화, 글로벌화 시대를 맞이해 가는 과정에서 재일코리안은 일본, 일본인만을 타자로 삼아 입지를 세울 수 없는 위치에 놓이게 되었다. 그러나 그렇다고 해도 재일코리안의 입장에서 보면 적어도 일본 사회는 오늘날 2000년대 이후에도 재일코리안에게 적대적이고 공격적이다. 여전히 차별적이고 배외적이라고 할 수 있다.

무엇보다 1980년대부터 재일코리안의 앞을 가로막고 있는 커다란 장벽은 공무 취임권과 지방참정권 문제였다. 이는 크게 보자면 국적에 따른 뿌리 깊은 차별의 연속인 것이다. 종종 재일코리안의 계층분화가 지적되기도 해 왔다. 그리고 귀화 문제 역시 계층분화와 관련이 있다.

본래 다른 나라로 이주한 이방인이 정착지에 오랫동안 살게 되면서 그 지역에 동화되고 그 나라의 사람이 되는 것, 다시 말해 귀화하는 것은 지극히 자연스러운 일인지 모른다. 그러나 식민지지배의 소산으로 해방 후에도 민족차별의 표적이 된 재일코리안은 그리 간단하게 일본에 익숙해 질 수 없었다. 귀화에 관해서도 계속해서 거부감을 가져왔다. 그러나 점차 현실적인 문제로 인해 귀화자는 증가하고 있는 것도 사실이다. 그 이유를 윤건차는 기본적으로 민족차별을 떠나 풍요로운 생활을 누리고 싶다는 염원 때문이라고 지적한다. 그중에는 밀항이나 결혼, 아이의 출생 등에 따른 법적 지위의 복잡함이나 불이익을 해결하기 위해서, 혹은 사업이나 일 관계로 어쩔 수 없이 귀화를 선택하는 경우도 있다. 그렇지만 어떤 경우에든 피억압자인 '조선인'의 위치에서 벗어난다는 뜻에서 볼 때 찜찜함을 수반하는 행위라는 것이다.[39)

일본인과 재일코리안의 결혼이 보통의 일이 되고 '더블'(혼혈) 아이도 급증해 가는 현실에서 보자면 귀화 그리고 혼혈의 증가는 자연스러운 양상이기도 하다. 그러나 문제는 조선인의 귀화가 일본 사회에서 과연 평범한 일로 받아들여지고 또 귀화자가 아무런 걸림돌 없이 살아갈 수 있느냐 하는 것이다. 본질론적으로 말해서 귀화 문제는 귀화를 위한 법적 절차의 가부의 문제가 아니라 재일코리안이 어떻게 살아가야 하는가와 직결되는 삶의 방식에 관한 문제이다. 또한 한 걸음 더 나아가 공존의 시대에서 인권 이념의 근거를 되묻는 일이기도 하다.

이건은 1972년에 「귀화인의 심층 심리」(『別冊経済評論』 1972.9)라는 글을 발표하였다. 이 글을 보면 귀화가 상당한 민족적 구차함을 수반한다고 설명한다. 또 귀화자는 가족 내에서 혹은 사회 내에서 매몰되는 대가를 지불하게 된다고도 말한다. 소프트뱅크 그룹의 손정의는 귀화 이후 현재까지 왕성하게 활동하고 있지만, 중의원 의원에 올랐던 아라이 쇼케이는 결국 자살하였다. 아라이가 의원이 되면서 가장 곤혹스러웠던 것은 재일코리안으로부터 거리를 두는 것이었다고 한다. 재일코리안 출신임

---

39) 윤건차, 박진우·김병진 외 옮김, 『자이니치의 사상사』, 한겨레출판사, 2016, 789~794쪽.

을 망각한 것은 아니지만 도시형 선거구에서 정책적으로 일본인을 우선
시해야 했다. 결과적으로 그는 일본인 측에도 재일코리안 측에도 서 있
을 곳이 없었던 것이다.[40]

　귀화 그리고 혼혈에 대해서는 꽤나 많은 책이 간행되어 있다. 또 잡지
등에서 다룬 특집도 적지 않다. 『계간 잔소리』 제6호(1981.5)에도 '특집
혼혈'편을 싣고 있다. 조선인 아버지와 일본인 어머니 사이에서 태어난
혼혈로 『서울의 위패(ソウルの位牌)』(1980년)를 저술한 이이오 겐시는
이 특집호에 「피(血)」라는 글을 기고하였다. 그리고 이이오 겐시와 같은
처지의 강유지는 「뒤늦게 온 조선인(遅れて来た朝鮮人)」이라는 글에서
이렇게 말한다. "호적은 어머니의 적으로 올라가 있고 법률상으로는 사
생아이다. 대학에 입학했을 무렵부터 '재일' 학생조직에 들어가서 조선인
으로서의 긍지를 갖고 조선인이 되기 위해 필사적이었다. 그러나 조직이
내세우는 이념을 따라갈 수 없었고 아무리 노력해도 모든 것을 납득할
수는 없었다. 일종의 '순수한' 조선인은 민족성이라는 차원에서 보면 나
보다 단순한 처지이기에 일본인 나름의, 일본 사회 나름의 반발과 저항
을 하는 것이 용이한 듯하다. 그러나 혼혈인 나는 그렇게 명쾌한 반발과
저항을 통해 자신의 아이덴티티를 굳건히 해 가기에 어딘지 모르게 무리
가 있었다. 다시 말해서 재일사회는 일본인에 대한 역사적 입장에서 초
래된 단순한 반발과 같은 경직된 정신에 입각해 있는 것은 아닐까? 그렇
기 때문에 그들은 혼혈이나 귀화를 터부시하는 게 아닐까? 자신과 동일
한 입장에 있는 인간이 진정으로 해방된 삶을 목표로 살아갈 장소를 그
들 안에서 찾는 건 무리인 듯하다." 강유지와 마찬가지로 송희구자는
「또 한 번의 만남(もうひとつの出会い)」이라는 글에서 '혼혈 청년 모임'

40) 洪性坤, 『日韓、わが二つの国』, 中経出版, 2010 참고.

이 발행했던 『기민(棄民)』이라는 기관지를 하나의 버팀목으로 삼아 버렸던 청년 시절을 회상하고 있다.

이러한 모임이 간행한 기관지 중에 나고야에서 발행된 『세이와클럽뉴스(成和クラブニュース)』가 있다. 귀화자들 친목 단체가 발행한 것이다. 같은 처지의 사람들이 민족에 대한 향수를 나누고 귀화를 희망하는 동포와의 상담과 지도를 하는 모임인데, 가입자는 3000세대에 지나지 않는다. 그중 과반수는 사업자이고 의사, 변호사가 두 자릿수를 차지한다. 관보에 실린 귀화에 관한 공지를 보고 엽서를 보내면 입회를 권유하는데, 막상 답장이 없는 경우가 많다고 한다. 이 모임에는 비교적 '성공한' 귀화자들이 많아 친목과 동시에 자녀들의 결혼에 관심이 많다고 한다. 그러나 그들이 귀화하였다고 해서 민족적 주체성을 버린 것은 아니다. 일본 사회의 현실 역시 깊이 체감하고 있다. "민족의 근원을 잃고 주체성을 상실하는 것이 얼마나 무서운 일인지 우리는 잘 안다. 우리가 법적으로 귀화한다고 해서 우리의 주체성이 상실되는 걸까? 또 귀화하였다고 해서 그 즉시 민족적 편견의 쇠사슬에서 벗어날 수 있는 게 아니라는 것도 너무나도 잘 안다."고 그들은 말한다.[41]

정대균은 일찍이 1980년대에 "어쩌면 재일코리안 사회는 귀화그룹과 반귀화그룹으로 이분화되어 있는지 모른다. 어쨌든 향후 20년 정도 지나면 새로운 청년세대가 그들의 부모들이 일찍이 한반도의 정치적 참가라든가 통일의 꿈을 '재일'이 이루어야 한다든가 하는 통속적인 말을 먼 옛날의 일처럼 떠올릴 시대로 돌입할 것이다."[42]라고 지적하였다. 그러나 실제 귀화한 그룹은 일본 사회에 침잠해 버렸고 재일코리안은 어떠한 세력을 형성하기가 어렵다. 또 재일코리안은 오늘날에도 여전히 한반도와

41) 윤건차, 박진우·김병진 외 옮김, 『자이니치의 사상사』, 한겨레출판사, 2016, 792~793쪽.
42) 吳鳴夢, 「私の記憶手帳」, 『コリア研究』 第4号, 2013 참고.

의 관계를 중요하게 떠안고 있다.

그리고 부모가 귀화해서 일본 국적을 갖게 된, 혹은 취직 외의 이유로 스스로 귀화한 재일코리안 청년이 다시 '민족명'을 사용하기로 결심하고 호적상의 이름도 '민족명'으로 바꾸기 위해 가정재판소에 개명 신청을 하는 움직임도 나타났다. 그들은 '민족명을 되찾는 모임'을 결성하고『우리 이름』(제10호, 1988.5.1)이라는 회보를 통해 '당당하게 살고 싶다', '정신적으로 뿌리 없는 풀에서 벗어나고 싶다', '재일코리안으로서 살고 싶다'는 애절하고도 결의에 찬 목소리를 전달하기도 하였다.

7. 여성, 소수자, 소년소녀, 서발턴과 문학

'재일' 사회가 다층화되어 가는 가운데 재일코리안 여성 작가들이 차례차례 등장하게 되었다. 그들은 가족이나 조직, 조국 관념에 얽매여있던 폐쇄적 사고에서 벗어나 삶의 중심에 나 자신을 두고 개인의 절규를 행동의 기점으로 삼기 시작하였다. 다시 말해서 재일코리안 사회에서 속박을 받으면서 시민적인 주체의식이 싹트기 시작했고, 그것이 민족적인 주체의식으로부터 분화, 혹은 결합을 시작하였다.

재일코리안 여성 작가가 주목을 받은 것은 1955년 야마나시 출생의 이양지가 등장한 후부터이다. 이양지의 데뷔작『나비 타령(ナビ・タリョ ン)』(『群像』 1982.11)은 식민지기의 김사량이나 장혁주의 출현 이후 50년이나 경과한 시점에 출간되었다. 게다가 1975년에 와세다대학교 사회과학부(2부)에 입학하면서 바로 중퇴를 한 이양지가 '시종일관 감추려 감추려 하는 의식과 아니야 아니야 고개를 흔들고 있는 자신',[43] 즉 재일코리안으로서 민족적 아이덴티티를 고민했던 그의 모습은 말 그대로 재일코

리안 문학의 본질적 주제를 계승하는 최후의 작가답다. 이양지는 한국에 유학을 와 한국어를 본격적으로 배우기도 했는데, 이러한 경험을 살려 모어(일본어)와 모국어(한국어) 사이에서 긴장감을 유지하며 소설을 썼다는 의미에서도 최후의 재일코리안 작가로 평가할 수 있다.[44]

　김훈아의 『재일조선인 여성 문학론(在日朝鮮人女性文学論)』(2004)을 보면 재일코리안 여성이 쓴 가장 초기의 작품은 오사카 이카이노 출신으로 재일코리안 2세대 시인인 종추월의 『종추월 시집(宗秋月詩集)』(1971년)이다. 물론 재일코리안 1세대에 해당하는 여성들이 창작한 에세이류도 존재하지만, 이른바 재일코리안 여성 문학이라는 장르의 탄생이라는 의미에서 본다면 그것은 시를 통해 시작하였다고 볼 수 있는 것이다. 이는 민족적 아이덴티티의 추구와 여성으로서의 삶의 모색 과정에서 초래된 고뇌에의 표현이었다. 종추월과 같은 2세대로 시인 이정자는 일본의 전통 시가인 단가를 통해 조선인의 비애를 노래하였다. 『봉선화의 노래(鳳仙花のうた)』(1984년)를 시작으로 하는 이정자의 창작은 일본 남성과의 연애로 괴로워하고 그 괴로움을 표현할 적절한 수단이 일본 고유의 단가였다고 한다. 이는 민족적 아이덴티티를 모색할 표현 수단으로 낯선 일본의 시가를 선택하였다는 점에서도 이색적이다. 그는 중학교 2학년 수업시간에 와카야마 보쿠스이 등의 시를 읽고 단가를 짓기 시작하였다고 한다. 그리고 스무 살 무렵에 「아사히 가단(朝日歌壇)」을 통해 등단하였다.

　『자이니치 문학 전집』에는 후카사와 가이, 김마스미, 사기사와 메구무의 작품이 수록되어 있는데, 그 '해설'에서 다케우치 에미코는 재일코리

43)　金鐘現, 「京都西陣織伝統産業と西陣同胞社会の歴史」, 立命館大学ウリ同窓会, 『玄海灘』 第7号, 2012 참고.
44)　坪井豊吉, 「在日朝鮮人運動の概況」, 『法務研究』 第46集 第3号, 1959 참고.

안 여성 문학이 갖는 표현의 특징을 이렇게 말한다. "조국과 일본 사이에서 동요하는 아이덴티티의 문제는 일상의 세부에서 가족관계나 신체감각 속에 선명하게 윤곽을 드러내고 있다. 요컨대 대문자로서의 정치에 깊숙이 개입해 있는 시대 상황이나 그 내부에서 재일코리안의 문제 및 민족 문제를 묘사해 온 남성 선행자들의 작품과는 달리, 일상생활에서 삐져나오는 어긋남이나 알력을 아이덴티티의 동요와 내셔널리티의 위화감을 아로새긴 곳에 그녀들의 작품이 갖는 특징이 있다. ……세부에서 비추어 내는 다양한 국면은 젠더나 에스니티의 축을 드러내면서 역사적, 사회적 문맥을 소환하고 재일코리안 여성들이 안고 있는 문제를 입체적으로 부상시킨다. 그것은 '재일' 사회에만 한정되지 않고 차별 구조가 내재하는 일본 사회의 어두운 일면을 조명해 내고 있기도 하다."(「해설 세부에서 일어서다―젠더, 에스니티, 내셔널리티의 구도」) 재일코리안 여성의 관점에서 본 또 다른 세계관으로서의 삼라만상이 잘 표현되어 있다는 말이다.

실제 1980년대 이후 재일코리안 여성은 자아의 갈등이나 성장 과정, 가족에 얽힌 모순, 이에 제도나 호적 제도의 문제, 아이덴티티 추구 등에 관해서 문학뿐만 아니라 다양한 매체를 통해 주장해 왔다. 1993년 11월에 발간된 『호르몬문화』에는 '재일조선인, 동요하는 가족 모습'이라는 특집이 기획되었는데, 여기서 정영혜는 「'자이니치'와 이에 제도」라는 글을 통해 재일코리안 내 만연해 있는 남성 사회의 문제점을 비판하였다. 특히 그 배경이 되어 온 호적주의에 반기를 들었다. 또 보쿠 카즈미는 「가족과 여성의 자의식」이라는 글에서 제사와 같은 무조건적인 조상 숭배와 유교적 가부장주의에 의지하고 있는 가족주의에 반발하였다. 그녀는 해외에서 생활하면서 본인 스스로 어떻게 자의식을 변화시켜왔고 아이덴티티를 추구해 왔는지 「자서전(自分史)」을 쓰기도 하였다.

단행본이 간행되지 않았지만 동인지 등에 소설을 발표해 온 여성 작가도 있다. 그 대부분이 1980년대에 등장하였는데, 「강변 길(川べりの道)」(1987년)로 문학계 신인상을 수상한 사기사와 메구무도 그중 하나이다. 또 조규우는 예순이 지나 창작을 시작하여 재일코리안 문예지『계간 민도』에 「약속(約束)」(1988.2)을 비롯해 「언덕에 모인 사람들(丘に集う人びと)」(1988.9), 「해협을 건넌 사람들(海峽を渡る人びと)」(1989.6)을 발표하였다. 류용자는 '재일코리언 작가를 읽는 모임'이 발간하는 문학지『가교』에 「여름(夏)」(1984년)을 발표한 이래 꾸준하게 단편을 발표하고 있다.

소수자 문학으로 재일코리안 한센병 환자가 발표한 작품을 모아『한센병 문학 전집(ハンセン病文学全集)』(전10권, 2002~2010년)이 간행되기도 하였다. 그중 제4권에는 재일코리안이 쓴 기록과 수필을 다수 수록하였다. 차별적인 '나병 예방법'은 1996년에야 비로소 폐지되었다. 심각한 인권침해가 오랫동안 이루어져 왔고 전국적으로 13개소에 있는 국립한센병요양소에 입소한 사람들은 2276명(2011년 기준)이라고 한다. 그중에 재일코리안은 102명으로 총 입소자의 4.4%에 해당한다. 일본 총인구에서 차지하는 한국 국적, 조선 국적의 외국인등록자가 0.43%라는 것을 감안하면 10배에 해당하는 비율이다.[45] 극도의 빈곤이 큰 요인일 테지만 이 전집에는 가족, 재일커뮤니티, 본국, 그리고 일본 사회, 게다가 요양소 안이라고 하는 속박에 겹겹이 둘러싸여 차별받고 있는 강제수용자의 절규가 담겨있다.

마지막으로 소년소녀 문학과 논픽션 문학 작가에 대해서도 주목할 필요가 있다. 소년소녀 문학으로는 원정미의『우리 학교의 회오리바람(ウリハッキョのつむじ風)』(1985년)이라는 작품이 높은 평가를 받았다. 조

---

45) 朴慶植·張錠壽·梁永厚·姜在彦,『体験で語る解放後の在日朝鮮人運動』, 神戸学生青年センター出版部, 1989 참고.

선 초급학교 학생들의 유머러스한 모습을 생생하게 담아낸 이 작품은 일본소학교 학생들과의 축구 시합을 배경으로 유년기의 유치한 갈등과 우정을 묘사하였다.

학생들 가운데는 조선인 아버지와 일본인 어머니 간의 불화로 가정이 황폐해져 오사카로 이사를 가게 되는 아이, 개인 사정으로 일본학교로 전학을 가는 아이 등, 재일코리안들의 일상에서 흔히 볼 수 있는 복잡한 사정을 잘 담아내었다. 그중에서도 일본학교에서 전학을 온 소녀 승미의 고민이 흥미롭게 전개된다. 승미는 처음에 모국어와 학교 분위기에 잘 어울리지 못하고 소외되며 고립감을 느낀다. 그러나 여러 상황을 직면하며 이를 극복해 간다. 예전에 일본학교에 있을 때 영국에서 돌아온 귀국 자녀 친구의 고민을 슬며시 웃어 버린 일이나 잔류 고아로 중국에서 귀국한 일본인이 자살했다는 뉴스, 같은 반 친구가 할머니한테 들었다던 강제연행, 강제노동 이야기 등, 여러 가지 일들이 그녀의 눈을 뜨게 한 것이다. 그리고 승미의 성장은 '아름다운 나의 조국'에 대한 발견으로 이어진다.

작품에서 다뤄지는 에피소드 중에는 한국병합의 역사, 일본으로의 유랑, 3.1 독립운동 등에 관한 이야기도 있다. 또 삼촌이 도쿄대학교를 졸업하고도 회사에 들어가지 못하는 사정도 그려진다. 무엇보다 아이들의 축구 시합이 상당히 흥미진진하게 전개되는데, 경기 전반전에 부진했던 조선 초급학교 학생들이 후반전에서 만회하며 재역전의 기회를 잡는다. 그러나 작가는 '1 대 1' 동점 무승부로 시합을 끝낸다. 작가는 민족적 감정보다 아이들의 우정과 상생의 가치에 자리를 내준 것일지도 모른다.

아동문학 분야에서 활동하는 작가에는 그 외에도 이경자, 김절자, 고정자, 양격자 등이 있다.

1980년대에는 창작 분야와 별도로 논픽션 분야에서도 재일코리안 여성 작가의 활동이 돋보였다.

곽조묘는 『아버지, 코리아(父・KOREA)』(1986년)에서 아버지의 생활사를 기록하였다. 일본에 건너온 이후 이발소를 거쳐 고무신, 케미컬 슈즈 제조 등의 일을 했던 아버지는 순조롭지 못한 아내와 아들과의 관계 등, 어떤 의미에서 보면 재일코리안 1세대의 전형적인 개인사를 보여준다. 동시에 2세대의 입장에서 작가 자신의 자화상을 그려낸다.

양징자와 김영이 공저한 『바다를 건넌 조선인 해녀(海を渡った朝鮮人海女)』(1988년)도 1세대 해녀들에게 전해 들은 이야기를 중심에 둔 르포르타주 형식을 취하고 있다. 등장하는 해녀들의 개인사는 한결같이 비참한 생활고와 가혹한 노동, 노령과 병환에 대한 두려움 등 고난에 가득 차 있다. 그러나 해녀 각자가 내뿜는 자부심과 쾌활함, 인간미 넘치는 개성 등이 생생하게 발산되고 있기도 하다. 두 저자는 해녀의 개인사뿐 아니라 그 배경이 되는 역사에 대해서도 이해도가 깊다. 해녀들이 제주도에서 일본으로 올 수밖에 없었던 이유를 일제강점기 일본의 수산정책과 관련해 풀어낸다. 산미증식계획의 수산업판이자 식민지 지배사를 섬세하게 다루고 있다. 또 해녀들이 전쟁 전에는 준조합원으로 가입이 가능했는데, 전쟁 이후 현지 어업 조합에 가입할 수 없게 된 이유를 '더 이상 일본인이 아니'라는 데서 찾는다. 전후처리에 대한 역사 인식도 반영하고 있는 것이다. 아울러 해녀들에게 다가가는 두 저자의 시각에는 같은 여성으로서의 공감대가 교차하고 있다.

성미자는 『동포들의 풍경(同胞たちの風景)』(1986년)에서 재일코리안 사회의 주조음이었던 기성세대의 민족의식이 갖는 쌓아온 두터운 장벽을 넘어서려고 시도하였다. 이념이나 이데올로기의 우위성에 이의를 제기한 것으로 자신의 정치적 입장을 떠나 젠더적 감수성과 2세대의 관점에서 동포들이 처해 있는 풍경을 파악하고 있다.

마지막으로 김향도자는 『이카이노의 뒷골목(猪飼野路地裏通りゃんせ)』 (1989년)에서 자전적 이야기를 다루었다. 작자의 출신 이력과 학교생활, 한국 방문과 사람들과의 만남, 지문날인 거부 등 자신의 경험을 투영해 민족적, 인간적 성장 과정을 그려냈다. 그리고 여성으로서 체험한 차별 과 빈곤함의 고된 삶도 포함하고 있다. 객기를 부리지 않고 때로는 유머 와 감동적인 장면을 교차하며 이야기를 끌어가는 방식은 작가 김향도자 의 유연한 사고와 풍부한 감성을 보여주기도 한다.

제3장

주요 작가론으로 본 재일코리안 문학

1. 민족과 정체성

1) 장혁주

일본에서 프롤레타리아문학 운동이 해체되기 시작할 무렵에 장혁주는 「아귀도(餓鬼道)」(『改造』 1932.4. 현상 당선작)로 일본 문단에 등장했다. 이어서 김사량이 「빛 속에(光の中に)」(『文芸首都』 1939.10)로 등장해서 아쿠타가와상 후보에 올랐다. 두 작품 모두 일본어로 쓴 소설인데, 시기적으로는 식민지 조선에서 일본어 교육이 시작된 지 약 20년이 흐른 시점이다. 김사량은 장혁주보다 7년 늦게 일본 문단에 등장하였다. 장혁주가 황민화 운동에 가담하면서 친일파라는 오명을 얻게 되는 반면, 김사량은 지배 권력에 항거하면서 저항문학자로서의 길을 걸어가게 된다.[1]

---

[1] 장혁주의 해방 이전 문학 활동에 대해 '초기 민족적 집필기(1930~33)', '과도기적 집필기(1934~38)', '국책영합적 집필기(1939~45)'로 나누고 후기로 가면서 일본제국주의 체제에 협

일반적으로는 장혁주와 김사량 두 사람을 재일코리안 문학의 시작, 혹은 그 전사로 평가하지만, 조선의 시심을 유려한 일본어로 번역해서 기타하라 하쿠슈에게 인정받으며 세상에 알려진 김소운이나, 1939년에 소설 『흐름(ながれ)』으로 김사량과 함께 아쿠타가와상 후보가 된 이은직도 빠뜨릴 수 없는 문학자이다. 다만 여기에서 주의가 필요하다. 재일코리안 문학을 연구하고 있는 이소가이 지로는 식민지 말기 혹은 해방 이후인 1950년대까지 일본어로 표현된 재일코리안의 문학작품을 재일코리안 문학의 범주에 포함시키지 않는다. 이 시기에는 개개의 작가들이 지향하는 바가 모국어나 조국과 맞닿아있었고, 자기 표출과 생활의 장으로서 '재일'이라는 개념이 아직까지 성립되지 않았기 때문이다. 따라서 이소가이 지로는 재일코리안 문학의 대표로 대부분 김달수나 허남기의 이름을 떠올리는데, 식민지 말기부터 1950년대까지 김달수와 허남기의 시는 '일본어로 쓰인 조선인 문학'에 해당하는 것으로 엄밀히 말해 재일코리안 문학 범주에 속하지 않는다고 지적한다. 다시 말해 재일코리안 문학이라는 범주는 재일코리안 사회가 임시의 시공간이 아닌 현실적·이념적·세대적으로 형성된 역사적 사실과 관계가 있으며 현상적으로는 1960년대 이후에 탄생하였다는 시각이다.[2]

지금까지 수차례 재일코리안 문학은 한국 문학인가 아니면 일본 문학에 속하는가와 같은 식의 논의가 반복적으로 이루어져 왔다. 이 책에서는 1세대, 2세대, 혹은 3세대에 상관없이 한반도에 기원을 둔 재일코리안이 자신의 아이덴티티와 삶을 담아낸 시와 소설을 '재일코리안 문학'으로 지칭할 것이다.

력한 친일작가로 평가한다. 임종국, 『친일문학론』, 평화출판사, 1966; 노상래, 「장혁주의 창작어관 연구」, 『한국어문학회』 76호, 2002; 양왕용 외 3인, 『일제강점기 재일 한국인의 문학 활동과 문학의식 연구』, 부산대학교출판부, 1998 참고.

[2] 김환기 편, 『재일디아스포라문학』, 새미, 2006, 47~49쪽.

한편 문학 연구자인 정백수는 근대 한국 문학을 지배·피지배로 인한 굴절과 탈식민지화 문제와 관련지어 서술한 바 있다. 여기서 그는 한국에서의 식민지 문학이 1930년대 중반 이후 조선의 문화가 부정된 이른바 내선일체기에 형성되었다고 주장한다.[3] 1931년 만주사변 이후 중국에 대한 침략을 강화해가던 일본은 1930년대 후반부터 내선융화에서 내선일체로 정책적 변화를 꾀하였다. 그러면서 조선어 폐지, 창씨개명, 신사참배, 징병제 실시와 같은 정책을 통해 조선인에게 한민족의 정신문화나 독자적인 가치를 포기하도록 강요하였다. 내선융화는 아직은 한민족 특유의 정신문화와 독자적인 역사적 가치를 허용할 여지가 있었지만, 내선일체는 한민족의 언어와 전통문화를 버리고 황국신민으로 종속될 것을 강요하였다.

이 시기에 확립된 식민지 문학의 첫 번째 과제는 이러한 시대적 상황을 어떻게 마주할 것인가에 있었다. 이광수는 1922년 5월에 「민족개조론」(『開闢』)을 발표해 한민족의 열등함을 강조하고 그 개조를 호소하였다. 이후 1941년에는 『내선일체 수상록(內鮮一体隨想錄)』을 통해 한민족의 민족성을 완전히 부정하기에 이른다. 그는 '내선일체란 조선인의 황민화를 말하는 것이지 쌍방이 양보하며 다가선다는 의미가 아니'라며 '내선일체가 천황 폐하의 큰 뜻'이라고 말한다. 내선일체의 논리에 완전히 갇혀 있는 이광수의 모습을 볼 수 있다.

그러나 실제 역사는 이광수나 일본이 묘사하는 것처럼 간단히 전개되지 않았다. 조선인이 일본의 의도대로 쉽사리 황민화되지도 않았고 조선어를 버리지도 않았다. 문학에서도 '조선인이냐 일본인이냐', '조선어냐 일본어냐'와 같은 이분법적, 대립적 사고가 모든 것을 지배했던 것은 아

---

3) 鄭百秀, 『コロニアニズムの克服』, 草風館, 2007 참고.

니다. 그런 이중적인 구도가 고뇌의 씨앗이 되어 적지 않은 문학가들에게 과제를 안겨주었다. 장혁주나 김사량의 경우처럼 조선인과 일본인을 어떻게 묘사하고, 또 그 경계와 교착을 어떻게 다룰 것인지, 거기에 더해 조선어와 일본어의 문제를 어떻게 이해하고자 했는지가 주요 쟁점이 되었다. 이는 이후로도 재일코리안 문학으로 이어지게 되는 본원적 문제라 할 수 있다.

장혁주와 김사량이 활약한 1930년대 말 일본에서는 '조선 문학 붐'이 일어났다. 이러한 붐은 일본의 중국 침략으로 인한 한반도의 군사적 지위 향상과 관련된 것이었다. 당시 일본 문학자는 어느 누구도 조선 문학 작품의 선택과 번역에 관여하지 않았다. 일본에서 조선 문학의 소개는 오직 조선 문학자에 의한 선택과 번역에 일방적으로 의존하였다. 즉 일본 문학자가 조선 문학을 대할 때 대등한 형태로서의 이민족의 문학을 마주한다는 자세는 어디에서도 볼 수 없었다. 실제로 『문학계』 좌담회인 「조선 문학의 장래(朝鮮文字の将来)」(1939.2)에 출석한 아키타 우자쿠, 하야시 후사오, 무라야마 도모요시 등은 이구동성으로 조선 문학자가 내지어(일본어)로 작품을 써야 한다고 주장하였다. 내지어로 쓰는 편이 널리 읽히게 되기 때문에 좋다는 식이었다. 이는 일본어의 세계에 조선인을 억지로 끌어들여 조선 문학을 포기하도록 강요하는 것이기도 하였다.[4]

이처럼 일본 문단 전체가 조선 문학자에게 일본어 창작을 요구하고 있었다. 일본인이 일본어로 표현한 이른바 '일본 문학' 안에 안주하는 것에 어떠한 의문도 품지 않았던 일본 문학자들의 견고한 사고를 읽을 수 있다. 이에 대해 장혁주는 「조선의 지식인에게 호소한다(朝鮮の知識人に訴ふ)」(『文芸』 1939.2)는 글을 발표해 조선의 문학자, 지식인에게 자신의

---

4) 梶井陟, 「日本の中の朝鮮文学」, 『朝鮮文学―紹介と研究』 季刊第12号, 朝鮮文学の会, 1974; 渡邊一民, 『〈他者〉としての朝鮮―文学的考察』, 岩波書店, 2003 참고.

의견을 다음과 같이 밝혔다.

　　조선 민족은 차분함이 없다든지 격정성, 질투심, 비뚤어짐 등의 민족적 결
함을 가지고 있다. 이는 내지인의 조선 이주와 함께 발생한 새로운 식민지 심
리 같은 것과 관련이 있다. 미나미 지로 조선 총독은 내선일체를 제창하고 있
는데, 우리가 만약 내지화된다면 자연히 차분하면서도 비뚤어지지 않은 민족
이 될 수 있지 않겠는가? 아일랜드는 300년에 걸쳐 영어화되었는데 우리는
100년이면 충분하지 않겠는가? 일본어는 앞으로 더욱 동양의 국제어가 될 것
이다. 내지어를 배우고 사용하는 것은 반드시 배격할 일이 아니다.

　이 글은 장혁주가 친일적 입장을 명확히 드러낸 최초의 문장으로 오
랫동안 간주되어 왔다. 민족의 운명에 확신을 갖지 못하던 장혁주는
1935년 무렵부터 조선인 작가로 불리기보다는 일본어로 글을 쓰는 작가
로서 일본 문단 내에서 지위를 확립하고자 하였다. 또 이를 통해 생활의
안정을 도모하기도 하였다.[5] 장혁주는 「아귀도」의 입선을 축하하는 연
회에서 일본인 학자 야스타카 도쿠조를 비롯해 유아사 가쓰에, 다무라
다이지로 등과 친분을 쌓기도 하였는데, 이를 계기로 야스타카 도쿠조가
주재하던 『문예수도』의 동인이 되었다. 1937년 여름에는 일본 여성 노구
치 하나코와 동거 생활에 들어갔다.
　「조선의 지식인에게 호소한다」가 발표되자 이에 대한 비판이 일어났
다. 이명효는 「조선의 지식인으로서 대답한다(朝鮮の知識人として答ふ)」
(『文芸』 1939.3.)를 발표해 '조선어냐 일본어냐'를 둘러싼 긴박한 논쟁을
불러일으켰다. 그러나 일본의 대륙 침략으로 인해 정치적 상황은 차츰
조선 문학자의 민족정신을 압박해 왔다. 장혁주는 이러한 시류에 편승해

---

5) 田村栄章, 「1935年張赫宙の思想的転換点」, 『日本文化学報』 第15輯, 2002 참고.

일제강점기 말 당시 일본 내지에서 가장 저명한 조선 문화인으로서의 위
치를 차지하게 된다.

장혁주에 관한 논의는 지금까지 수없이 이루어져 왔다. 임전혜의 「장
혁주론(張赫宙論)」(『文字』 제33호, 1965.11)이 초기의 대표적 논의이다.
임전혜는 장혁주가 「아귀도」 등 초기 작품에서는 한민족의 고통, 특히
학대받고 있던 농민의 모습을 직시하고 있다며 긍정적으로 평가하였다.
그러나 일본 문단의 경향을 민감하게 받아들인 장혁주가 개인적 생존 욕
망에 바탕을 둔 각종 본능을 묘사하는 것을 '보다 고도의 예술 세계'로
인식하게 되면서 전향을 하였고, 이후 「우수인생(憂愁人生)」(『日本評論』
1937.10) 등에서 일본인이 되는 길을 향해 갔다며 비판하고 있다. 「우수
인생」의 주인공은 조선인 아버지와 일본인 어머니 사이에서 태어난 혼
혈아로, 소학교에 입학할 때부터 조선인이라며 매도당한다. 아버지는 문
제를 일으켜 투옥되고 어머니는 여동생을 업은 채 투신자살한다. 소설에
서 아버지는 자신의 아내가 일본인이라는 점을 유일한 자랑으로 여기는
데, 이 작품을 발표한 시기가 장혁주와 노구치 하나코가 동거 생활을 시
작했던 시기와 대략 일치하는 것은 단순한 우연만은 아닐 것이다.

나아가 임전혜는 일본 제국주의 이데올로기에 의해 만들어진 조선인
멸시 정책이 장혁주에게도 영향을 미쳐서 그의 민족적 콤플렉스를 한층
심화시켰다고 지적한다. 그것이 내선일체에 대한 찬동으로 이어지면서
결국 장혁주의 사적인 입장을 넘어 군국주의 이데올로기를 대변하는 위
치에 서게 되었다는 것이다. 노무라 미노루라는 이름으로 연재된 「이와
모토 지원병(岩本志願兵)」(『每日新聞』 1943.8.24~9.9)은 조선에서의 징병
제 실시와 함께 장혁주가 조선인 지원병 훈련소에 입소했던 체험을 바탕
으로 황민화 문제를 정면에서 다루었다. 복잡한 가정사를 배경으로 성장
한 조선인 청년 이와모토가 황민으로 다시 거듭날 결의를 다진다는 내용

이다. 임전혜는 이 소설을 두고 조선의 청년들에게 전쟁을 부추겨 사지로 내몰았다며 규탄하였다. 재일조선인 문학자의 전쟁 책임 추궁을 장혁주로부터 시작해야 한다고까지 비판하고 있다.

「이와모토 지원병」도 「아귀도」와 마찬가지로 다소 생경한 일본어로 표현되어 있지만 기이한 소재와 긴박한 내용 전개 등이 평가를 받아 당시 일본 문단에 받아들여졌다.[6] 여담이지만 장혁주가 일본어로 소설을 쓰기 위해 어떤 노력을 했는지 증언들이 있다. 앞서 언급한 야스타카 도쿠조는 일본 패전 후인 1946년 7월에 간행된 『민주조선』(제4호, 「일본에서 활약한 두 작가」)에서 다음과 같이 이야기하였다. "장혁주는 일본어를 마스터하기 위해 『만요슈(万葉集)』, 『겐지모노가타리(源氏物語)』 등 일본의 고전부터 강담(講談), 라쿠고(落語)에 이르기까지 연구를 한 것은 물론이고, 회화에 귀를 기울이며 일본인을 뒤따라 세 구획이나 네 구획 되는 길을 몇 번이고 걸어갔는지 모른다."[7] 이시즈카 도모지도 「교우 관계로부터(交友関係から)」(『민주조선』 제4호)라는 글에서 장혁주의 일본어 학습에 대해 자세히 서술하였다. "장혁주 씨의 일본어는 처음 만났을 때 이미 조선 사람이라고는 느끼지 못할 정도로 유창하였다. (…) 일본어를 정확하게 발음하기 위해 대구에서 거리를 걷는 두 명 이상의 일본인을 볼 때마다 몰래 그 뒤를 쫓아가 숨을 죽이고 오로지 회화에 귀를 기울이며 한없이 따라갔다. (…) 몇 년이나 그런 행동을 했다. 탁음을 반탁음으로 발음하지 않기 위해 귀 훈련과 함께 발성 연습도 필요하였다."[8] 장혁주의 문학 창작에 대한 열의가 이러한 일본어에 대한 집착으로 이어진 것인지는 알 수 없지만, 결과적으로 일본 문단에서 그를 받아들이는

---

6) 윤건차, 박진우·김병진 외 옮김, 『자이니치의 사상사』, 한겨레출판사, 2016, 98쪽.
7) 保高德蔵, 「日本で活躍した二人の作家」, 『民主朝鮮』 第4号, 1946 참고.
8) 石塚友二, 「交友関係から」, 『民主朝鮮』 第4号, 1946 참고.

데에 유창한 일본어의 구현이 큰 역할을 하였을 것이다.

그러나 조선인 문학자에게 종주국의 언어 일본어는 본질적으로 지배자의 언어였다. 이른바 국어로서의 일본어는 피식민자 조선인에게 궁핍함과 협소함, 음습함을 가진 통치의 논리이자 지배의 도구였기 때문이다. 일본어를 사용한다는 것은 필연적으로 일본인의 생활감정에 둘러싸여 일본의 사회의식과 권력에 순응하게 됨을 의미하였다. 그런데도 일본어를 사용해야 한다면 저항하면서 사용하는 수밖에 없었다. 일본에서 생활하는 조선 문학자의 숙명이라고 할 수 있는 것이다. 그런 점에서 장혁주는 일본어를 지나치게 현실의 출세 수단으로 인식했다고 볼 수 있다. 장혁주가 문학에 대한 확고한 사상이나 이데올로기를 가지고 있었기 때문에 부차적으로 일본어에 집착했다고는 보이지 않는다. 시대적 추이에 따라 자민족의 결함을 들먹이며 일본의 지배 정책에 영합해 갔던 것도 그러한 태도 때문이라고 할 수 있다.

그러나 그러했던 장혁주 역시 일본이 패전하고 한국이 해방되면서 향후 자신의 거취를 고민하지 않을 수 없었다. 일본의 패전과 조국 해방이라는 '사실'을 어떻게 받아들이고 대처할 것인가의 문제는 장혁주 자신의 문제임과 동시에 같은 식민지지배를 체험한 조선인들에게도 해당하는 문제였다. 그러나 그렇다고 해도 조선의 문학자와 지식인에게 가장 먼저 사상성이 문제였던 것은 변함이 없다. 일국사 혹은 '대동아공영권'의 역사를 극복해야 한다는 오늘날의 역사 연구, 그리고 사상사 연구의 측면에서 본다면 편협한 생각일지 모른다. 그러나 재일코리안을 논의할 때는 역시나 조선 민족과 일본의 관계를 불가피한 것으로 보고 그 틀 안에서 민족의 자생 방법과 독립의 문제를 포함하여 어떻게 살아갈 것인가, 또 어떻게 살아왔는가를 고찰하는 작업이 필요하다. 민족 문제, 식민지 문제가 중요한 화두가 될 수밖에 없는 것이다.

여기서 재일코리안 1세대가 살았던 시대를 우리가 어떻게 이해할 것인지의 문제가 대두된다. 일본 근대사에는 크게 구분해서 세 개의 축이 있다. 하나는 서구의 일본 침략, 즉 서구에서 보면 새로운 자본주의 시장의 획득이다. 또 하나는 그것에 대항해서 일본이 천황제 국가를 창출하고 천황 중심의 국가건설과 국민통합을 도모한 것이다. 그리고 마지막은 그것만으로는 서구 물질문명의 강대한 침략에 대항할 수 없다는 논리에 빠져 독자적인 독립을 확보한다는 명분으로 아시아를 침략한 것이다. 국가의 이데올로기 장치인 국민교육에서 표현되는 말로 요약하자면 서구 숭배 사상, 천황제 이데올로기, 아시아 멸시관이라는 세 개의 축을 중심으로 일본 국민의 아이덴티티를 형성해 온 것이다.

마찬가지로 한국 근대사에 존재하는 세 개의 축은 반제국·반봉건 투쟁, 식민지근대의 강요, 남북분단을 들 수 있다. 재일코리안 문학자들은 기본적으로 반제국·반봉건 투쟁을 추진하여 식민지지배의 잔재를 청산하고 남북분단을 극복한다는 도식을 지향하였다. 본래 문학은 시대를 응시하면서 스스로의 생활과 사상을 표출하고, 때로는 미래를 향한 청사진과 목표를 담아내는 것이다. 당연히 그 본질적인 규정성에서 볼 때 재일코리안 문학은 일본 근대사의 세 축과 한국 근대사의 세 축을 동시에 의식하지 않을 수 없었다. 사실 김달수나 허남기를 위시한 1세대 작가나 시인은 이러한 역사 인식과 세계관을 기저에 두고 창작 활동을 했다고 볼 수 있다.

다만 이것을 장혁주에게 적용해 보면, 장혁주는 처음에는 조선의 현실을 직시하면서 집필을 하였지만 식민지 말기에는 점차 민족적 주체성을 상실하고 스스로 전락의 길을 걸어갔다. 해방 후에는 아무리 내면적으로 갈등이 심했다고 하더라도 앞서 계속해서 이야기해 온 재일코리안의 숙명과도 같은 저항적 사유와 고뇌에서 그는 벗어나 있었다.

실제로 해방 이후 장혁주는 친일문학자를 대표하는 존재로 오명을 한
몸에 받았다. 그러면서 스스로는 재일코리안의 존재론적 증명에 노력하
였다. 1946년에는 장편 『고아들(孤児たち)』을 발표하였는데, 도쿄 우에노
등지에서 배회하는 전쟁고아의 참혹한 모습을 담아냈다. 이 외에도 짧은
에세이 등을 발표하였는데, 『세계춘추(世界春秋)』라는 잡지 1949년 12월
호에 「재일조선인 비판(在日朝鮮人批判)」이라는 글이 있다. 지금의 나가
노 현인 신슈(信州)를 배경으로 승객들이 빽빽하게 탑승한 초만원 기차
에서의 일화를 다루고 있다. 열차가 멈춘 어느 역에서 조선인 네 명이
창문으로 부정 탑승을 하였다. 이를 본 장혁주는 그들이 너무나도 난폭
한 짓을 하는 것을 보고 경악하는 것을 넘어 불쾌했고 그 뻔뻔함에 질렸
다고 한다. 또 그들이 하차할 때까지 두 시간여를 참고 또 참다가 결국
울상을 지었다고 기록하고 있다. 장혁주는 그 후에도 동포 조선인의 행
동거지에 불만을 드러낸다. 이는 이른바 재일코리안의 부정적인 측면을
공인하는 것이었고, 장혁주의 자민족관을 그대로 반영하는 것이었다.

조선 도공의 후손으로 나에시로가와(苗代川, 지금의 가고시마현 히가
시이치키조미야마) 출신의 귀화조선인이었던 강위당은 조련의 기관지
『조련중앙시보(朝連中央時報)』의 촉탁으로 일을 하던 중 위에서 소개한
장혁주의 에세이를 읽었다고 한다. 그리고 이러한 기록을 남겼다. "그의
안에서, 그러나 나는 결국 아무런 '악의'를 발견할 수 없었다. 장혁주 자
신이 첫머리에서 말하고 있듯이 '동족을 사랑해서' 하게 된 독설임을 나
는 아주 잘 느낄 수 있었기 때문이다.", "장혁주는 조련에도 소속되어 있
지 않았고, 민단과도 관계가 없는 듯하다. 적어도 장혁주의 집필 태도에
는 공평한 제삼자로서의 자부심이 보인다." 강위당은 계속해서 말한다.
"기차나 전차 안에서 일어난 사건을 보면, 비단 그것은 조선인에게만 해
당하는 난폭함은 결코 아니다.", "그럼에도 불구하고 그러한 이해가 장혁

주의 독단 앞에서 무력한 것은, 그가 그러한 잔학한 압박을 몸으로 체득하지 못한 채 특등석에 앉아 방관만 하고 있었기 때문이 아니었을까. 그 특등석이 그가 타고난 재능의 선물이었음에도 불구하고 말이다."[9]

장혁주는 해방 후에도 식민지적 상황에 놓여 있던 재일코리안, 가혹한 운명에 놓인 피억압인의 실상에 둔감한 것이었을까. 아니면 일본과 조선에 가로놓인 역사 인식의 차이에 무심하였던 것일까. 장혁주가 잡지『민론(民論)』에 쓴「민족 수상 : 재일 조선동포를 생각한다(民族隨想 : 在日朝鮮同胞を憶う)」(제15호, 1948.7)에는 그러한 장혁주의 사상과 태도가 노골적으로 나타나 있다.

고베 사건이 일어났을 때 라디오는 연일 그 보도로 시끄러웠다. (…) 결론만을 한마디로 표현하자면, 조선인은 발목을 붙잡히거나 또는 급소를 찔렸다고 할 수 있다. 그 공정한 논조에도 불구하고 발목을 붙잡은 보도기관의 일종의 사대주의적인 태도에 나는 불만을 느꼈다. 아니, 그보다도 격하게 동포의 반논리적인 행동에 탄식하였다. (…) 그러나 나에게는 동포 제군들에게 아무런 발언권이 없음을 자각하였다. 그것은 내가 소위 전쟁 중에 붓을 꺾지 않았던 일에서 오는 자책과 현재에도 또 미래에도 일본 문단에 작가로서의 적(籍)을 두기 위해서이다. (…) 그래서 종전 후에 결성된 조선인 단체로부터 친일파, 대일협력자, 민족반역자라는 죄명을 뒤집어써도 나는 한마디도 부정하지 않았던 것이다. (…) 일본에 있는 조선인은 교육 정도나 교양이 낮은 사람이 많다. (…) 동포여, 우리는 감정이 풍부하지만 비교적 이성이 결여되어 있음을 자각해야 한다. 그 풍부한 감정이 학문으로 예술로 되살려질 때 반드시 우수한 문화를 낳을 것이라고 믿는다. 하지만 적당한 이성으로 검토하지 않고 정치투쟁으로, 개인의 질투와도 같은 반발항쟁으로 향할 때는 그 격앙된 감정을 폭행이나 파괴로밖에 표출할 수 없음을, 오늘날의 여러 사실이 증명하고 있다.

9) 姜魏堂,「朝連の思い出」,『民主朝鮮』第32号, 1950 참고.

이 글에서 말하는 '고베 사건'이란, 1948년 4월에 조선인학교 폐쇄를 강행한 미군총사령부(GHQ)와 일본 정부 정책에 반대하여 고베와 오사카에 사는 조선인들이 강력한 시위운동을 전개하였는데, 이를 막기 위해 GHQ가 비상사태를 선포하고 무자비하게 대응하면서 16세 소년 김태일을 사살하고 많은 동포를 연행한 사건이다. 장혁주의 이 글을 읽은 변호사 후세 다쓰지는 「재일조선인을 비판한 장혁주 씨를 재단한다(在日朝鮮人を批判した張赫宙氏を裁く)」(1949년)라는 글을 발표하여 이렇게 비판했다.10)

(…) 이론에만 매몰된 조련의 좌익화를 비판하고 민족의식이 강렬한 문학 청년을 비판하는 당신의 재일조선인 비판은 죄지은 자가 죄 없는 자를 재판하고 있는 것처럼 보인다. 당신은 친일파로 지목된 자기 자신은 비판하지 않고, 조련의 반일감정을 곳곳에서 비판하며 '한심한 풍경', '지나치게 강한 민족의식', '살육으로 통하는 감정'이라고까지 비난하고 있다. (…) 당신은 사랑하기 때문에 조선인을 비판한다고 말하지만, 사랑하기 때문에 정열을 가지고 메피스토펠레스를 척결한 괴테의 파우스트의 태도를 당신의 문장 어디에서 찾을 수 있다는 말인가? 괴테에게 뒤지지 않는 민족애를 자부한 장혁주 당신은 (괴테에게 사과하는) 자기비판을 잊어서는 안 된다.

장혁주는 그 후 한국전쟁의 비참함을 그린 장편 『아, 조선(嗚呼朝鮮)』(1952.5)을 발표한 후 일본 정부로부터 귀화를 허락받아 노구치 미노루(野口稔)라는 이름을 갖게 된다. 이렇게 해서 '비굴함'을 내면 깊숙이 침잠시킨 장혁주는 1954년에 노구치 가쿠추(野口赫宙)라는 이름으로 자전적 장편 『편력의 조서(遍歷の調書)』를 내놓았다. 1975년에 재차 같은 이

---

10) 布施辰治資料研究準備会編, 『「布施辰治植民地関係資料集Vol.1 朝鮮編」関連資料集: 石巻文化センター所蔵』, 布施辰治資料研究準備会, 2006 참고.

름으로 장편『폭풍의 시─일본과 조선의 협곡 사이를 살아온 귀화인의 항로(嵐の詩─日朝の谷間に生きた帰化人の航路)』를 발표하였다. 1997년 2월 92세의 나이로 생애를 마감하기까지 장혁주는 친일행위라는 결정적인 '부의 유산'을 짊어진 채 그것을 정면으로 극복하려 하지도 않고 회피하며 오로지 조선 출신이라는 굴곡진 자신의 이력에 집착하며 살았다.

2) 김사량

한편 앞서 인용한 야스타카 도쿠조의 글(「일본에서 활약한 두 작가」, 『민주조선』제4호, 1946.7)에는 장혁주 외에 김사량에 대해서도 서술하고 있다. 김사량의 경우에는 일본어 습득이나 그 능력에 대한 것이 아니라 오로지 높은 사상성에 대하여 논하였다. 야스타카는 김사량이 스물여덟 살 무렵일 때 장혁주의 소개로 교제하기 시작하였는데, 당시 김사량은 이미 나이를 의식할 수 없을 정도로 지능이나 감정 면에서 성숙해 있었다고 회상한다. "그는 단순한 예술지상주의자가 아니었다. 그의 심중에는 항상 망망한 '조선 민족의 독립'이라는 불이 타오르고 있음을 분명히 알 수 있었다. (…) 총독부 관헌에 아첨하는 작가를 야유한 「천마(天馬)」, 색의(色衣) 정책을 풍자한 「잡초를 찾아(草探し)」 등의 통렬한 작품을 발표하며 조선총독부의 블랙리스트에 오르고 (…) 가마쿠라 경찰서에 3개월간 구금되었어도 그의 주된 사상에 아무런 동요를 보이지 않았던 것만 보아도 알 수 있다."

김사량은 평양의 굴지의 부유층 출신으로, 그의 형은 조선인으로서는 처음으로 조선총독부 전매국장에 취임하였다. 김사량은 1935년에 도쿄제국대학 문학부에 진학하여 독일 문학을 전공하였다. 졸업 후 동인지 『문예수도』에 「빛 속에」를 발표하고, 이어서 「토성랑(土城廊)」, 「천마」,

「잡초를 찾아」 등을 잇달아 발표하며 채 1년도 되지 않은 사이에 일본에서 민족주의 작가로 입지를 굳혔다. 이 무렵에 이미 작가로 활동 중이던 김달수와 만나게 된다. 김사량은 하루에 여덟 시간은 반드시 책상에 앉아 원고를 썼다고 한다.[11] 1941년 12월 8일 진주만 공격이 감행되자 김사량은 그 이튿날 새벽 사상범 예방구금법으로 가마쿠라 경찰서에 구금되었다. 곧바로 석방되지만 2년간의 짧았던 창작 활동을 단념하고 1942년 2월에 평양으로 귀향하였다. 이후 통치 권력에 대한 울분을 머금은 채 해군 견학단의 일원이 되어 지방 각지에 있는 해군 시설로 파견을 나갔다. 이때의 경험을 연재한 르포 형식의 「해군행」(『매일신보』 1943.10.10~10.23. 연재)은 국책에 편승한 친일적인 글을 조선어로 쓴 글이다. 그러나 1944년 이후 창작 활동을 중단하게 되고, 1945년 2월 '재중국 조선 출신 학도병 위문단'으로 베이징에 파견되어 갔다. 귀국길에 항일 전쟁기에 화베이에서 활약하던 중국 공산당의 주력 부대였던 팔로군이 이끄는 항일 지구로 탈출하고 그곳에서 해방을 맞이하였다.

김사량에 대해서는 지금까지 많은 연구와 저작이 나왔다. 그중 안우식이 1972년에 출판한 『김사량-그 저항의 생애(金史良-その抵抗の生涯)』라는 책은 1983년에 일부 내용을 수정하여 『평전 김사량(評伝金史良)』으로 출판되었다. 정백수의 『식민지주의의 극복』도 상당 부분 김사량의 작품 분석에 지면을 할애하고 있다. 기존의 시각은 대부분 김사량을 민족적 주체성을 견지한 작가로서 긍정적으로 평가해 왔다. 장혁주가 개인의 체험에 뿌리를 두면서도 이기적인 욕망을 벗어나지 못하여 친일적인 행로를 선택하고 민족의 운명을 저버렸다면, 김사량은 자신의 체험을 민족적 문제로 승화시켜 작품화하였다. 김사량이 일시적으로 국책에 편승하

---

11) 横手一彦, 「解説 · 〈史〉の内側を語る言葉」, 磯貝治良 · 黒古一夫編, 『〈在日〉文学全集, 第11巻 金史良 · 張赫宙 · 高史明』 勉誠出版, 2006 참고.

며 흔들린 것처럼 보이지만 자신의 체험이 가지는 의미를 잘 알고 이를 민족 전체의 차원에서 고민하고자 하였다.

안우식의 말을 빌리자면 김사량의 생활 묘사에 있어서 그 실체는 어디까지나 조선 하층사회의 생활 실태와 하층 서민 및 반항자, 나아가 식민지 통지하에 있는 현실 사회에서 받아들여지지 못한 채 소외되어 있는 하층 대중의 의식구조를 정확하게 파악하고 이를 반영한 점이다.[12] 김사량은 「빛 속에」라는 작품에 이어 재일코리안을 소재로 다룬 「무궁일가 (無窮一家)」와 「십장 꼽새(親方コブセ)」를 썼는데, 이 작품들 역시 그러한 관점에 서 있다. 이들 작품에서 김사량은 식민지 조선과 종주국 일본을 분열적이고 이항 대립적으로 다루지 않는다. 최하층의 폐쇄된 생활을 강요당하는 일본 내지의 조선인과 고향 조선과의 유대, 그리고 내일에 대한 희망과 해방을 제시하고 있다. 조선에 대한 애정과 비탄, 일본에 대한 동경과 증오를 동시에 내면 깊숙이 침잠시키면서 조선의 민족적 정서와 정취, 분위기와 같은 것을 일본어로 표현하기 위해 최대한 노력하였다.

근래 한국의 근대문학 연구에서 식민지 조선과 종주국 일본의 분열이나 이항 대립을 명확하게 드러내지 않는 경향이 있다. 개별 작가의 발언과 작품 분석에 집중하여 이른바 회색 지대를 탐구하는 것으로 오늘날 국가주의를 극복하려는 시도로서 중요한 일이기도 하다. 그러나 이러한 경향이 반대로 한국어와 일본어, 저항과 친일의 전체적인 파악을 애매하게 만들어 버리는 것도 사실이다. 그러한 탐구가 역사의 전체 구조, 여전히 종결되었다고 볼 수 없는 민족 문제와 식민지 문제의 경시로 이어지지 않도록 주의할 필요가 있는 것이다.

---

12) 安宇植, 『金史良－その抵抗の生涯』, 草風館, 1983 참고.

김사량의 대표작 「빛 속에」는 학생들이 결성한 세틀먼트에서 교사로 활동하는 주인공(미나미)의 시선에서 이야기가 전개된다. 무산자 인민의 구제와 생활 향상을 목적으로 계몽 활동을 하던 미나미 선생은 어느 날 폭력적인 일본인 아버지와 순종적인 조선인 어머니를 둔 학생 야마다 하루오를 알게 된다. 늘 주눅 들어 있던 하루오는 미나미 선생이 원래 '남 (南, 일본어로 미나미)' 선생이었음을 알고 마음의 문을 조금씩 열어간다. 하루오의 아버지와 어머니는 일본과 조선을 대비시킨 것으로 하루오는 양쪽이 서로 결합한 상태를 상징한다. 작품은 내선결혼의 모순을 현실의 '어둠'으로 그리면서 '빛'으로서의 아이의 미래에 희망을 의탁하고 있다.13) 그리고 김사량은 아이가 따뜻한 어머니의 온정 속에서 성장해야 함을 강조한다. 일본인과 조선인의 혼혈인 하루오를 조선 민족 내부로 포용해야 할 존재로 의미화한 것이다. 물론 이 작품이 억압받는 재일조선인, 나아가 조선 민족이 나아가야 할 길과 그 방법을 제시하고 있는 것은 아니다. 그러나 김사량의 문학적 관점과 사상의 중심을 명료하게 보여 주고 있는 것도 사실이다.

다만 앞서 서술한 바와 같이 김사량이 일관되게 민족적 주체성을 견지하였는지는 그 역사적 평가가 엄격해질 수밖에 없을지 모른다. 한국 근대문학 연구자인 오무라 마스오는 식민지 시기 조선인 문학자의 삶을 '저항이냐 친일이냐'와 같은 양자택일을 강요하며 편협한 시각으로만 파악할 수 없는 복잡한 양상이 내재되어 있다고 주장하였다. 그는 또한 김사량도 예외가 아니었을 것이라고 한다. 김사량의 작품은 민족적 저항 의식을 간직하면서도 유려한 서정성을 가지고 서민들의 애환을 노래하고 있기 때문이다.14)

---

13) 横手一彦, 「解說・〈史〉の內側を語る言葉」, 磯貝治良・黑古一夫編, 『〈在日〉文学全集 第11卷 金史良・張赫宙・高史明』, 勉誠出版, 2006 참고.

김사량이 강요받았다고는 하지만 「해군행」과 같은 친일적인 글을 썼다는 것은 앞서 본 그대로이다. 그렇다면 점차 시대가 변화하면서 김사량의 문학은 어떻게 변해갈까.

임전혜는 「김사량 「산의 신들」 완성까지의 과정」[15]이라는 논문을 발표하였다. 『〈재일〉 문학전집』 제11권 김사량·장혁주·고사명 편의 연보를 참조해 보면, 김사량은 처음에 에세이 「산의 신들」을 『문예수도』(1941.7)에 실은 다음 두 번째 소설집 『고향(故郷)』(1942년)에 「산의 신들」을 소설화하여 수록하였다. 그런데 임전혜는 우연히 고서점에서 발견한 월간지 『일본의 풍속(日本の風俗)』 1941년 10월호에 김사량의 소설 「신들의 연회(神々の宴)」가 발표되어 있는 것을 발견했다고 한다. 비교해서 읽어 보니, 소설 「신들의 연회」는 에세이 「산의 신들」과 소설 「산의 신들」의 중간에 위치하는 작품으로, 최초의 글이 차츰 개작되어 또 다른 하나의 작품으로 완성되기까지의 과정을 담아내고 있었다. 즉 에세이 「산의 신들」에서 소설 「신들의 연회」, 그리고 소설 「산의 신들」에 이르는 변화 과정을 추적해 볼 수 있다.

최초의 에세이 「산의 신들」은 평안남도 양덕에 있는 온천에 갔을 때 당시의 견문을 바탕으로 조선의 풍속을 소개해 가며 쓴 것이다. 김사량이 조선인 작가임을 드러내고자 했던 주요 부분들이 삭제되거나 수정되어 있다. 에세이 「산의 신들」에서는 "조선인이 누구나 이러한 인내의 정신을 생활 속에서도 살릴 수 있게 된다면 대단한 것이리라. (…) 나 역시 인내심 강한 조선인의 한 사람이 되고 싶다는 자각이 있다."는 내용이 있는데, 이 부분을 소설 「신들의 연회」에서는 "그렇다고 해도 나 역시 인내

14) 大村益夫, 『朝鮮近代文学と日本』, 緑蔭書房, 2003.
15) 任展慧, 「金史良「山の神々」完成までのプロセス」, 朝鮮問題研究会編, 『海峡』 2, 社会評論社, 1975.

심 강한 훌륭한 국민의 한 사람이 되고자 하는 염원"으로 개작하였다. 또 소설 「산의 신들」에서는 "그러나 나도 인내심 강한 훌륭한 국민이 되고 자 하는 의미"라는 형태로 조금 더 단순해진다. 당시 검열을 생각하면 당 연한 변화일지 모르겠지만, 임전혜는 이렇게 하나의 작품이 수정되는 과 정에 주목하여 진주만 공격을 전후하여 급속하게 암울해져 갔던 당시의 상황을 고려해야 한다고 주장하였다. 에세이 속 '조선인'이라는 단어를 '국민'으로 바꿀 수밖에 없던 이유를 충분히 상상하고도 남는다는 것이다.

이렇듯 김사량이 곤란한 시대 상황 속에도 불구하고 민족적 주체성을 견지하고 있었다는 것인데 여기에 좀 더 힘을 실어보자면, 「빛 속에」가 내선일체 정책, 특히 창씨개명 정책이 한창 강행되고 있던 시기에 집필 된 작품이라는 점을 상기할 필요가 있다. 창씨개명 정책은 1939년 11월 에 정령(政令)이 발포되고 이듬해 1940년 2월에 본격적으로 실시되면서 조선의 지식인을 포함한 민중에게도 큰 파문을 일으켰다. 「빛 속에」가 『문예수도』에 게재된 것은 1939년 10월인데, 그보다 조금 앞서 김사량은 『조선일보』 소속 학예 기자 자격으로 잠시 경성에 체재하고 있었다. 창 씨개명 정책의 실시에 대해서는 그 준비 과정부터 익히 알고 있었던 것 으로 보인다. 총독부는 창씨개명 정책을 실시하기에 앞서 이광수 등 친 일 경향의 문학자들을 최대한 이용하려고 하였다.

그런 시기에 등장한 「빛 속에」는 주인공이 '미나미'에서 '남'으로 회귀 하는 내용이다. 창씨개명과는 그 방향이 역행하는 작품이었다. 문학 연 구자인 남부진은 이 문제를 『근대문학의 '조선' 체험(近代文学の「朝鮮」体 験)』(2001년)이라는 저서에서 「창씨개명의 시대−김사량론」이라는 하나 의 독립적인 장을 할애하여 분석하였다. 남부진은 「빛 속에」에서 다루어 진 혼혈아 문제가 일제 식민지하 조선의 민족 문제와는 핵심에서 벗어난 것이라고 지적하기도 한다. 그렇지만 창씨개명 정책이 시행되던 와중에

김사량의 문학은 기본적으로 그것에 대해 강렬하게 비판하는 취지로 일관하였다고 평가다.

「광명(光明)」(『文字界』 1941.2)에서는 내선결혼의 모순과 내지에서의 조선인 차별 문제를 부각하면서 조선인의 이름 문제를 심도 있게 다루었다. 일본에서의 마지막 작품인 「십장 꼽새」(『新潮』 1942.1)에 등장하는 조선인 노동자들은 가라하라(韓原), 사이모토(崔本), 호자와(朴沢), 우마카와(馬川), 다마무라(玉村), 가나우미(金海) 등과 같이 모두 기이한 일본 성명으로 설정되어 있다. 재일코리안 문학에서 이름의 문제는 현재까지도 세대를 거듭하면서 끊임없이 제기되어 온 주제이다. 이름이라는 호명의 영역을 민족적 문제로 승화하여 화두로 던지고 있는 이 작품을 통해 김사량이 창씨개명 정책, 나아가 일본의 식민지지배 정책에 저항적이었음을 충분히 알 수 있다.

한편 패전과 해방 이후로도 계속해서 일본에서 활약한 조선인 작가로 이은직, 김달수가 있다. 둘 다 물질적으로 정신적으로 빈곤한 삶을 살아가는 재일코리안의 현실과 내면을 일본 문학, 즉 일본어로 묘사하고자 하였다. 이은직의 경우 소설 『흐름』으로 등단하였는데, 일본에서 니혼대학 예술과에 재학하던 도중 특고경찰에 의해 심한 고문을 받았다. 졸업 후에는 일본학예통신사 편집부에서 근무하였고, 이후 후생성 중앙흥생회 신문국으로 자리를 옮겨 후생성 주사를 지냈다. 이때 규슈의 탄광에서 폭동을 일으킨 재일코리안 노동자들을 설득하는 데 파견되었다.[16]

김달수는 이은직과 마찬가지로 니혼대학 예술과에서 공부하며 최초의 소설 「위치(位置)」(『芸術科』 1940.8)를 오사와 다쓰오라는 필명으로 발표하였다. 제목대로 같은 하숙집에 사는 조선인 학생과 일본인 학생의 위

---

16) 李殷直, 『朝鮮の夜明けを求めて, 第5部』, 明石書店, 1997 참고.

치에 대한 관계 정립을 주제로 한 작품이었다. 김달수는 1942년 1월부터 『가나가와 신문(神祭川新聞)』에서 잠시 일하다가 1943년 5월부터 1944년 2월까지 조선총독부의 기관지인 『경성일보(京城日報)』에서 일하기도 하였다. 이은직이나 김달수도 식민지 시기에 '저항이냐 친일이냐'라는 명제에서 벗어나지는 못한 듯하다. 이은직은 식민지 시기 도쿄에서 사립대학에 다녔는데 본과생이 아닌 3년제 전문부(專門部) 학생이었다. 장혁수 그리고 장두식도 마찬가지이다. 조선의 청년들은 정규학부(본과)에 들어갈 자격이 없었기 때문이다. 이들을 생각하면 저항과 친일의 문제가 조선어로 글을 써야 한다는 명제와 반드시 일치한다고는 생각되지 않는다.

떠올려 보면 경성에서 연희전문학교를 다녔던 윤동주는 일본으로 유학하기 위해 창씨개명 정책에 따라 일본식 이름을 학교에 제출하여 졸업증명서, 성적증명서, 도항증명서를 준비하였다. 그리고 일본 릿쿄대학에 이어 도시샤대학에 재학하면서 몰래 조선어로 시를 썼다. 이후 그는 1943년 7월 치안유지법 위반으로 교토의 시모가모경찰서 특고에 체포되었다. 징역 2년의 판결을 받았고 후쿠오카 형무소로 이송되어 일본이 패전하기 6개월 전인 1945년 2월에 옥사하였다. 민족적 저항 정신을 담은 그의 서정 시집 『하늘과 바람과 별과 시』는 해방 후인 1948년에 한국에서 출판되었고 나중에 일본어로 번역되었다.

윤동주의 시집을 읽을 때 우리는 적어도 윤동주가 조선어로 시를 쓴 저항 시인, 민족 시인이라는 것을 자명한 사실로 생각한다. 그러나 장혁주나 김사량은 다른 시대를 살았다. 김사량은 일본어 사용을 중시했던 장혁주의 「조선의 지식인에게 호소한다」를 읽고 「조선문화통신(朝鮮文化通信)」(1940년)[17])에 이렇게 소감을 발표하였다.

---

17) 『金史良全集』 IV, 河出書房新社, 1973 참고.

문학이라는 것은 역시 절대적으로 민중 속으로 흘러 들어가 읽혀야 한다. (…) 본질적인 의미에서 생각해 보면 조선 문학은 조선 작가가 조선어로 씀으로써 비로소 성립되는 것이 분명하다. (…) 내지어로 쓰려고 할 때는 아무래도 일본적인 감정과 감각으로 작품이 화를 입게 된다. 감각이나 감정, 내용은 말과 결부되어 비로소 마음속에 떠오른다. (…) 장혁주 씨나 나나 그 밖에 내지어로 쓰고 있는 많은 사람들이 의식하든 의식하지 않든 상관없이 일본적인 감각과 감정으로의 이행을 강요받는 듯한 불안을 느낀다.

김사량은 그 내용이 다소 이기적이고 놀랄 만하지만, 우리가 반성하고 재고해야 할 점을 강조해 놓고 있기도 하다고 일부 장혁주를 옹호하는 듯한 말을 덧붙여 놓고 있기도 하다. 바꾸어 말하자면 김사량의 문학은 가혹한 상황 속에서 리얼리즘을 추구하는 한편, 내적으로 감상적이면서 조선적인 것을 추구하였다. 김사량은 일 년에 두세 차례 일본과 조선을 왕래하면서 이에 대한 감상을 「고향을 생각한다(故鄕を想ふ)」(『知性』 1941.5)라는 에세이로 발표하였다. "고향이 그렇게까지 좋은 것일까. 가끔 이상하게 느껴질 때가 있다. (…) 고향에 돌아가고 싶다는 생각은 오로지 어머니나 누나, 여동생, 그리고 친척들과 만나고 싶다는 기분 때문만은 아니다. 역시 나는 나 자신을 품어 준 조선이 제일 좋고, 우울한 듯하면서도 상당히 유머러스하고 구김살 없는 조선 사람들이 너무나도 좋다."[18]

작가 김석범은 「김사량에 대해(金史良について)」(『文学』 1972.2)라는 글에서 이러한 김사량의 모습을 아주 잘 표현하였다.

일본어로 쓰는 허구의 세계임에도 불구하고 틀림없이 조선적인 생활감정과 감각을 침투시켜 작품의 사상을 내측에서부터 지탱하고 있다는 점에 유의

18) 『金史良全集』 Ⅳ, 河出書房新社, 1973 참고.

해야 할 것이다. 단순히 민족적인 입장에서 저항 사상이 강했던 것만이 아니라 그 자신이 말하는 '조선인의 감각과 감정'이 뿌리내리고 있던 것이다. (…) 그 안에서 김사량은 자신의 일본어에 목적의식을 부여하여 조선에 호소하기 위한 수단이라는 입장에서 일본어를 사용한 것이다. 적어도 당시 김사량은 현재 재일조선인 작가와는 달리 일본어를 수단으로 삼을 만큼 내적인 조건을 갖추고 있었다.

식민지 시기 일본어로 쓴 조선인 문학이 1960년대에 들어와 재일코리안 문학으로 범주화되기 시작하였다면 그 연속성을 지탱한 것은 역시 '민족=조선인'이라는 등식일 것이다. 조선어로 쓰느냐 일본어로 쓰느냐, 조선 문학이냐 일본 문학이냐와 같은 구분법은 근본적인 문제가 아닐지 모른다. 게다가 여기서 민족이란 무엇인지 다시 한번 생각해 볼 필요가 있다. 가장 중요한 혈통의 계승이라는 측면이 과연 전부일까. 혈통 그 자체도 대부분 허구로 채워져 있다. 즉 민족이라는 단어 자체가 종종 논점이 미분화된 채 혈통과 관련된 집합성의 표상으로 사용되기 쉬웠다.

민족은 때로 베네딕트 앤더슨이 지적한 대로 '상상의 공동체'를 발견하는 기능을 짊어지고 있기도 하다. 실제로 저항과 친일의 문제는 혈통에 의해 결정되는 것이 아니다. 이를 고려한다면 고향에 대한 애정이라든가 생활 속에서 몸에 밴 감각과 감정, 시대가 강요하는 긴장감이나 역사의식, 호적과 같은 법적 규정, 혹은 현실의 자기분열 내지는 자기모순에 대한 자각, 그리고 그 모든 것에 맞서고자 하는 저항의 정신과 사상이야말로 재일코리안 문학의 내실을 이루는 것일지 모른다.

다시 말해서 문제의 핵심은 식민지 조선에 뿌리를 둔 조선의 문학자가 어떤 방식으로 저항 사상을 표현할 수 있었는가이다. 출생과 함께 운명적으로 짊어지게 된 스스로의 민족 문제, 식민지 문제를 어떻게 마주해 나갈 것인가. 이러한 사실은 식민지기뿐만 아니라 해방 이후 오늘날에 이르기까지 재일코리안 문학자의 근원적인 고민으로 자리하고 있다.

3) 김달수

해방 이후의 재일코리안 문학을 이야기한다면 우선 김달수와 허남기를 떠올리지 않을 수 없다. 김달수는 1919년 경상남도 창원에서 몰락해 가던 중농의 3남으로 태어났다. 다섯 살 되던 해에 가세가 기울자 양친은 장남과 장녀를 데리고 일본으로 건너갔다. 그리고 얼마 지나지 않아 둘째 형이 죽었고 일본으로 갔던 부친의 사망 소식이 전해졌다. 열 살이 되던 해 큰 형을 따라 일본으로 건너간 김달수는 야간 학교를 다니며 일본어 공부를 시작하였다. 낮에는 폐품수집, 전구 염색공장, 공중목욕탕 등에서 일하면서 『소년구락부(少年俱楽部)』, 『다치카와문고(立川文庫)』를 탐독하였다고 한다. 열여섯 살 때부터는 「세계사상전집(世界思想全集)」과 「세계문학전집(世界文学全集)」, 「현대일본문학전집(現代日本文学全集)」 등을 읽기 시작하였고, 이 무렵 장두식과 교분을 쌓으며 등사판 잡지 『오타케비』를 만들었다. 열일곱 살이 되어서는 고물상을 그만두고 폐품 분류업자로 변신하였는데, 경제적인 여유도 생겨 본격적으로 공부를 시작하였다. 열아홉에 니혼대학 전문부 예술과에 입학해 1940년에 처녀작이라 할 수 있는 「위치」를 『예술과』에 발표하였다. 1941년에는 『문예수도』의 동인으로 김사량을 만나게 된다. 1942년에 가나가와 신문사에 기자로 취직하였지만, 1943년에 사직하고 바로 경성일보사에 입사하여 사회부 기자로 활동하였다. 1944년에는 다시 일본으로 돌아가 가나가와 신문사에 재입사하였는데, 일본이 패전하자 바로 재일본조선인연맹(조련)에 참가하여 왕성한 활동을 펼쳤다.

이후 김달수는 1997년 5월, 일흔일곱의 나이로 서거하기 전까지 일생을 집필 활동에 주력하였다. 대표적인 작품으로는 식민지배 아래에서 신음하는 지식인의 갈등을 그린『후예의 거리(後裔の街)』(『民主朝鮮』1946.4~1947.5), 조국 해방의 꿈을 그린『현해탄(玄海灘)』(『新日本文学』1952.1~1953.11), 좌우 분열과 외세의 개입이라는 상황 속에서 조국의 진정한 독립을 모색한 작품「박달의 재판(朴達の裁判)」(『新日本文学』1958.11~1959.4)과『태백산맥(太白山脈)』(『文化評論』1964.9~1968.9) 등을 들 수 있다. 1960년대까지 소설에 집중했던 김달수는『태백산맥』의 집필을 끝으로 창작과는 거리를 두게 된다. 1970년 이후에 집필한 장편 소설은 귀환자의 후예로 8세기에 민중불교를 전파했던 승려 교기(行基)의 생애를 다룬『교기의 시대(行基の時代)』한 편뿐이다. 그 내용도 이전까지 조국의 현실을 문제화하던 작품들과 성격이 많이 달라졌다. 그 후로는 고대사에 대한 탐구를 주제로『일본 속의 조선문화 유적(日本の中の朝鮮文化遺跡)』의 집필에 힘을 쏟았다. 김달수는 한국과 일본의 민족 문제와 식민지 문제, 그리고 한국 문학과 문화, 민족의식, 남북한의 정치 상황과 얽혀있는 각 개인의 삶의 방식처럼 묵직한 주제의 소설과 함께 현실성 있는 평론을 남겼다.

『민주조선』은 조련과 긴밀한 관계에 있었다. 창간 당시의「창간의 변(創刊の辞)」에도 나와 있듯이 이 잡지는 일본인이 재일코리안을 이해할 수 있도록 일본어로 조선과 조선인을 소개하는 종합잡지였다. 김달수는 오랫동안 편집을 맡아왔는데,『민주조선』과 같은 해인 1946년에 창간된『신일본문학(新日本文学)』에도 적지 않은 기고를 하며 일본인 문학자들과 공동투쟁을 모색하기도 하였다. 1949년에는 일본 공산당에 입당하였는데 스스로 민족주의자에서 사회주의자로 이행하였다고도 말한다. 당시는 GHQ와 일본 정부가 조련에 대한 압박을 강화하던 때로 이에 대항하기 위해 재일조선인들이 조직적으로 대거 일본 공산당에 입당하던 시

기였다. 다만 김달수는 일본 공산당의 상황인식과 자기규정에는 상당히
비판적이었다.

일본 공산당을 비롯한 일본의 좌익진영은 공산주의 국가들을 제외하
고 미국 등 자유주의 진영의 국가들과의 단독강화를 미제국주의의 식민
지 종속 국가화로 규정하고 반미애국의 민족해방과 민주혁명을 호소하
고 있었다. 김달수는 미국과의 관계에서 스스로를 피억압 민족으로 규정
하고 피해자의식에 사로잡힌 일본의 좌익진영의 논리가 과거 지배자이
자 해방 이후로도 조선과 조선인을 적대시하고 차별하는 일본의 당시 상
황과는 모순된다고 여겼다. 김달수가 단편 「눈의 색(眼の色)」(『新日本文
学』1950.12)이나 「후지산이 보이는 마을에서(富士がみえる村で)」(『世界』
1951.5)에서 공동투쟁을 해야 할 일본인들(피차별 부락 출신자)의 조선인
차별을 비판적으로 묘사한 것도 그러한 인식의 발로 때문이었다.

김달수가 쓴 최초의 장편 소설은 『후예의 거리』이다. 어릴 적부터 일
본에서 자란 작가 자신의 분신으로 나오는 고창윤(高昌倫)은 경성에 와
서 순백의 저고리를 입은 아름다운 사촌 동생 남영이(南英梨)를 만나게
된다. 조선어를 잘 하지 못해 초조해하던 고창윤은 확고한 실체로서의
민족을 목도하게 된다. 고국·고향의 발견이었다. 이 작품은 후일 1941년
당시 젊은 조선인 인텔리겐치아의 생활 묘사를 통해 독립을 잃은 민족의
고뇌와 저항을 생생하게 묘사하였다는 평가를 받았다.[19]

『〈재일〉 문학전집』 제1권, 김달수 편에서 「해설, 뿌리를 심은 사람(解
説·根を植えた人)」을 집필한 이소가이 지로는 김달수에게 대표작을 물
어보았더니 곧바로 『현해탄』을 꼽았다고 회상하고 있다. 이 작품은 『신
일본문학』에 연재한 장편 소설로 제국주의 지배하에서 민족의 독립을

---

19) 藏原惟人, 『東風通信』 第1号, 東風社, 1966 참고.

잃은 실상을 적나라하게 표현하고 있다. 식민지지배 말기, 두 명의 조선인 청년 서경태(西敬泰)와 백성오(白省五)는 가혹한 현실 속에서 민족에 눈을 뜨게 된다. 고문을 받으면서 죽음과 사투를 벌이기도 하고 스스로 변혁을 이루면서 독립운동의 투사가 된다. 소설에서는 민족, 국가(권력), 지배, 피지배의 식민지 조선에서의 생활과 저항을 묘사하며 자유와 독립의 존엄성을 널리 알리고 있다. 1954년에 간행된 단행본의 저자「후기」에는 한국전쟁이 한창일 때 늦은 밤, 머리 위로 미군 항공기가 날아가는 폭음을 들으면서 괴로워서 신음하는 듯한 기분으로 써나갔다고 적혀있다.『현해탄』은 시대 상황에 부대끼며 투쟁하는 전체소설의 성격을 띠면서도 사소설적 색채가 짙은 초기 김달수의 대표작이라 하겠다.

김달수는『전야의 장(前夜の章)』(1955년),『고국 사람(故国の人)』(1956년),『일본의 겨울(日本の冬)』(1957년),『박달의 재판(朴達の裁判)』(1957년) 등 장편 소설뿐만 아니라 수많은 단편소설과 평론을 썼다. 그의 글들은 대체로 선이 굵고 민족의 역사와 과제를 다양한 형태로 다루었다고 평가를 받는다. 또 그는『민주조선』의 편집에도 참여해 재일조선인연맹(조련)이나 재일본조선통일민주전선(민전), 그리고 재일본조선인총연합회(총련)와도 적지 않은 관계를 맺으면서 남북한의 문학계와 연결고리를 확보하려 하였다. 시대적 상황에서 볼 때 해방 후 재일코리안 문학자에게 일본의 민주화와 조국의 혁명·독립이 이중의 과제로 존재하던 때에 김달수는 재일코리안 문학자의 한 사람으로서 대중과 결합한 문학자의 역사적 임무와 식민지지배로 인해 일그러진 민족주체성의 확립 등에 관해 고심하였다.

그러나 사정은 그렇게 간단하지만은 않았다. 민전의 해산과 총련의 결성이라는 흐름 속에서 김달수는 일본어로 글을 쓰고 일본의 저널리즘에 몸을 담고 있었기 때문에 일부 비판적인 평가도 있었다. 무엇보다도 일

본에 살고 있던 조선인이 식민지기의 조선과 조선인을 묘사할 수 있는가 하는 의문이 있었다. 이은직은『민주조선』이 주재한 좌담회「우리들의 방담(われらの放談)」에서 재일코리안 문학자에 관해 '대부분 일본에 와 있는 우리라는 무리들은 스스로 직접 투쟁하고 있지 않다. 피를 흘리지 않고 있다'고 거세게 비판하였다.[20] 물론 여기에는 김달수도 포함되어 있다. 문예평론가 미즈노 아키요시는 허남기를 제외한 재일코리안 문학 자에 관해서, 특히 김달수를 지목하며 더욱 신랄한 비판을 가하였다.

> 김달수도 역시 예외는 아니었다. 전후 일본의 문학계에 등장한 새로운 문학자들의 대다수가 걸었던 길과 비슷한 길을 김달수도 피할 수 없었다. 완벽하지는 않아도 처음에는 싱싱하고 신선한 새싹이라고 생각했으나 이윽고 판매용의 '신선함'이 되어, 당연하다는 듯이 그런 '신선함'은 진정한 '신선함'과는 아무런 상관이 없는 것으로 변해 버렸다. 일단은 안 좋은 의미에서의 숙련자적인 결착에 마음이 끌려서 문학도 퇴색해 버리고 말았다. 이쪽도 저쪽도 갈 수 없는 침체의 수렁에 빠져버렸다. 문학이 가진 본질적이고 근본적인 문학적 태도에는 눈을 감고서 얄팍한 수로 탈출을 시도하고 그것이 발버둥질이 되어 작품의 추급력을 무기력하게 만들어 버렸다.[21]

매우 엄격한 비판이지만 그 당시 김달수의 생활을 보면 이해가 되지 않는 것도 아니다. 1944년에 결혼한 아내(김복순)가 장남을 남기고 병사하였고, 집필 활동뿐만 아니라『민주조선』과『신일본문학』그리고 조련 등의 활동으로 분주한 가운데 빈곤한 삶을 이어갔다. 많은 글을 집필하였지만 원고료를 받은 건 잡지『세계(世界)』뿐이었다고 한다. 『〈재일〉 문학전집』제1권에 수록된 연보를 보면, 1949년이 되어서야 겨우 작가로

---

20) 李殷直, 「われらの放談」, 『民主朝鮮』 第19号, 1948 참고.
21) 水野明善, 「在日朝鮮人作家論おぼえがき(その一)」, 『民主朝鮮』 第33号, 1950 참고.

서의 생활이 궤도에 올랐고 이듬해인 1950년에 재일코리안 2세대 최춘자와 만나 재혼하였다.

김달수보다 조금 늦게 등장한 작가 김석범은 다음과 같이 그를 평가한다. "김달수 씨는 나의 선배인데, 그가 한때 평가를 받은 건 일본의 전후 민주주의 시대였다. 바야흐로 공산당이 매우 활발하게 활동하던 시류 속에 있었다. 그는 나름대로 정해진 역할을 수행하고 있었고, 다시 읽어 보면 물론 좋은 작품도 있다. 하지만 어느 정도의 선에서 머물러 있는 작품이 많은 것도 사실이다. 과연 그를 시대적이라고 할 수 있을까? 사회적 배경을 가지고 있는 작품도 발표하였지만 (일본 작가−필자주) 시가 나오야의 작품을 의식한 사소설풍의 작품이 대부분이다."[22]

앞서 해방 후 재일코리안에게는 '황국신민'의 잔재와의 투쟁이 중요한 과제였다고 설명하였는데, 실제 재일코리안 문학에서 천황(제) 비판을 정면에서 주제로 다루고 있는 작품은 의외로 적다. 다만 김달수의 『현해탄』은 '황국신민의 서사(皇国臣民の誓詞)'를 비난의 대상으로 삼는 등, 천황제에 저항하는 모습이 묘사되고 있다. 그런 점에서는 귀중한 작품이라고 할 수 있을 것이다.

김달수는 당초에 『민주조선』을 중심으로 집필을 하였다. 이때 본명뿐 아니라 손인장(孫仁章), 김문수(金文洙), 박영태(朴永泰), 백인(白仁)과 같은 펜네임을 사용하기도 하였다. 『민주조선』의 최다 기고자인 동시에 오랫동안 편집자로 일하면서 잡지의 방향성을 이끌어갔다.[23] 『민주조선』은 조련의 행보와 함께 차츰 김일성을 민족해방 그리고 재일조선인운동의 지도자로 추앙하게 되는데, 여기서 김달수가 일정 정도의 역할을 했던 것은 사실이다. 김달수는 처음에 『민주조선』 제13호(1947.8)에 「여운

22) 金石範, 『"火山島"小説世界を語る！』, 右文書院, 2010 참고.
23) 朴鐘鳴, 「〈解説1〉『民主朝鮮』概観」, 復刻 『民主朝鮮』 本誌別巻, 明石書店, 1993 참고.

형 선생의 생애(呂運亨先生の生涯)」라는 글을 게재하고 얼마 지나지 않
아『신일본문학』에 연재하고 있던「현해탄」에서 김일성의 항일투쟁을
그렸다. 그 뒤로도 김일성을 치켜세우는 방향으로 경도되어 간다. 조선
총련이 결성된 이후 의장 한덕수의 조력자가 되면서는 잡지『지성(知性)』
(1956.3)에「백두산 호랑이 김일성(白頭山の虎金日成)」이라는 글을 싣기
도 하였다. 이는 김달수가 조선민주주의인민공화국 건국 이후 그리고 총
련 결성 후에 북한과 김일성을 지지하였다는 것을 말해준다.

　　그러나 김달수는 1958년 9월에 간행한『조선—민족, 역사, 문화(朝鮮—
民族·歷史·文化)』가 총련으로부터 비판을 받게 되면서 조직(조국)과의
사이에 심각한 알력이 생기고 이후 점차 북한을 지지하던 입장에서 멀어
지게 된다. 패전 이후 일본 사회는 한국에 대한 이미지가 침잠해 있던
때였다. 이런 상황에서 약 60만 명이나 되는 재일코리안은 청년 세대를
중심으로 한국어는 물론이고 자신들의 민족, 역사, 문화에 대해 잘 알지
못하였다. 김달수의『조선—민족, 역사, 문화』은 그런 의미에서 적절한
시기에 등장한 저서였기 때문에 많은 이들로부터 갈채를 받기도 하였다.
한국전쟁 이후 국제정세를 고려해 미국과 이승만 정권을 비판하면서 김
일성 항일빨치산의 연장선상에서 북한의 발전에 기대를 표명하게 된 것
은 어떻게 보면 당시의 사상적, 정치적 상황을 반영한 것이었다. '밝은
조선과 어두운 조선, 그렇지만 가까운 장래에 반드시 밝은 하나의 조선
으로 통일될 것이다'라는 이 책의 마지막 문장은 당시 김달수의 사상이
어디에 있었는지를 말해준다.

　　그러나 총련은 이 저서를 신랄하게 비판하고 규탄 캠페인까지 벌였다.
『조선민보(朝鮮民報)』1958년 10월 25일자에 실린「김달수 저서『조선』
에 나타난 중대한 오류와 결함」이라는 제목의 기사는 다음과 같이 평가
하고 있다. "이 책은 역사, 민족, 문화라는 측면에서 조선을 소개하고 있

지만, 그것은 과학적 입장과 조선 민족의 혁명적 전통에 확고히 서 있는 것이 아니다. 뿐만 아니라 반동적 부르주아 사상 체계에 따라 서술되어 있으며 조선 인민으로서의 주체사상이 결여되어 있다. (중략) '두 개의 조선'을 용인하는 입장에서 조국의 분열을 합리화하고 조선 인민이 염원하는 일관된 통일과 이를 위한 투쟁을 무시하고 있을 뿐 아니라, 공화국 북반부에 창설된 민주기지를 올바르게 파악하는 데에 충분한 노력을 기울이고 있지 않다." 이후 『조선총련(朝鮮総聯)』, 『조선문화(朝鮮文化)』, 『조선문제연구(朝鮮問題研究)』, 『아카하타(赤旗)』 등에서도 비난이 이어지면서 김달수를 향한 비판은 더없이 격렬해졌다.[24]

　　그러나 비판의 이면에는 다른 사정이 있었다. 당시 조총련은 이미 북한으로의 귀국운동을 적극적으로 전개하였으며 재일동포를 북한과 김일성에게 순종하는 해외 공민으로 만드는데 안간힘을 쓰고 있었다. 1958년 10월 30일을 기점으로 일본 각지에서 귀국실현을 요청하는 민중대회가 열렸고, 전국 586개 장소에서 7만여 명의 동포가 참가할 정도로 그 열기가 대단하였다. 이는 김병식이 한덕수 의장을 등에 업고 1958년에 조선문제연구소 소장에 취임한 이후 초대인사부장, 조직부장, 사무국장을 역임하면서 '김일성 절대화'를 명분으로 조직을 좌지우지하였던 사정과 일치한다. 김병식은 학력 콤플렉스를 가지고 있어서 일본 사회에서 이름이 알려진 조선인 지식인을 기피하였다고 하는데, 그와 뜻이 맞지 않는 사람은 '분파'나 '종파'로 몰아세우기를 일삼았다. 이러한 판도 속에서 김달수가 조직적인 비판의 표적이 된 셈인데, 이는 김달수에게도 분명 크나큰 고통과 시련이었을 것이다. 그런데도 김달수는 『문화평론(文化評論)』 1962년 12월호에 「장군의 상(将軍の像)」이라는 글을 게재하며 김일성에

24)　崔孝先, 『海峡に立つ人－金達寿の文学と生涯』, 批評社, 1998 참고.

대해 긍정적으로 묘사하였다.

『조선』의 서평을 쓴 문학자 윤학준은 이 저서가 여러 가지 약점을 갖고 있음에도 불구하고 "일본사람들이 우리 조선인들에게 가지고 있는 왜곡된 이미지, 이에 대해 우리는 어떻게 대처해 나가야만 하는가. (…) 재일조선인운동의 모든 것은 여기서부터 출발해야 한다"고 지적하고 있다.[25] 이후 김달수는 총련과의 알력을 감수하면서도 자유로운 창작 활동을 계속하였다.

4) 허남기

다음으로 시인 허남기에 대해 살펴보겠다. 김달수가 총련의 비판을 받고 있을 때 허남기는 총련의 활동가와 지식인으로서 계속해서 중요한 위치에 있으며 애국적이고 혁명적인 시인, 사실주의 시인이라는 찬사를 한몸에 받았다. 한국에서도 그의 서사시 『화승총의 노래』가 번역 출판되어 '동포 시인 가운데 제일 문학적 성과가 뛰어난 분'으로 평가를 받기도 하였다.[26]

김달수는 가끔 한국어로 글을 쓰기도 하였지만, 대부분은 일본어로 집필활동을 하였다. 열 살에 일본으로 건너갔기 때문에 한국어가 그다지 능숙하지 못했기 때문이다. 반면 허남기는 1918년 경상남도에서 태어나 1939년에 일본으로 건너가 니혼대학 예술학부 영화과에 입학하였다. 조선연극단체 '형상좌(形象座)'에서 희곡을 쓰고 연극 공연도 하면서 문학활동을 시작하였다. 그러나 조선말로 연극을 하였다는 이유로 대학에서

25) 尹学準, 「金達寿著『朝鮮』－民族·歷史·文化－ゆがめられたイメージとどう対決するかの問題について」, 『学之光』 第4号, 法政大学朝鮮文化研究会·朝鮮留学生同窓会, 1958 참고.
26) 민영, 「허남기 선생에게－역자로부터 저자에게」, 『화승총의 노래』, 동광출판사, 1988 참고.

퇴학당하고 극단도 해산되고 말았다. 이듬해 주오대학 법학부로 학적을
옮겨 1942년 9월에 졸업하였다.[27] 해방 후 일본어로 작품을 발표하는 한
편 한국어로 시나 소설, 평론 등을 쓰며 번역 작업을 하기도 하였다.

　허남기는 몸이 수척한 편이었지만 근엄하며 올곧은 타입이었다고 한
다. 『민주조선』의 창간에 참여하면서 민족학교의 교사와 교장을 지냈고
조련, 민전, 총련에서도 활동하였다. 직설적이고 희로애락이 심하였다고
도 전해진다. 시집 『조선 겨울 이야기(朝鮮冬物語)』(1949년)나 『일본시사
시집(日本時事詩集)』(1950년), 『화승총의 노래』(1951년), 『거제도(巨済島)』
(1952년), 『허남기 시집(許南麒詩集)』(1955년), 『조선해협(朝鮮海峽)』(1959년)
등을 발표하였다. 일본어로 쓴 시와 번역은 문학적인 관점과 동시에 일
본인에 대한 메시지를 담고 있다.[28]

> 너희들
> 상처투성이인 나의 시들
> 노닥노닥 기운 날개와
> 사슬에 묶이운 손발을 가진
> 앙상하게 마른 나의 시들
> 너희들
> 가난한 나의 동무들
> 지금이야말로 일어나라
> 오늘이야말로 어깨를 겯고
> 동터오는 거리에 떨쳐나가자

27) 손지원, 「시인 허남기와 그의 작품 연구」, 사에구사 도시카쓰 외, 『한국 근대문학과 일본』,
　　소명출판, 2003, 270쪽.
28) 다나카 히사스케는 허남기에 대해 '정말로 직설적'이라고 평하면서 허남기로부터 "조국의
　　현황을 민주 일본의 재건을 위해 힘쓰고 있는 일본의 인민 제군을 위해서 조금이라도 정
　　확하게 보고할 수 있으면 하는 생각에 적을 뿐"이라는 말을 들었다고 소개하고 있다(田中
　　久介, 「『解放詩』第一芸術論－許南麒の作品をめぐって」, 『民主朝鮮』 5月号, 1950 참고).

우리들 상처입은 자
우리들 학대받은 자의
때가 온다
오늘이야말로 철쇄를 울리며
그것을 고하라
지금이야말로
오늘이야말로 그것을 노래하라

－「상처투성이인 시에게 주는 노래」 중에서

시집 『조선 겨울 이야기』는 패전 직후 일본의 시운동에 큰 충격을 주었다고 한다. 당시 일본의 프롤레타리아 문학운동에서 커다란 존재였던 신일본문학회 서기장 나카노 시게하루가 발문을 써준 사실을 봐도 짐작이 간다. 그가 작업한 번역시집에는 『조선은 지금 전쟁의 한 가운데 있다(朝鮮はいま戦いのさ中にある)』(1952년)를 비롯해서 『장편 서사시집 백두산(長篇叙事詩集 白頭山)』(1952년), 『춘향전(春香伝)』(1956년), 『현대 조선시선(現代朝鮮詩選)』(1960년) 등이 있다. 시집을 보면 「감옥 담장(牢獄の塀)」, 「제국주의(帝国主義)」, 「인민항쟁(人民抗争)」, 「빨치산의 봉화(パルチザンの烽火)」, 「빛나는 조국(輝く祖国)」, 「고귀한 투쟁(尊い闘い)」, 「사회주의 조선(社会主義朝鮮)」과 같은 표현들이 등장하는데, 이렇듯 투쟁을 노래하는 시이기도 하지만 시 속에 서정성도 풍부하게 담겨있다. 허남기는 일본으로 건너가기 전에도 일본어로 시를 썼다고 한다. 이 모든 작업을 포함해서 허남기의 시는 한민족의 과거에서 현재, 그리고 미래에 걸친 고통과 해방에 대한 이야기라고 할 수 있다. 역사적 사건을 시적 언어로 승화시켜 역사 이야기를 구축하려고 하였던 것이 바로 허남기의 시였다고 할 수 있다.[29]

---

29) 呉世宗,「許南麒の日本語詩についての一考察」,『論潮』第6号, 論潮の会, 2014 참고.

허남기가 일본어로 시를 쓴 것은 1960년 무렵까지로 보인다. 처음부터 시 창작과 번역, 민족교육에 종사하던 허남기는 1955년 5월, 조선총련 결성과 함께 조직의 활동가로 존중받게 된다. 1956년 조선대학교의 강사가 되고, 1959년 재일본조선인문학예술가동맹(문예동) 초대 위원장에 취임한 이후에는 조직의 방침에 따라 일본어로 집필을 하는 일은 거의 없어졌다. 1965년에는 총련 중앙문화부장에 취임하고 다음 해에 부의장이 되었다. 평범한 총련 활동가는 아니었겠지만 결국 허남기는 북한과 김일성의 사회주의에 영합하는 길을 걷게 되면서 시 창작에 점차 생기가 없어지고 정치주의에 굴복해 갔다. 사실상 문학을 포기하였다고 보아도 좋을 정도였다. 북한은 처음에는 빛나는 사회주의 조국이었다. 그러나 그 정치를 비롯해 문학, 예술, 문화 등 모든 영역에서 조금씩 김일성 개인숭배의 경향이 심해져 갔다.

식민지 말기에는 일본어로 창작 활동을 전개한 김사량이 해방 직전에 베이징에서 일본군의 봉쇄선을 돌파하며 극적으로 중국의 해방지구로 탈출한 바 있다. 김사량은 해방을 맞이하게 되자 평양으로 돌아갔고 조선문학동맹 결성식에 참석하기 위해 서울을 방문하게 된다. 한국전쟁이 발발하자 북측의 종군작가로 활동하는데, 그 사이 1945년 5월에 쓴 것으로 보이는 항일탈출 체험기가 후일 하나의 문학 작품으로 정리되어 발간되었다. 바로『노마만리(駑馬萬里)』라는 작품이다. 노모와 처자식을 두고 떠나는 심경에서부터 태어나서 처음 보는 태극기 앞에서 자유롭게 글을 쓰는 감동에 이르기까지 일제 말, 한 양심적인 작가의 모습을 느끼게 한다. 이 작품은 서울의 좌익계열 잡지『민성』에「노마만리―연안망명기(延安亡命記)」라는 제목으로 1946년 1월에서 7월까지 연재되면서 최초로 활자화되었다. 그리고 해방 2주년을 기념해『노마천리(駑馬千里)』라는 제목으로 평양에서 1947년 8월에 단행본으로 발행되었다. 또 이 작품은 한국전쟁에서 김사량이 전사한 후에 북한의 국립출판사가 1955년에 간행한 『김사량 선집』속에도 실렸다. 이때 『노마만리 – 항일중국망명기』라는 제목으로 수록되게 된다.

문제는 그 과정에서 작품의 텍스트가 여러 번 다시 개작되었다는 점이다. 앞서도 언급하였던 정백수의 『식민지주의의 극복』에서 그 경과를 자세히 알 수 있다. 문제가 되는 텍스트 변화의 핵심은 김일성 에피소드의 삽입이다. 이 때문에 작품이 재구성되었을 뿐 아니라 소위 항일투쟁문학의 구축이 시도되기도 하였다. 『민성』에 연재될 때 한 번도 등장하지 않았던 김일성 관련 에피소드가 1947년판에서는 백두산 유격대의 활동을 통해 암시적으로 소개되어 있다. 1955년판에서는 서문에 '우리 민족의 영예를 사해에 떨친 인민의 태양 김일성 장군께 일개 위성부대의 종군작가로서 최대의 경의를 표하는 바이다'라는 내용이 등장한다.[30]

작가 양석일은 김사량의 작품에서 많은 점을 배웠다면서 이렇게 말한다. "김사량의 문학은 진지한 리얼리즘을 추구한다", "재일조선인의 자유로움은 역사적 부조리의 극복을 위한 투쟁을 빼고 논할 수 없다. 김사량은 이러한 극복을 위한 투쟁의 자세가 최후까지 흐트러지지 않은 몇 안되는 사람 중 하나이다."[31] 양석일에게 『노마만리』는 중요한 작품 중 하나겠지만, 그 내용은 정치적 의지에 따라 조금씩 고쳐졌다.

그런 의미에서 오늘날 전해지는 허남기의 시에 대해서도 검증이 필요할지 모른다. 2005년에 재일코리안의 시를 모아 편찬한 『재일코리안 시선집 – 1916~2004년(在日コリアン詩選集 – 1916年~2004年)』이 출간되었다. 평론가 가토 슈이치는 서평에서 이렇게 말한다. "잔혹한 식민지지배와

---

30) 정백수는 『노마만리』의 텍스트 형성 과정에서 김일성 에피소드의 삽입을 분석하고 일제 말기와 해방 직후라는 중층적 시간에 주목하였다. 鄭百秀, 『コロニアニズムの克服』, 草風館, 2007 참고.

31) 梁石日, 「金史良試論」, 『原点』 1, 梁石日個人雜誌, 1967 참고.

남북분단은 재일코리안의 환경이다. 이러한 환경에서 모든 경험은 고향과 모국어와 개인의 아이덴티티의 긴장 관계 속에서 일어난다. (…) 고향-모국어-개인이라는 삼극 구조의 의식화는 바로 『재일코리안 시선집』이 이야기하는 많은 일화에 반영되어있다. 그 풍부한 색채나 음색 (…) 시인들의 노래 속 내용은 그들이 살아온 경험과 떼놓을 수 없으며, 그 경험은 고유한 환경과 역사에 의해 예리하게 조건 지어져 있다."[32]

『재일코리안 시선집』에는 허남기의 시가 10편이 실려있는데, 그중에 재일코리안의 민족학교를 노래한 「이것이 우리의 학교다」라는 시가 있다. 해방 직후 펼쳐진 긴장 관계 속에서 하나의 색채와 음색을 담아낸 유명한 시이다.

아이들아
이것이 우리 학교다
교사는 아직 초라하고
교실은 단 하나뿐이고
책상은
너희들이 기대노라면
삑하고 곧이라도 찌그러질것 같은 소리를 내고

(…)

또 1948년 춘삼월엔
때아닌 모진 바람이
이 창을 들쳐
너희들의 책을 적시고
뺨을 때리고

32) 加藤周一,「夕陽妄語 〈書評〉『在日コリアン詩選集』」,『朝日新聞』2005年 7月 20日.

심지어는
공부까지 못하게 하려 들고
그리고 두루 살펴보면
백이 백가지
무엇 하나
눈물 자아내지 않는 것이 없는
우리 학교로구나

허나
아이들아
너희들은
니혼노 각고요요리 이이데스 하고
서투른 조선말로
우리들도 조국이 통일만 되면
일본학교보다
몇배나 훌륭한 학교를
지을 수 있잖느냐고
되려
이 눈물 많은 선생을 달래고

그리고 또 오늘도
가방메고
학교를 찾아오는구나

아이들아
이것이 우리 학교다
비록 교사는 빈약하고 작고
큼직한 미끄럼타기 하나
그네 하나 달지 못해서
너희들 놀곳도 없는

구차한 학교지마는

아이들아
이것이 단 하나
조국 떠난 머나먼 이국(異國)에서 태어나
이향(異鄕)에서 나서자란 너희들을
다시 조국의 품에 돌리는
우리 학교다

아아
어린 너희들
조선의 동지들아
　　　　　－「이것이 우리 학교다」중에서

　　이 시에는 부제로「1948년 4월, 도쿄도 교바시 공회당에서 열린 조선
인교육 불법탄압을 반대하는 학부모대회에 붙이는 낭독을 위한 시, 전직
조선초급학교장의 시2(一九四八年四月、東京都京橋公会堂で開かれた朝鮮
人教育不法弾圧反対学父兄大会によせた朗読のための詩 元朝鮮初級学校長
の詩2)」라는 제목이 붙어있다. 이 시가 어디서 채록되었는지는 정확하게
알 수 없지만 총련 중심의 재일코리안 민족학교의 투쟁 속에서 오랫동안
읽혀 왔다. 그러나 1948년 4월이라는 시점에서 창작된 시에 '조국'이나
'통일'이라는 단어가 쓰이고 있는 것은 부자연스러워 보인다. '모국'이나
'조국' 같은 단어는 일본의 식민지지배 시기에는 쓰이지 않았고, 그 연장
선상에서 아직 남북 양쪽 모두 국가가 성립되기 이전 시기이므로 재일코
리안들은 김달수의『후예의 거리』나『현해탄』에서 볼 수 있는 것처럼
'고국'이라는 단어를 많이 사용하였다. 원래 이 시는「마을교원의 시」라
는 제목으로『해방신문』1948년 4월 25일호에 실려있었다.33)「마을교원

의 시」에 "우리들도 독립만 한다면"이라는 부분이 나중에 "우리들도 조국
이 통일만 된다면"이라는 식으로 변경되며 '조국'과 '통일'이라는 단어를
새롭게 사용해 고쳐 쓴 것을 알 수 있다. 일반적으로 생각해서 1948년
8월에서 9월은 분단국가가 성립된 이후로 당연히 '조국'에는 사회주의 조
국이라는 뉘앙스가 담겨있고, '통일'도 북한 주도의 분단극복, 통일달성
이라는 뜻을 함의하고 있었다.

이것은 당시 정치 상황의 추이와 이에 대처하는 작가 허남기의 사상
의 변화를 나타낸다고 볼 수 있다. 또 시가 활자화될 때는 매번 작가의
수정이 이루어지는 것이 당연한데, 그런 의미에서 보면 특별히 흠잡을
필요가 없을지 모른다. 그러나 그 작가가 총련 조직에 깊이 관여하고 정
치주의를 강화해 가던 허남기라고 한다면 역시나 무엇인가 납득할 수 없
는 생각이 드는 것도 사실이다. 문제는 도대체 허남기의 시, 시를 쓰는
방법, 그 정치성, 그리고 일본어인가 한국어인가 하는 점들을 결국에는
어떻게 평가할 것인가이다. 이와 관련해 총련의 탄압을 받아 어쩔 수 없
이 폐간된 서클 시 잡지 『진달래』에 이어 발간된 『가리온』(총3호, 1959.6~
1963.2) 제2호(1959.11)에 실린 양석일의 글을 살펴보자. 「방법 이전의 서
정-허남기의 작품에 관하여(方法以前の抒情-許南麒の作品について)」라
는 글이다. 양석일은 김시종 등과 함께 북한 그리고 총련에서 권위주의
적인 정치 체제가 확립되어가던 시기에 정치 운동에 환원될 수 없는 시
운동의 고유성에 입각하고자 분투하면서 허남기의 시에 대해서 날카로
운 비판론을 펼쳤다.

허남기의 시에 뚜렷하게 나타나 있는 조선 민족의 비애, 통곡, 분노와 같은
심정은 허남기 혼자만의 것이 아니라 그와 세대가 비슷한 조선 인텔리겐치아

---

33) 金慶海編, 『在日朝鮮人民族教育擁護闘争資料集Ⅰ』, 明石書店, 1988에 수록되어 있다.

들의 소박한 전형이며 인습적인 조선 역사의 카테고리에 속박되어 벗어 날 수 없는 향수에 다름아닙니다. (…) 이미 외부에는 조선인에 대한 한가지 편견이 형성되어 있다. (…) 일본의 진보적 지식인 사이에는 일본 제국주의를 증오하는 마음이 있는 동시에 일본 제국주의의 희생양이 되어 긴 세월에 걸쳐 가혹한 압박을 견뎌온 조선인을 동정하고 있다. 그리고 조선의 역사가 일찍이 식민지적 상황에서 해방된 적이 없다는 이미지가 동정을 더욱 동정적으로 만들고 있다고 할 수 있다. (…) 내부에서도 또한 한가지 편견을 갖고 있다. 그것은 조선인 자신도 우리들은 비극의 민족이며 (그 사실은 틀림없으나) 그 비극을 부정하지 않고 긍정적인 측면에서 모든 문제를 연역하고 귀납해서 우리들은 결코 그러한 비극으로부터 벗어날 수 없는 운명에 처해 있다고 하는 잠재의식이 깊게 지배하고 있다. 그래서 그러한 비극성을 외부에 강요하여 무의식중에 외부로부터 동정을 사게 되고 그것에 기대고 있다. (…) 올해 4월에 출판된 「조선해협(朝鮮海峽)」은 여러 의미에서 그의 한계를 나타낸다. 「아리아(アリア)」, 「상처(傷口)」, 「바다(海)」, 「조망(眺望)」, 「귀심(歸心)」 등 그 어느 것 하나 변함없이 매너리즘에서 탈피하지 못하고 있고 그중에는 일보 후퇴한 작품도 있다. (…) 허남기는 아마 진심으로 고뇌하는 인간상을 알지 못하는지도 모른다. 갈기갈기 찢긴 인간의 허무함이 갖는 아름다움을. 그 얼어붙은 불꽃의 에너지가 갖는 강인함을. 한 번쯤은 우리도 겪을 만한 세계를 그는 경험하지 않고 있을지도 모른다. 그리고 그는 도망친다. 도망치는 것만이 그의 상처를 낫게 하는 것이다. (…) 나는 단언한다. 우리는 이미 허남기로부터 아무것도 기대할 수 없다. 그의 작업은 이미 '조선 겨울 이야기' 속의 일부 작품으로 끝난 것이다.

양석일은 허남기의 시를 부분적으로 인용하면서 그의 시적 언어에 의한 역사 이야기라는 묘사 방식에 이의를 제기하고 있다. '허남기 붐'이라고 할 정도로 일본의 좌익, 문화인들에게 상당한 사랑을 받은 아름다운 시이기는 해도 조선인 자신의 내부 갈등과 모순, 비극을 노래하지 않았음을 비판한 것이다. 또 조선과 조선인의 비극을 일본인에게 호소하는 것만으로는 부족하다고도 질타하는 듯하다.

허남기를 비롯해서 재일코리안 시인들은 조련 때의 한국어신문 『해방신문』이나 총련 결성 이후의 한국어 기관지 『조선민보』, 그리고 해방 이후 상당수 출판된 한국어 잡지 등에 한국어로 쓴 시를 실었다. 특히 총련은 한국어로 창작할 것을 적극적으로 장려하였고 또 민족학교의 수업에서도 한국어로 시를 쓰도록 권장하였다. 이러한 추세가 한국어 학습이나 민족문화에 대한 이해와 민족의식의 배양에 긍정적인 결과를 가져왔음은 부정할 수 없을 것이다. 허남기의 경우 실제 그의 시가 북한에서 발행된 신문이나 잡지에 게재되었고 또 단행본으로도 간행되었다. 이는 그의 시가 본국의 시와 대등한 평가를 받은 것으로 볼 수 있다. 굳이 구별한다고 해도 해외 동포 또는 재일 동포가 지은 창작시로 다루어졌던 것으로 보인다. 다만 허남기는 기본적으로는 일본어로 시를 지었다. 한국어로 창작을 한다고 해도 세대가 변해감에 따라 한국어에 의한 창작이 점차 어려워지게 된 것도 사실이다. 그것을 문학, 특히 시 창작이라는 측면에서 본다면 어떻게 이해할 수 있을까. 여기서 결론을 낼 수는 없지만, 시인 김시종의 다음의 말은 많은 여운을 남긴다.

> 재일조선인이 문학을 한다고 할 때, 가령 한국어로 글을 쓴다고 할 때 그런 급조한 듯한 추상적 '조국'을 모방해서 사용한 의사(擬似) 한국어는 결코 재일조선인의 말을 표명할 수 있는 언어가 될 수 없다. 그것은 전적으로 조총련적인 교과서의 언어밖에 되지 않는다. 우리에게는 좋든 싫든 아무리 조선으로부터 끊고 싶다고 생각해도 마치 숙업(宿業)처럼 계승되고 있는 생리 언어가 체내에 쌓여있다. 이 언어를 목적을 갖고 의식적으로 발굴할 수 있는 표현자가 재일조선인 문학의 창조자라고 생각한다.[34]

34) 小田実・金時鐘・桐山襲・中里喜昭・李恢成・李丞玉,「〈座談会〉在日文学と日本文学をめぐって」,『在日文芸 民涛』第4号, 1988 참고.

　　그렇지만 이후 재일코리안의 발자취를 보면 일본 정주, 세대교체로 인
해서 그렇게 체내에 쌓여있다는 생리 언어도 쇠퇴해 버리고 만다.

2. 생존과 글쓰기

1) 김시종

　　시인 김시종은 재일코리안 문학, 특히 시 분야에서 큰 업적을 남겼다.
그러나 그의 사상편력이나 정신편력은 김석범과 마찬가지로 가혹한 것
이었다. 연보에 의하면,[35] 김시종은 1929년 원산에서 출생하였다. 이후
외가 쪽의 인연으로 이른바 정치범의 유형지로 인식되던 제주도로 이주
하였다. 일찍부터 아버지의 책장에 있던 소설이나 세계문학전집 등을 읽
었고, 또 기타하라 하쿠슈와 시마자키 도손, 그리고 김소운이 번역한 조
선시집『젖빛 구름(乳色の雲)』등을 익히 접해왔다고 한다. 특히 폐절될
운명의 한국어 유산을 일본어로 재구성하고자 애쓴 김소운의 번역시집
을 읽고 그는 문어(文語)와 아어(雅語)까지도 자유롭게 구사하고 있는 번
역자의 현묘한 일본어에 처음으로 심정의 미묘한 떨림과 같은 조선의 시
정(詩情)을 접할 수 있었다고 회상하고 있다.[36] 이렇게 해서 김시종은 식
민지교육을 받은 모범적인 ‘황국 소년’으로 성장하였다. 그것은 묵묵히
둑방에 자리를 잡고 앉아 낚시줄을 드리우던 아버지와의 단절이라는 심
장을 찌르는 듯한 갈등과 함께 지낸 세월이기도 하였다. 부모를 밀어내

35) 磯貝治良・黒古一夫編,「年譜」,『〈在日〉文学全集』第5巻・金時鐘, 勉誠出版, 2006 참고.
36) 金時鐘,「日本精神修養時代」,『朝鮮と日本に生きる－済州島から猪飼野へ』, 岩波新書, 2015
　　참고.

지 않으면 일본인이 될 수 없었던 작은 영혼의 탄식 속에서 학교에서 배우는 창가와 동요, 서정시는 저도 모르는 사이에 '황국신민으로서의 정조함양'의 기초가 되어있었다. 그 시점에서 김시종은 서정이 내포하는 폭력성을 간파하지 못하였다. 그리고 해방이 되고, 조선의 글자도 모르는 황국 소년은 고국이 되살아났을 때 그저 일본으로부터 버림받은 정체불명의 젊은이에 불과하였다. 식민지에서 천하가 뒤바뀌게 된 열일곱 살이 되던 해에, 김시종은 비로소 아버지의 진실을 깨닫기 시작하였다고 한다. 고국의 역사와 언어와 대면하고 민중의 열기에 천지가 뒤흔들리는 현실과 조우한 것이다.

그러나 김시종은 1948년 4월 이후 제주도 4·3사건에 연루되면서 아버지가 준비해 준 밀항선을 타고 1949년 6월, 고베 앞바다에 상륙하였다. 곧장 일본 공산당에 입당하여 활동을 시작하고 조직의 지원을 받아 외국인증명서를 손에 넣었다. 만약 강제송환 되면 처형당할 위험이 도사리던 시대였다. 1950년 5월 26일에 『신오사카신문(新大阪新聞)』에 「노동하는 사람의 시(働く人の詩)」라는 일본어 시를 게재한다. 필명은 '직공 하야시 다이조(工員 林大造)'였다. 4·3사건을 겪으며 한국 건국의 부당성을 뼈에 사무칠 정도로 경험하고 이승만 정권에 저항하고자 했던 김시종은 북측의 공화국이 정의 그 자체로 여겨졌다. 공화국과 김일성을 신뢰한 김시종은 사회주의 조국을 길잡이 삼아 재일코리안 사회 속에서 정력적으로 시 창작을 해 간다. 그것은 빈곤과 복잡한 정치 상황 속에서 스스로를 발견하고 단련하여 동료들과 함께 문학과 정치 운동에 매진해가는 나날이었다. 김시종은 훗날 '재일을 살다'라는 테제를 내세우는데, 이 표현은 김시종이 처음으로 사용한 것으로 그 본래의 의미는 '재일코리안으로서 사는 실존'이라고 할 수 있다.

김시종은 1951년 12월에 창간된 『조선평론』에 「유민애가(流民哀歌)」라는 시를 발표하였다. 이러한 김시종의 초기 활동 중에서 가장 큰 업적은 1953년 2월에 민전 오사카부위원회 문화부의 결정에 따라 조선시인 집단 (후에 오사카조선시인 집단)의 서클 시 잡지 『진달래』를 창간한 것이다. 「창간사」에서 그는 이렇게 말하고 있다. "시란 무엇인가? 고도의 지성을 요구하는 것으로 아무래도 우리에게는 익숙하지 않다. 그러나 너무 어렵게 생각할 필요는 없어 보인다. 이미 우리는 목구멍을 밀고 나오는 이 말을 어찌할 수 없다. 날것 그대로인 핏덩어리 같은 분노, 정말로 굶주렸지만 '밥'이란 한마디에 전력을 다할 것이다. (…) 자 벗이여 전진이다! 팔짱을 끼고 소리 높여 불사조를 노래해 가자, 이 가슴 속 깊은 곳의 진달래를 꽃 피워 나가자!"

실제로 『진달래』 창간을 위해 처음 모인 것은 대부분이 아마추어였다. 시를 지어 본 경험이 있는 사람은 김시종과 권경택 두 사람뿐이었다고 한다. 창간호의 「편집후기」에 김시종이 '이 시 잡지 만큼이나 풋내기들이 모인 것도 드물 것이'라고 쓸 정도였다. 대부분은 일본어에 의한 시 창작이 중심이었는데, 김시종을 포함해서 일부 한국어로 쓴 것도 있었다. 또 식민지 시기를 비롯해 여전히 교육의 기회를 얻지 못하고 있던 재일코리안 여성들 가운데에서 이정자 등 상당수의 여성 작자가 『진달래』에서 활약하였던 것은 특기할 만하다.[37]

『진달래』가 시 잡지로서 높은 수준을 달성하게 되는 것은 제13호(1955.9) 이후부터라고 할 수 있다. 그러나 이 시기는 민전을 대신해서 공화국과 김일성을 추앙하는 조선총련이 결성된 것과 때를 같이 한다. 따라서 『진달래』 자체가 총련의 집요한 공격에 노출될 수밖에 없었다. 재일조선인 운동의 노선전환으로 총련 결성이 재일 동포들에게 극적인 영향을 주던

---

37) 宋恵媛編. 『在日朝鮮女性作品集 1945-84』 在日朝鮮人資料叢書9, 緑蔭書房, 2014 참고.

상황이었는데, 문화와 예술방면에서도 '조국 지향'을 강요하기 시작하였다. 시 창작이라는 면에서 보면 조선인은 조선어로 조국을 노래해야 한다는 방침이 내려졌기 때문에 『진달래』에서 회원들이 급속하게 빠져나가게 되었다. 양석일은 1956년 5월에 발행된 제15호부터 참여하였는데, 그때에는 『진달래』가 공교롭게도 소수정예 동인지로 변해가던 시기였고 결국 폐간을 맞게 되었다.[38]

그러는 사이에 김시종은 사상적으로 크게 갈등하게 된다. 공화국과 김일성을 믿고 있었기 때문에 김시종의 심정이 그만큼 크게 동요한 것이다. 『진달래』를 들여다보면, 1953년 9월에 발행된 제4호에 남조선노동당(남노당)의 책임자였던 박헌영이 처형되기 얼마 전에 '미제국주의의 스파이', '반당반혁명 분자'로 남노당계의 이승화, 임화 등을 처단한 일에 대해 전면적으로 지지하는 내용을 싣고 있다. 「반역자의 이름이 붙은 모든 것은 말살된다(叛徒の名のつくすべては抹殺される)」라는 제목의 글인데 여기서 그는 이렇게 전하고 있다. "평양시 특별 군사법정이 이승화, 임화 일당에게 내린 처단을 우리는 전면적으로 지지한다. (…) 우리는 투쟁 속에서만 시가 탄생하는 것을 서로 인정하였다. 진정으로 조국을 사랑하고 민족을 이해하였을 때 시는 탄생한다." 당시의 이러한 오사카 조선인 시인 집단성명에 대해서 조국방위위원회(조방위)의 기관지 『새조선』(1953.9.16)에서는 "오사카의 문화인들은 빠짐없이 이 성명을 지지하고 문화예술협회도 이것을 주제로 회의를 열었다."고 크게 선전하였다. 김시종은 시인이기는 하였지만 활동가로서 『진달래』에 적지 않은 프로파간다 시를 실었음을 후일 고백하고 있다.[39]

38) 宇野田尚哉,「『ヂンダレ』『カリオン』『原点』『黄海』解説」, 復刻版『ヂンダレ・カリオン』別冊, 不二出版, 2008 참고.
39) 金時鐘,「対談」,『論潮』第6号, 論潮の会, 2014 참고.

그러나 얼마 후 김시종은 그러한 총련과 북한에 반기를 들기 시작한
다. 전술한 것처럼 『진달래』 제18호(1957.7)에 「오사카 총련(大阪総連)」
이라는 비판의 시를 싣고, 동시 게재된 평론 「장님과 뱀의 입씨름(盲と蛇
の押問答)」에서 시 창작의 원점을 바탕으로 논진을 펼친다. '나는 일본어
로 시를 쓰는 것에 관해서 오랫동안 의문을 가져왔습니다'라고 하면서,
그러나 한국어로 애국시를 쓰라고 강요해도 그것은 재일코리안이라는
부사가 붙은 조선인인 나에게는 '무감각 이상의 혐오'라고 일축한다. 예
를 들어서 "영광을 돌립니다／신년의 영광을／조국의 깃발이자 승리이
신／우리들의 수령님 앞에!"와 같은 거짓투성이의 시, 또는 필요 이상으
로 비참한 시는 읽고 싶지 않을뿐더러 쓸 수도 없다고 한다. 하나의 정
치 체제를 찬미하는 언어 양식은 시인의 입장에서는 '의식의 정형화'에
불과하다며 엄중한 태도로 거절한다. 이렇게 해서 김시종은 총련으로부
터 '사상의 악의 샘플'로 지목되어 총련 조직의 맹렬한 공격을 받게 되었
다. 『진달래』의 동인이었던 정인의 말을 빌리자면 그만큼이나 '공화국
공민의 긍지라는 추상(抽象)은 약간은 성가신 두통거리'였던 것이다.[40]

정치비판을 받게 된 『진달래』는 제20호로 해산하게 되고 후속 잡지였
던 『가리온』도 3호로 끝나버린다. 시기적으로는 1959년 12월, 북으로 귀
국선이 떠나기 시작하였을 무렵이었다. 과로로 인한 심근병증과 투병 생
활 속에서 김시종은 간신히 첫 시집인 『지평선(地平線)』(1955년)을 출판
하였다. 다행히 이 처녀시집은 채 일주일도 지나지 않아 매진되어 시인
으로서 입성할 수 있었다고 한다. 『지평선』의 「지은이 서문(自序)」에서
그는 다음과 같이 읊고 있다.

혼자만의 아침을
너는 바라서는 안 된다
볕 드는 곳이 있으면 응달도 있는 법
어긋날 리 없는 지구의 회전만을
너는 믿을 일이다
(…)
다다를 수 없는 곳에 지평이 있는 게 아니다
네가 서 있는 그 지점이 지평이다
(하략)

「재일조선인(在日朝鮮人)」이라는 제목의 시에서는 이렇게 말하기도 한
다.

오늘도 검거된 조선인
불법담배 만드는 조선인
어제도 붙잡힌 조선인
밀주 만드는 조선인
오늘도 파고 있는 조선인
고철을 파내는 조선인
(…)
일할 곳 없는 조선인
써주지 않는 조선인
아이를 잘 낳는 조선인
너무 잘 먹는 조선인
(하략)

그야말로 '재일을 살아갈' 것을 선언하는 시집으로, 재일 동포의 공감
을 자아냈다. 그러나 여전히 신출내기 시인이었던 김시종에게는 많은 기

대와 더불어 그만큼 많은 비평과 비난도 쏟아졌다. 『진달래』 제15호 (1956.5)에 실린 홍윤표의 「유민의 기억에 관하여―시집 「지평선」의 독후감(流民の記憶について―詩集「地平線」の読後感より)」이라는 글과 무라이 헤이시치의 평론 「김시종 시집 「지평선」평―허남기를 극복하지 못한 김시종과 그 주변에 관하여(金時鐘詩集「地平線」評―許南麒を克服していない金時鐘とその周辺について)」가 대표적인 예이다. 둘 다 당시의 시인으로서는 저명한 허남기를 잣대로 김시종을 평가하고 있는 것을 볼 수 있다.

홍윤표는 이렇게 말한다.

　「지평선」에서 김시종은 그 시의 소재를 조국의 통일독립을 염원하는 재일조선인의 투쟁의 장으로 추구하고 있다. 그것은 허남기가 재일조선인의 현실의 장을 그냥 지나쳐 시의 소재를 직접 조국에서 구하였던 것과는 반대이다. 자신이 서 있는 현실을 분별하면서 허남기를 넘어서고자 하는 김시종의 의욕과 자세이다. 내가 공감하는 부분도 이러한 문제의 제기방식이다. 그러나 김시종은 자신을 그렇게 위치 지우면서, 늘 시의 현재적 과제에서는 적당히 거리를 둔 지점에서밖에 나에게 문제를 제출해주지 않았다. 시의 방법에 있어서 김시종은 사회주의리얼리즘을 지향하면서도 시집 「지평선」의 작품군의 근저에 흐르고 있는 것은 유민의 기억에서 벗어나지 못한 시인의 감성이었다. (…) 김시종은 그 내부에 유민적인 서정을 품은 채로 현대시가 갖는 시야에 개입하고자 한다. 따라서 우리 재일조선인의 시를 창작하는 작가들이나 독자가 가장 알고 싶어하는 자기변혁의 프로세스를 보여주지 않는다. (…) 다만 여기에서 벗어날 수 있는 길은 치열할 정도의 자기 내부 투쟁을 통해서만 우리에게 새로운 미래의 전망을 약속해줄 수 있을 것이다.

마찬가지로 무라이 헤이시치도 김시종이 허남기와 확연히 구별될 수 있는 입장에 서 있음에도 불구하고 본질적으로는 아직까지 허남기와 구별되는 위치에 이르지 못하였다고 평가하였다.

시 창작에 괴로워하고 빈궁한 생활과 정치비판을 견디는 나날 속에서 김시종은 어느새 매일같이 폭음을 하기에 이르렀다고 한다. 그러다가 1956년 11월에 『진달래』의 회원이었던 강순희와 결혼하였다. 케이크와 커피만 차려놓고 간소한 예식을 치렀다고 하는데, 동료들의 따뜻한 축복을 받은 출발이었다고 회상하고 있다. 다음 해에는 두 번째 시집 『일본풍토기(日本風土記)』를 출간하였지만, 생계를 유지하기 위해 변함없이 마작집이나 중화요리집, 구두 행상, 동양 한방약 판매가게, 선술집 등을 차리면서 부부의 고난은 계속되었다. 당시의 감정을 김시종은 '북으로 돌아가는 것이 일본으로 탈출해온 나의 최소한의 희망이었지만, 1950년대부터 1960년대 초까지는 김일성의 허상을 알게 되었다. 그러나 한편으로 나에게는 북이 지극히 절대적으로 정당한 나라이기도 했다. 사회주의를 아직까지 믿고 있었던 것이다'라고 토로하기도 하였다.[41]

그런 상황 속에서 김시종은 총련과의 대결, 아니 좀 더 거창하게 말하자면 분단 시대를 살아가는 재일코리안으로서 새로운 난관에 직면하게 된다. 허남기를 비판하는 의미를 내포하고 있는 「제2세대 문학론—젊은 조선 시인의 아픔(第二世文学論—若き朝鮮詩人の痛み)」(『現代詩』 제5권6호, 1958.6)이라는 글이 그 출발점이었다.

조국이 양분되어 있다는 고통은 물론이거니와 바다 저편에 존재하고 있는 조국이 전혀 애쓰지도 않고 우리 재일 동포와 연결되어 있는 상태, 엄밀히 말하면 그렇다고 믿고 있는 상태가 '불안'하다. 그런 회의가 없는 것은 마치 백치와도 같은 건강함이다. 적어도 '유민'이라는 협곡에서 태어나 자란 우리 젊은 세대는 '조국'을 오로지 부모를 통해서만 만지작거릴 수밖에 없고, 그 '색

41) 金時鐘, 「対談」, 『論潮』 第6号, 論潮の会, 2014.

깔'이나 '냄새'도 '울림'도 시들고 온통 더러워진 '부모'를 통해서 밖에 느낄 수 없는 습성을 가지게 되었다. 그런 우리들 협곡의 세대를 그냥 지나쳐서 '조국'과 결합해 버린다면 우리는 언제까지고 바다 저편에 있는 조국의 고아에 지나지 않을 것이다. 우리는 이렇게 해서 모색의 논리를 익혀버렸다. 분명히 말해서 망명자의 논리를 따라갈 순 없다. 내가 서 있는 이 기반 위에서 이 손으로 만질 수 있는 것만이 기댈 곳이다.

여기서 잠시 시인 김시종이 항상 '단가적 서정의 부정'이라는 개념에 유념해 온 의미에 대해 서술할 필요가 있다. 앞서도 말하였지만, 김시종은 황민화 교육을 받는 과정에서 근대일본의 서정시라든가 창가, 동요가 인간을 순수하게 만들었다고 생각하였다. 그러나 해방 후가 되고 보니 그것들은 큰 시야에서 보면 반대로 사람을 해치는 것에 힘을 빌려주는 것이었음을 깨닫는다. 이후 일본에 가게 된 김시종은 일본에서 말하는 서정이라는 것에 등을 돌리게 되고, 또한 지배언어였던 일본어에 위화감을 갖게 된다. 해방 후에도 여전히 사고와 감정을 규제하는 코드가 되어 자기 안에 자리 잡고 있는 일본어, 그럼에도 불구하고 어쩔 수 없이 일본어로 쓰게 되는 사태에 어떻게 하면 저항할 수 있을까. 그러한 번민 속에서 김시종이 만난 것이 우연하게도 오노 도자부로의 『시론(詩論)』(1947년)이었다. 거기서 배운 김시종이 선택한 것이 바로 '단가적 서정의 부정'이라는 방법이었다.

『리듬과 서정의 시학—김시종과 '단가적 서정의 부정'(リズムと抒情の詩学－金時鐘と「短歌的抒情の否定」)(2010년)을 저술한 오세종은, 김시종이 말하는 '단가적 서정의 부정'이 지향하는 바가 일본어에 의한 시 창작을 통해 언어를 안쪽에서부터 변질시켜서 '단가적 서정'을 해체하고, 그럼으로써 반서정적인 서정으로서의 '흙투성이가 되어도 때가 타지 않는 서정'을 창출하는 것이었다고 지적한다. 여기서 '때가 타지 않는 서정'이

란 단가적 서정과는 달리, 자기와 세계를 변혁함으로써 그 단절을 연결해가는 작용을 한다고 말한다. 또 일본어에 대해서는, 김시종이 일본어를 신체화한 자기 자신의 해방을 위해서 일본어를 실체화하고 비판한 것이 아니라 그 내부에서 일어나고 있는 변화를 이해하고 그것을 내부로부터 격파할 필요가 있었기 때문이라고 평가한다.

재일코리안은 의식하든 의식하지 않든 본질적으로 정치적 존재였고 여전히 마찬가지다. 일본에서는 치안의 대상이며, 남북 권력의 장에서는 쟁탈의 대상이었다. 그러한 가운데 김석범은 4·3사건을 통해 한국의 민중을 그렸다. 이것은 고스란히 재일코리안 민중으로 이어지는 것이었다. 원래 민족이란 본질에 있어서 계급으로 환원되지 않는다. 그런 의미에서 재일코리안 문학자가 말하는 동포는 계급으로 개념화되지 않는 민족적, 민중적 '생활자'라고도 할 수 있는 미분화된 실체였다. 재일코리안 문학자는 그 대부분이 사회 밑바닥에서 여러 가지 일들을 체험하면서 마음에 고통의 주름을 쌓음으로써 현실에 입각한 묘사력을 체득할 수 있었기 때문이다.

김석범의 친한 친구인 김시종이 바로 그러한 재일코리안 민중을 계속해서 응시해 왔다. 김시종은 처녀시집 『지평선』을 출간한 이후에도 계속해서 재일코리안을 응시하는 시집이나 에세이집을 출간하였다. 두 번째, 세 번째 시집인 『일본풍토기』, 『니가타(新潟)』(1970년)에 이어 『폭로당하는 자와 폭로하는 자(さらされるものとさらすもの)』(1975년), 『이카이노 시집(猪飼野詩集)』(1978년), 『클레멘타인의 노래(クレメンタインの歌)』(1980년), 『광주 시편(光州詩片)』(1983편), 『'재일'의 틈새에서(「在日」のはざまで)』(1986년) 등 왕성한 활동을 하였다. 시인 이시카와 이쓰코는 '김시종의 시는 술술 지나가듯 읽을 수 없다. 에세이도 마찬가지다. 아무리해도 막히고 멈춰지고 여지없이 생각하게 되어버린다'고 말한다.[42] 그

이유를 김시종의 말을 통해 이해해 볼 수 있다. 그는 「일본어의 공포−
차단된 김희로의 말을 쫓아서(日本語のおびえ−閉ざされた金嬉老の言葉
を追って)」(『朝鮮人』 제9호, 1973.5)라는 글에서 다음과 같이 밝히고 있
다. "자기 생성의 요람기를 일본어에 의해 길러진 정서와 감성이 일본어
라고 하는 저주를 받을 만한 주술적 속박 속에서 '조국 조선'과 대면한다
고 하는 극히 이단의 기형적 변용을 계속해서 느끼지 않으면 안 되었던
세대에 내가 있고 김희로가 있었다." 아무리 해도 친숙해지지 않는 일본
어와의 대립을 읽어낼 수 있다.

　오구마 에이지와 강상중이 편찬한 『재일 1세의 기억』에는 김시종의
인터뷰 기사 「조선 현대사를 살아가는 시인−김시종(朝鮮現代史を生きる
詩人−金時鐘)」이 수록되어 있다. 이 글을 통해서도 김시종의 기본적인
생각을 엿볼 수 있다. "조총련을 떠날 무렵에 좌절감이 정말 컸다. (…)
그 깊은 좌절감 속에서 일본에서 끝까지 살아가는 것이 나의 시의 숙명
이라고 결심하였다. '재일'을 살아간다는 말을 그때부터 사용하기 시작하
였다. (…) 우리 '재일'은 국가라는 것을 원망해도 되는 존재이다. 해방
이후로 그만큼이나 일본에서 멸시와 제도적 차별을 받아 왔다. 그리고
그러한 일본의 행태에 아무것도 해 주지 않은 조국 (…) 북한의 체제는
사회주의와 무관하다. 나는 지금도 사회주의를 믿고 있다."

　김시종은 1973년부터 15년간 효고현립 미나토가와 고등학교에서 한국
어 교사로 일하며 다른 일본인 교사들과 함께 차별을 반대하는 교육 실
천에 전념하였다. 공립고등학교에 재직한 재일외국인 교원 제1호였다.
게다가 부임하였을 때 그를 기다리고 있었던 것은 조선으로 돌아가라는
학생들의 욕설이었다고 한다.[43] 이전보다 더 김시종의 언행은 주목을 받

42) 石川逸子, 「〈解説〉 金時鐘の詩」, 『〈在日〉 文学全集』 第5巻・金時鐘, 勉誠出版, 2006 참고.
43) 『朝日新聞』 2010年 11月 17日.

앉으며, 또 때로는 비판도 받았다. 그러나 제주도에서 밀항해 온 김시종은 김석범과는 달리 제주도 4·3사건에 대해서 오랫동안 함구하였다. 김석범이 『까마귀의 죽음』이나 『화산도』 등에서 4·3사건을 다루고 또 그것을 통해 민중의 모습을 애도하려고 한 것에 반해 김시종은 4·3사건에 관해 시종일관 침묵을 지켰다.

문예평론가 다카자와 슈지의 정리를 참고해 보면, 원래 김시종도 4·3사건의 소용돌이 한가운데서 살아갈 수밖에 없었음을 알 수 있다.[44] 4·3사건은 한국 정부뿐만 아니라 북한과 조선총련에서도 언급을 꺼리는 해방 후 남북 정치사의 뜨거운 감자였다. 여기에는 혁명과 반혁명의 모순점이 응축된 형태로 조합되어 있으며 국가권력의 횡포, 권력과 민중의 상관관계가 극단적으로 드러나 있다. 북한은 급진적 토지개혁을 단행하였고 그로 인해 발생한 정치적 난민을 남한으로 내쫓았다. 게다가 남로당 지도하에 있던 도민 게릴라들의 죽음을 외면한 채 인민공화국을 창건하였다. 북한에서 내려온 난민이자 유입자로, 남한에서 빨갱이 검거에 앞장섰던 서북청년회는 이승만 정권에 협력해서 도민을 무자비하게 말살하였다. 4·3사건을 직접 체험하지 않은 김석범의 발언과 4·3사건을 직접 체험한 김시종의 침묵은 여기에서 각각 양극의 형태로 흐르게 된다. 두 사람이 마침내 마주 앉아서 발언과 침묵을 넘어 상호 이해의 장을 열었던 것은 문경수가 편집한 역사적인 대담집 『왜 계속해서 써 왔는가, 왜 침묵해 왔는가(なぜかきつづけてきたか, なぜ沈黙してきたか)』(2001년)에서였다.

4·3사건에 대한 김시종의 최초 발언은 제주도 4·3사건 52주년 기념 강연회에서였다고 한다. 남로당 일원이었던 김시종은 신변의 위험을 느

---

44) 高澤秀次, 「金石範論——「在日」ディアスポラの「日本語文学」」, 『文学界』 9月号, 2013 참고.

끼고 일본으로 도망쳤다. 그때의 도망자로서의 의식이 심적 부담이 되어 '4·3사건에 관한 것은 이대로 가슴에 담고 저세상에 가겠다고 줄곧 생각해 왔다'고 회고한다. 김시종은 1980년 5월의 비극적인 광주민중항쟁을 노래한 다섯 번째 시집 『광주 시편』에서 이렇게 쓰고 있다.

> 거기에는 언제나 내가 없다.
> 있어도 상관없을 만큼 주위는 나를 감싸고 평온하다.
> 일은 언제나 내가 없을 때 터지고
> 나는 나 자신이어야 할 때를 그저 헛되이 보내고만 있다.[45]

　김석범과 같이 조선 국적이었던 김시종이 처음으로 고국을 방문한 것은 1998년 10월의 일이다. 부인과 동반한 꿈에도 그리던 한국행이었다. 처음에는 부인과 함께 가는 것을 주저하였다고 한다. 밀항하기 이전 자신의 잠복을 이유로 외삼촌이 토벌대에게 살해되었고, 그로 인해 고향에서 친척에게 힐난을 받거나 매도되지나 않을까 두려웠기 때문이다. "김대중 대통령의 포용 정책 덕분에 나는 50년 만인 작년에 제주도를 방문하여 아버지, 어머니의 묘를 찾아볼 수 있었습니다. 풀이 무성하고 자그마한 흙무덤이었습니다. (…) 그때 나는 분명히 들었습니다. 헛들은 것이 아닙니다. 귓속 깊은 곳에서 들은 것입니다. '기억하라, 화합하라'고."[46] 한국에서 4·3사건 특별법이 성립되고 제도적인 측면에서 사건의 진상 규명과 명예 회복을 위한 실마리가 풀린 것은 2000년 1월이었다.

　김시종은 이후 김석범과는 또 다른 방식으로 고국과 마주하였다. "저는 이번에 외국인등록증의 성씨인 '임(林)'으로 한국 제주도에서 본적을

45) 김시종, 김정례 번역, 「바래지는 시간 속」, 『광주 시편』, 푸른역사, 2014 참고.
46) 『図書新聞』 제2487호, 2000.5.27.

취득하였습니다. 아버지, 어머니가 돌아가신 지 40여 년이 지나 겨우 찾아낸 부모님의 묘를 더는 내버려 둘 수 없어서 적어도 1년에 한두 번 정도 성묘는 계속하려고 생각 끝에 결단을 내렸습니다. 그렇다고 하더라도 총칭으로서의 '조선'을 고집하며 살아가는 데는 조금의 흔들림도 없습니다. 어디까지나 저는 재일조선인으로서 한국 국적을 지닌 사람이며 '조선'이라는 총칭 속 동족의 한사람으로서 '임'입니다. 변함없는 친교를 바라며 삼가 아룁니다. 2003년 12월 10일 김시종."[47]

2) 강순

1960~80년대에 활약한 재일코리안 작가는 많다. 그중에서 시 창작에 있어서는 강순을 언급하지 않을 수 없다.[48]

강순은 1918년 강화도에서 태어났다. 1936년에 일본으로 건너가 시 쓰기와 번역에 힘썼다. 한국어로 쓴 시집에 『조선부락(朝鮮部落)』, 『강순 시집(姜舜詩集)』, 『강바람(江風)』 등이 있다. 자작시를 번역한 일본어 시집으로 『날라리(なるなり)』(1970년), 『단장(斷章)』(1986년)이 있다. 번역시집은 『김지하 시집(金芝河詩集)』, 『신경림 시집-농무(申庚林詩集-農舞)』,

---

47) 김시종, 『朝鮮と日本に生きる』, 岩波新書, 2015 참고.
48) 시 작품에서 주목할 것은 강순과 함께 김태중, 신유인의 것이 있다. 김태중은 1929년 가나가와현 오다와라시에서 출생하였다. 한때 가나가와현 조선중고급학교 교사로 근무하였지만, 오랫동안 홋카이도 무로란에 살았으며, 일찍이 『속박의 거리(囚われの街)』(1954년)라는 시집을 출판하였다. 2007년에는 시집 『가면(仮面)』을 발간하였는데, 권두시가 「백자 항아리-오병학 화백의 작품에 부쳐(白磁の壷-吳炳学画伯の作品に寄せて)」이다. "상기된 여성의 얇은 피부를 생각하게 한다 / 항아리 / 소란스러움을 피해 / 한적함의 극치를 이룬 / 백자"라는 이 시는 백자의 흰색에 감정이입을 추구하는 시어들이 이어져 있다. 1914년생인 신유인은 에세이도 쓴 시인이다. 뒤늦게 활약한 시인이지만 작고한 후 간행된 『낭림기-신유인 저작집(狼林記-申有人著作集)』(1995년)에서 「걷는 그림자(歩く影)」, 「낭림기(狼林記)」, 「회향(懷鄕)」, 「과객(過客)」, 「이화(異化)」, 「광주(光州)」, 「표류(漂流)」 등 재일코리안의 삶의 면면을 노래하였다.

『김수영 시집-거대한 뿌리(金洙暎詩集-巨大な根)』,『신동엽 시집-껍데기는 가라(申東曄詩集-脱殻は立ち去れ)』,『양성우 시집-겨울 공화국(梁性佑詩集-冬の共和国)』 등 모두 한국 현대사에 빛나는 저항 시인들의 작품을 번역하였다. 그만큼 강순이 암흑의 시대를 살면서 항상 자유를 추구한 시인들에게 공감하였음을 알 수 있다. 그 가운데『날라리』는 한국어를 완벽하게 구사할 수 없던 동포들이 요청하여 쓴 자작 번역시집이다. 식민지가 된 조국의 산하에서 할아버지가 부는 피리의 음색을 첫머리에 등장시키고 있다.

> 날라리의 리듬은
> 포플러 가로수가 아름다웠던 강변에서
> 여름날 오후에 할아버지가
> 첫 손자에게 새겨 준 뜨거운 집념
>
> (…)
>
> 날라리의 음색은
> 항상 애처로움에 처량하였다
> 매미 소리 요란한 사이로 슬픈 음향이 흐르면
> 손자는 할아버지의 무릎 위에 누워
> 검푸른 하늘 한 모퉁이에 펼쳐진 적운란에
> 화려한 색을 덧칠하고 싶어 하였는데
> (…)

'날라리'란 조선 고유의 피리인데, 이 시를 쓴 1948년에 강순은 「반쪽발이의 노래」라는 시를 발표하기도 하였다.

내 아버지는 내게
조선이라는 짚신을 신기고
내 어머니는 내게
일본이라는 게다를 신겼다

(…)

나는
조선과 일본의
뒤틀린 역사의 사생아
실감 나지 않는 조국애와
어머니 나라의 과거를 심판하는 사이에서
나는 반쪽발이
(…)

내게는 순혈이 없다
그러나 나는 내 방식대로
조국을 꼭 껴 안는다
나는 이제
반쪽발이로는 있을 수 없다

　　강순의 시집은 유년시절부터 품어왔던 복잡한 갈등을 전면에서 형상
화하고 있다. 그의 인생에서 일관된 것은 시를 믿음으로써 역사, 그리고
세계를 믿으려고 했던 자세였다. 육체노동이나 투병 생활을 경험하면서
강순은 도쿄 초급학교 및 가나가와 조선 중고급학교의 교원으로 일하였
다. 조선신보사에서 조총련의 조직 활동에도 종사하였다. 강순은 필명이
며, 본명은 강면성이다.[49] 강순의 『날라리』는 『〈재일〉 문학전집』 제17권

---

[49] 宋惠媛, 「在日朝鮮人詩人姜舜論－その生涯と詩作をめぐって」, 『朝鮮学報』 第219輯, 2011 참고.

시가집 I(2006년)에 수록되어 있다. 그 해설에서 모리타 스스무는 "시어는 평이하면서도 의미는 명료한데 작품의 밑바닥부터 넘쳐 나고 있는 분노, 슬픔은 심오하다. 그에 비례해서 희망과 미래 지향의 강렬함, 신뢰의 강인함에도 감동하게 된다."고 평가하고 있다. 강순은 특히 젊은이들에게 인기가 있었고, 그도 젊은이들을 소중하게 생각하였다. 결국 조국 땅을 밟지 못한 채 1987년에 불행하게도 이국의 하늘 아래에서 최후를 맞이하였다.

이회성이 주재한 『재일문예 민도』 제2호(1998.2)에서 '추도 강순'을 특집으로 다루었다. 시인 김주태, 김병삼, 기지마 하지메, 무라마쓰 다케시 등이 글을 기고하였는데, 그중 김주태는 「한의 눈물을 시로(恨の淚を詩に)」라는 글에서 이렇게 이야기하고 있다.

> 시인 강순은 자주 오해를 받는다. 그 원인은 대부분 술이었다. 그는 뒤집어 쓰듯이 술을 마신다. 평소 강순은 소녀처럼 천진난만하게 웃는 얼굴의 상냥한 거한이었다. 그는 거짓말을 못 하며 특히 자신을 속이는 일을 못 하는 사람이었다. (…) 그러나 일단 이야기가 식민지 체험이나 재일 조직의 부조리로 이어지면 금세 눈을 부릅뜨고 입술을 뒤틀며 거친 목소리로 마구 욕을 퍼부었다. 그의 마음을 갈기갈기 난도질한 것들에 대해서 격한 분노를 보일 때 그는 더 이상 손쓸 수 없는 상태였다.

양석일은 「시인 강순의 죽음(詩人姜舜の死)」[50]이라는 글에서 강순이 마르크스주의자가 아니라 세대적으로 아주 진보적인 자유주의자였으며 또 민족주의자였다고 서술하고 있다. 그러면서 애도의 뜻을 담아 다음과 같이 말한다.

---

50) 梁石日, 『アジア的身体』, 平凡社ライブラリー, 1999 참고.

그토록 조국 통일을 꿈 꾸었지만 이 나라에서 생을 마쳐야 하였던 강순 씨의 죽음은 한 시대의 종언을 상징한다. (…) 강순 씨는 시인 중의 시인이었다. 그에게 언어는 곧 시였고, 사물은 시적 이미지 그 자체였다. 그것은 있는 그 대로의 언어를 씨줄과 날줄로 엮어 전승하는 언어였다. 그는 언어의 자연성 속에서 인간의 영위를 본 것이다. (…) 그는 스스로를 옥죄는 정념으로부터 해방돼 조선의 풍토와 한 몸이 되기를 원하였다. 그의 시는 언어를 통해 조국의 대지와 강한 유대를 만들었다. 그는 어디에 있든 죽을 때까지 민족의 자손이었다. 그래서 강순 씨는 이 나라에 있으면서도 고집스럽게 모어(母語)로 표현한 것이다.

또한 시인 이미자는 강순의 시가 아늑한 조선어의 여운에서도 비참한 절규를 듣는 듯한 느낌이 든다고 회고하기도 하였다.

아울러 강순은 조선어로 시를 만들면서 일본어로도 시 창작을 하였다는 점에서 주목을 요하기도 한다. 언어뿐 아니라 정치적인 입장과 조국에 대한 관점도 독특함을 보이는데「조선부락(朝鮮部落)」,「김치(キムチ)」와 같은 시의 일본어판, 조선어판을 비교해 보면 경계선상의 이질적인 공간을 묘사하여 국민문학, 민족문학 어느 쪽으로도 수렴될 수 없는 저항의 공간을 창출하고 있다.[51]

3) 다치하라 마사아키

다치하라 마사아키는 1926년에 경상북도 안동에서 출생한 재일코리안 1세로 본명은 김윤규이다. 다치하라 마사아키는 자신이 조선 귀족과 일본인과의 혼혈임을 거듭 강조하며 나중에는 고귀한 집안의 출신으로 본

51) 오세종,「국민문학의 경계지대 '조선부락'; 1940~50년대의 문학작품을 중심으로」,『통일과평화』 6집 1호, 2014, 155~187쪽 참고.

인의 출신을 말해왔다고 한다. 연보에 의하면, 1937년 열한 살에 도일하여 사립요코스카 상업학교에서 수학하면서 문학과 철학 서적을 읽었고 일본 고전과 불전에도 관심이 있었다고 한다. 한때 가나이 마사아키라는 이름으로 창씨개명을 하기도 하였고, 1944년 3월에 잠시 경성을 방문한 이력도 있다. 해방 후에는 와세다대학 국문과 청강생에 등록하여 문학을 배우고 창작에도 적극적으로 몰입하였다.52)

1948년에는 일본 여성 요네모토 미치요와 결혼해서 일본 국적을 취득하였고, 요네모토라는 성을 사용하며 암시장거래나 외판원, 야경원 등의 일을 하면서 집필을 하였다. 일본 전통 가면 음악극 노가쿠의 작가 제아미의 『풍자화전(風姿花伝)』에 나타난 예술론 등, 일본의 중세 문학에 깊이 빠져 '중세'라는 키워드를 자신의 창작 활동의 원점으로 삼았다고 한다.

1960년대 후반 이후 대표작으로 『쓰루기가사키(劍ヶ崎)』, 『겨울 여행(冬の旅)』, 『잔설(残りの雪)』, 『겨울 유산(冬のかたみに)』 등을 내놓았고, 몇 차례나 아쿠타가와상 후보에 오르기도 하였다. 막상 상을 수상한 것은 1966년으로 『하얀 앵속(罌粟)』으로 제55회 나오키상을 받았다. 후일에는 『와세다문학(早稲田文学)』의 편집장을 역임하는 등 일본 문단 내의 중진이 된다. 스스로 순문학과 대중문학의 쌍칼잡이라고 자칭하였는데 성인의 사랑을 다룬 소설이 대중에게 많은 사랑을 받았다.

한편 다치하라 마사아키는 나이가 들면서 고향에 대한 애정이 깊어져 1973년 마흔일곱이 되던 해에 한국을 방문하여 생가를 확인하였다. 29년 만의 귀국이었다. 그리고 생활 전반에 걸쳐서 독자적인 미학을 철저하게 추구해 간다. 특히 고려청자나 조선백자의 아름다움에 매료되어 갔다. 1980년 쉰넷의 나이로 별세하였는데, 사망하기 직전에 비로소 자신의 연

---

52) 磯貝治良・黒古一夫編,「年譜」,『〈在日〉文学全集』第16巻・作品集Ⅱ, 勉誠出版, 2006 참고.

보를 써 준 작가에게 본명이 김윤규임을 밝혔다고 한다. 또 사망하기 2개월 전에 요네모토라는 성에서 펜네임이었던 다치하라 마사아키로 개명을 신청해 요코하마 가정재판소에서 인가를 받기도 하였다. 생애를 통틀어 사용한 이름이 모두 여섯 개였다고 한다.

여기서 중요한 것은 작가 다치하라 마사아키가 처음부터 일본인 다치하라 마사아키로 살았던 것이 아니라는 점이다. GHQ 점령하에서 미군이 수집한 신문, 잡지의 검열문서 프란게 문고(Dr. Prange Collection, 메릴랜드대학 소장)를 조사한 가와사키 겐코는, 1946년부터 1950년까지 그가 때로는 일반적으로 알려져 있던 가나이 마사아키로, 또 때로는 다치하라 마사아키나 본명 김윤규라는 이름으로 시, 에세이, 소설 등을 발표하였음을 밝히고 있다. 현재까지 총 5편이 확인되었다고 하다. 다치하라 마사아키라는 펜네임은 니와 후미오가 주재하였던 잡지『문학자(文学者)』 1951년 10월호에「늦여름-혹은 이별 노래(晩夏-或は別れの曲)」를 발표하면서부터 사용하였다. 이 시기 고국 조선은 전쟁으로 처참한 상태였고, 재일코리안은 빈궁한 생활을 영위하면서 민전의 반전무장 투쟁과 같은 혼란한 상황에 있었다. 조선인과 일본인, 김윤규와 다치하라 마사아키 사이에서, 그야말로 인생의 기로에 서 있었던 것이다.

긴장의 연속이었던 이 시기에 본명 김윤규라는 이름으로 활자화한「어떤 부자(ある父子)」는 재일코리안이 발행한『자유조선(自由朝鮮)』(1949.2)에 게재되어 있다. 그 머리 부분에 이런 시가 실려있다.

인간이 사는 나라가
한 옛날에 다른 나라의
인간에게 침략당하였다
먹을 것 들고가고

입을 것 벗겨가고
살 곳 빼앗기고

읽는 것을 금지하고
쓰는 것도 단절시키고
배우는 것 앗아가고

(…)

밥 달라고 외치는 자
책 달라고 외치는 자
모두가 목숨을 잃었다

일본의 조선 지배를 극명하게 고발하는 시가 아닐 수 없는데, 계속해서 이어지는 소설의 본문도 자신이 태어난 고향 경상북도를 무대로 전개하고 있다. 조선인 소년의 시선에서 학대당하는 자의 빈곤과 비애를 묘사하였다.

다치하라 마사아키의 문학을 일본 문학 속에서 봐야 하는지, 재일코리안 문학으로 볼 것인지 의문을 가질 수 있다. 다치하라 마사아키는 『쓰루기가사키』(1965년)에서 혼혈이 과연 죄악인가 하는 명제를 내세우고 있다. 일본인과 조선인(한국인)이 초월 불가능한 대극에 위치해 있음을 보여준다. 일본의 섬나라 근성을 비판하면서도 작중의 주인공을 통해 일본인으로 살아갈 각오를 전달하고 있다. 그가 간직하고 있던 고독의 깊이를 읽어낼 수 있는 부분이다. 그러나 다치하라 마사아키는 삶을 살아가는 동안 내면 깊숙이 끊임없이 고국 조선을 의식하였다. 다치하라 마사아키 문학은 미의식의 추구라는 점에서 그 특징을 느낄 수 있는데, 그것은 완벽한 일본인이 되고자 하였던 그에게 아이덴티티를 추구하기 위

한 하나의 방법이기도 하였다. 그렇지만 근저에는 역시 민족문제에 얽힌
갈등이 들끓고 있었다. 자신의 출신을 숨기고 고독 속에 침잠해 있던 것
처럼 보이는 다치하라 마사아키 문학도 우회적이기는 하지만 재일코리
안 문학과 상통하는 무언가를 갖추고 있었다.

　본래 인간은 운명적으로 세상에 태어난다. 시대도 지역도 나라도, 부
모의 빈부도 선택할 수 없다. 말 그대로 그냥 태어나는 것이다. 그리고
자신의 출신을 이해하고 받아들임으로써 비로소 진정한 독자적인 삶을
살아갈 수 있다. 문학을 지향하는 작가는 출신에 관련된 자신의 위치를
제대로 파악하는 것에 더 민감하다. 출신을 은폐해서 묘사하는 작품 세
계는 그 자체가 거짓 풍경이 되지 않을 수 없다. 다치하라 마사아키가
연애와 애욕의 소설의 쓰던 유행작가였다고 해도 그 밑바닥에는 자신의
출신을 둘러싼 집착이 소용돌이치고 있었다고 생각한다.

　일본 문학 연구자 김정혜는 다치하라 마사아키가 가진 긴장감이 그를
미적 세계를 지향하도록 이끌었다고 지적하였다. 고유의 '문화가 없던'
재일코리안 1세가 일본인 이상으로 미(美)에 대해 집착하며 과거 무로마
치 시대의 백성들이 구축한 정원이나 노(能)에서나 볼 수 있는 일본의
전통미로 빠져들어 간 이유도 그 때문이라고 말한다. 실제로 다치하라
마사아키의 문학에는 그 출신을 생각나게 하는 묘사가 곳곳에 나타나 있
다. 또 그가 살았던 가마쿠라 지역은 다치하라 마사아키가 태어난 고향
안동의 교외와 매우 닮아있다. 가마쿠라의 즈이센지(瑞泉寺)는 안동 교
외의 봉정사(鳳停寺)와 비교되기도 하였다.53)

　재일코리안 1세대에게 '문화가 없었'다는 관점에 대해서는 여러 이론
이 있을 수 있다. 그러나 큰 흐름에서 생각할 때 다치하라 마사아키가

---

53) 金貞惠, 「立原正秋の美意識と小説的形象」, 『日本語文学』第35輯, 2006 참고.

일본인이고자 집착하였다고 해도 그 창작의 내면세계는 조선과의 격투, 집착이 핵심을 이루고 있다고 볼 수 있다. 그런 의미에서는 다치하라 마사아키가 장혁주와는 다른 의미를 가진 작가이기는 해도 재일코리안의 부(負)의 역사에 사로잡혀 있었음은 부정할 수 없을지 모른다.

평론가 요모타 이누히코는 「다치하라 마사아키라는 문제(立原正秋と いう問題)」[54]라는 글을 썼다. 요모타는 억압받은 민족의식은 반드시 문학에서 지지를 구한다는 명제를 내세워 처음부터 안전지대의 내부에서 보호되어 온 일본의 문학자와 구별해서 재일코리안 문학자에게 관심을 가져야 한다고 주장하였다. 다치하라 마사아키는 일본 음식을 비롯해서 기모노, 노가쿠(能楽)와 일본 문화의 가장 세련된 정수를 체현한 작가로 알려져 있는, 누가 봐도 일본인이라고 믿어 의심치 않던 작가였다고 말한다. 항상 기모노를 우아하게 차려입고 가마쿠라의 오래된 절 주변을 산책하였는데, 이러한 다치하라 마사아키의 은폐의 몸짓과 철저한 일본 회귀를 재일코리안 문학자였던 그의 고유한 방식으로 이해해 볼 수 있다며 과감한 발상의 전환을 제언하고 있기도 하다. 다치하라 마사아키의 생애를 관철해 온 '진정한' 일본 문화의 탐구라는 행위를, 역사적으로 일본 문화뿐 아니라 조선 문화로부터도 소외되며 성장한 지식인의 심리적 보상 행위로 이해해 볼 수도 있다는 말이다.

아쿠타가와상 수상 작가인 다카이 유이치는 『다치하라 마사아키(立原正秋)』(1991년)라는 평전을 썼다. 요모타 이누히코도 인용하고 있는데, 이 평전은 다치하라 마사아키가 별세한 후 10년이 지난 시점에서 친교의 추억이나 애도의 마음, 진혼의 바람 등을 담았다. 그리고 작품에 대한 비평과 그의 연보를 둘러싼 허구와 진실 등, 다치하라 마사아키라는 하나

---

54) 四方田犬彦, 『日本のマラーノ文学』, 人文書院, 2007 참고.

의 인간을 상당히 입체적으로 조명해 내고 있다.[55] 다카이는 이렇게 평가하고 있다. "출신을 둘러싼 만년의 그의 언동을 따라가 보면, 언뜻 격렬하게 동요하고 있는 듯하면서도 그 근저에 일관된 원망(願望)이 잠재해 있음을 읽어낼 수 있다. 일단 쌓아 올린 허구를 파괴하여 그 속박에서 자유롭게 있는 그대로 살고 싶다는 원망. (…) 다치하라 마사아키가 좀 더 살아서 공공연한 사실을 받아들일 정도로 마음의 여유를 가졌더라면 그의 문학은 바뀌어서 더욱 자유자재의 경지를 이루었을 가능성이 있다."

또 다카이 유이치의 평전 『다치하라 마사아키』의 문고판(1994년)에는 윤학준이 「후기」를 써서 실었는데, 윤학준은 '왜 다치하라 마사아키는 자신의 출신을 그렇게까지 미화하고 또 미화해야만 하였을까? 나는 그것이 그의 가난한 성장 과정과 비참한 가정환경에서 초래된 격한 열등의식 때문이 아니었을까 생각한다'고 단적으로 표현하고 있다. 다치하라 마사아키의 열등의식은 그대로 고독으로 연결되어 갔다. 실제로 다카이 유이치가 다치하라 마사아키의 고독에 관하여 언급하는 것을 보면 스스로 허상을 만들어가며 살아간다는 것이 상상을 불허하는 긴장된 나날의 연속이었음을 잘 느낄 수 있다. 그리고 다치하라 마사아키의 이러한 열등감은 재일코리안 1세대 작가들이 한결같이 열등의식에 시달리며 또 고독의 심연에 빠져있었음을 비유적으로 상징한다고도 할 수 있다.

4) 김석범

김석범은 1950년을 전후해서 등장한 재일코리안 문학자로 시인 김시종과 함께 두드러진 존재이다. 이 두 사람 역시 문학을 통해 필사적으로

---

55) 高井有一, 『立原正秋』, 新潮社, 1991 참고.

빈곤한 처지와 존재론적 긴장감으로부터 벗어나고자 했던 문학자이다.

　김석범은 연보에 의하면, 제주도 출신의 부모 아래에서 1925년 오사카에서 태어났다.56) 본명은 신양근이다. 해방이 되기 전까지 수차례에 제주도를 왕래하였고 해방 바로 일 년 전에 대한민국임시정부가 있는 중국의 충칭으로 망명하기로 결심하였다. 그러나 결국에는 이루지 못하고 오사카로 돌아갔다. 전선을 이탈한 채 해방을 맞이한 것에 죄책감을 느껴 그해 11월에 귀환할 생각으로 일본에서 서울로 건너갔다고 한다. 그러나 신탁통치의 시비를 두고 정치적 국면이 요동치는 것을 체험한다. 1946년 여름에 오사카로 밀항한 후에는 애초의 생각과는 달리 일본에서 계속 살게 되었다. 일본 공산당에 입당하여 본격적인 활동도 시작하였다. 1948년 4월에는 제주도 인민봉기가 일어나고 오사카로 밀항자들이 모여들었다. 이때 4·3사건의 학살의 진상을 듣고 평생 지울 수 없는 충격을 받았고 회고한다. 고학 끝에 교토대학 문학부 미학과를 졸업하였는데, 졸업논문 주제가 「예술과 이데올로기(芸術とイデオロギー)」였다. 민전 산하의 민족학교에서 일하고, 잡지 『조선평론(朝鮮評論)』의 창간(1951.12)에도 관여하였다.

　김석범은 『조선평론』 창간호에 '박통'이라는 필명으로 글을 실었다. 제목이 「1949년 무렵의 일지 중에서－'죽음의 산'의 한 구절로부터(一九四九年頃の日誌より－「死の山」の一節より)」이다. 제주도에서의 탄압과 학살의 양상을 처음으로 활자화한 글이다.57) 1948년 4월 이후에는 미군정과 이승만 정권에 항거한 제주도민이 무력탄압을 당해서 6만 명이나 되는 민간인이 학살되었다. 다섯 명 중 한 명꼴이라고 한다. 김석범은 1957년 5월에 일본 여성 구리 사타코와 결혼하였는데, 같은 해 잡지 『문예수도

56) 磯貝治良·黒古一夫編, 「年譜」, 『〈在日〉 文学全集』 第3巻 金石範, 勉誠出版, 2006 참고.
57) 金石範, 『金石範作品集Ⅰ』, 平凡社, 2005 참고.

(文芸首都)』8월호에 「간수 박서방(看守朴書房)」을, 또 12월호에 「까마귀
의 죽음(鴉の死)」을 발표하였다. 1959년 12월, 북으로 가는 귀국선이 출
발할 무렵에 김석범은 오사카의 쓰루하시역 근처에서 아내와 함께 꼬치
구이 포장마차를 차려서 주변 사람들을 놀라게 했다고 한다. 이후 한때
오사카 조선고등학교 교사로 재직하기도 하였고, 1961년 10월부터 총련
기관지『조선시보』편집국에 들어갔다.

　김석범의 창작 활동은 제주도 4·3사건을 깊이 응시하는 데 있었다고
해도 과언이 아니다. 4·3사건의 현장에 있지 못하였던 원통함이 김석범
에게 오히려 창작의 불씨가 되었다고 할 수 있는 것이다.

　『까마귀의 죽음』에는 실로 엄청난 죽음이 그려져 있다. 주인공 정기준
은 제주 미군 정부의 통역관으로, 정부 측의 정보를 최일선에서 다루는
사람이다. 그의 소꿉친구인 장용석은 한라산 빨치산의 지도자이다. '혁
명'에 가담한 정기준은 이렇게 한라산 빨치산에게 탄압 측의 정보를 전
달하는 접점의 역할을 하게 된다. 그러나 연인이었던 장용석의 여동생
양순에게 막상 진실을 고백하지 못한다. 결국 양순과 그 부모는 빨갱이
로 몰려 공개처형장에 보내진다. 철망 속에서 양순의 모습을 알아본 기
준은 그저 큰소리로 그녀의 발밑에 엎드려 모든 것을 고백하고 싶을 뿐
이었다. "양순은 영원히 죽어간다. 동시에 나도 죽지 않으면 안 된다. 그
녀 안에서 죽지 않으면 안 된다. 개처럼 죽지 않으면 안 된다." 그러나
가혹한 임무를 짊어진 기준에게는 그녀에게 결백을 증명할 기회가 영원
히 없었다. '당을 위해 조국을 위해!'라는 책임감이 그를 더욱 불행하게
만들었고 결국 그는 자기라는 인간을 죽이고 양순의 양심을 죽일 수밖에
없었다.

　『까마귀의 죽음』에서 고독이라는 표현은 작품의 거의 마지막에 한 번
등장한다. "그 이름 하에 양순의 마음을 죽인 당도, 조국도 그녀의 눈물

한 방울의 값어치조차 속죄할 수 없다. 기준은 장용석을 증오하고 당을 증오하였다. 그리고 조국을 증오하였다." 그 비참함을 극복하고 살아가기 위해서였을까, 양순의 처형과정을 마지막까지 지켜본 기준은 어느 날 경찰서 현관 근처에 내 버려진 대 여섯 구의 사체 속에서 양순의 하얀 그림자가 나부끼고 있는 소녀를 알아본다. 그리고 그 사체를 향해 날아온 까마귀를 한발의 총알로 쏘아 죽이고, 이어서 소녀의 가슴에 조용히 세 발의 총을 쏜다. 이렇게 해서 주인공은 '고독'을 밀쳐낸다. 그리고 '모든 것이 끝나고 모든 것이 시작되었다─그는 꼭 살아야겠다고 다짐'하며 해방을 향해 한 걸음 더 나아간다.

김석범은 4·3사건을 역사소설로 쓸 생각은 아니었다고 말한다. 어쨌든 인생은 진정으로 무(無)를 의식하게 되면 항상 자살을 생각하지 않을 수 없고 죽지 않는 한 이것은 긍정, 곧 사는 것이 인생의 긍정이라고 한다. 바로 여기에서 혁명이 불가피해진다. "니힐리즘을 극복하기 위해 『까마귀의 죽음』을 씀으로써 살아가야 하는 현실을 긍정한다." 더욱이 "현실의 혁명은 패배하였지만 허무를 극복하는 혁명이라면 무엇이든지 추구하고 싶다."[58)는 것이다. 그것은 한마디로 말해서 문학을 계속하는 것이었다. 사실 김석범은 이후 생애를 통틀어 국가와 민족, 혁명과 자유, 정의와 불의, 역사와 기억, 언어와 사상과 같은 주제와 정면으로 격투하며 자신의 흔들림 없는 사상과 신념을 작품화해 왔다. 그것은 폭력, 학살, 파괴와 같은 현실 세계의 비참함 앞에 망연히 선 채 꼼짝도 못 하는 것이 아니라 재일코리안으로서 인간존재의 근원적인 의미를 계속해서 물어가는 것이었다.

앞서 김시종이 재일코리안의 생활 속에 머물며 민중을 응시하였다면,

58) 金石範·金時鐘, 『なぜ書きつづけてきたか なぜ沈黙してきたか』, 平凡社, 2001 참고.

김석범은 직선적인 시선으로 제주도의 민중을 응시하였다고 할 수 있다. 다시 말해 김시종이 재일코리안을 묘사하면서 살아가고자 하였다면, 김석범은 4·3사건을 묘사하며 살기로 선택하였다. 실제로 4·3사건에 직접 연루되어 일본으로 밀항하였던 김시종은 한국의 파쇼정권이 음산한 과거를 계속해서 은폐하는 가운데 4·3사건의 봉기에 직접 참여하였던 체험을 2000년도까지 거의 침묵해 왔다.

김석범은 열 살이나 어린 이회성보다 늦게 알려진 작가이다. 이회성과는 초기에 깊은 관계를 맺었으나, 이후 국적 논쟁 등으로 결별하였다. 김석범은 1967년에『까마귀의 죽음』단행본 출판을 기점으로 조총련에서 탈퇴하였다. 주로 일본어로 창작 활동을 하였는데, 1971년에 쓴『만덕유령기담(万德幽靈奇譚)』(『人間として』제8호)을 통해 작가적 입지를 굳혔다. 제주도의 사건을 모티프로 한 작품들은 역사 및 풍토와도 관련되어 있었다. 그리고 문학을 하는 입장에서 정치 본연의 모습을 되묻고 있다. 문학과 정치를 떼어 놓을 수 없다는 생각이 김석범의 심연에 존재하였다고 볼 수 있다. 1976년부터 장기간에 걸쳐 발표한『화산도』는 그 연장선에 있는 작품으로 재일코리안 문학 내에서도 중요한 위치를 차지한다. 이 작품은 최초 1976~81년까지 6년간「해소(海嘯)」라는 제목으로『문학계』에 연재되었다. 단행본 간행에 즈음해서『화산도』라는 제목으로 바꾼 것이다.『화산도』제1부는 1984년에 오사라기 지로상을 받았다. 이어서 제2부(1997년 간행)도 1998년에 마이니치 예술상을 수상하였다.

『화산도』는 제주도 4·3사건을 다룬 것으로 시기적으로는 1948년 3월부터 이듬해 6월 무렵까지를 배경으로 한다. 400자 원고지로 거의 11,000장에 달하는 대작을 20여 년에 걸쳐서 집필한 것으로, 순문학으로서 전 세계에서도 그 예를 찾아보기 힘들다고 한다. 집필을 시작하였을 때 한국에서는 4·3사건에 대해 이야기하는 것이 금기시되었으므로, 이를 일본

어로 일본의 잡지에 발표한 것은 '증언' 문학의 성격을 띤다고 볼 수 있다. 김석범이 1981년에 발표한 「유방이 없는 여자(乳房のない女)」(『文学的立場』 5월호)도 1950년에 집단 살육을 피해 제주도에서 쓰시마로 피난을 온 여성을 직접 만나서 기록한 것이었다. 고문으로 젖가슴이 도려내져 버린 처참한 이야기를 옮겨 쓴 증언 문학이다. 김석범 자신의 이야기에 의하면 당시의 인터뷰가 그에게 결정적인 만남이었다고 한다. 거기서부터 4·3사건이 선명하게 보이기 시작하였다는 것이다. 그리고 그것이 허무주의를 극복하려는 의지로 이어졌다.[59]

김석범 문학은 고향인 제주도에서의 집단 학살을 응시하는데, 이를 통해 허무와의 대립 속에서 피어나는 혁명을 그렸다. 『화산도』의 원점은 『까마귀의 죽음』이며, 『까마귀의 죽음』에서 『화산도』 완결까지 한국에서는 반공 이데올로기가 팽배해 있던 금기의 시대였다. 일본에서는 과거의 비참함을 잊은 경제성장과 내셔널리즘이 격화되는 시대였다. 김석범은 한 인터뷰에서 전후 일본의 바탕에 천황제가 있다며 이렇게 피력하였다.[60] "과거와는 양상이 다르지만 모호한 형태로 전전의 양상과 연결되어 있다. 일본에는 원칙이라는 것이 없는 게 아닌가. 무언가 애매하면서 서서히 변해가는 가운데, 내셔널리즘이 전전의 일본이 저질렀던 일을 긍정하는 방향으로 흘러가고 있다. 본래는 더욱 원칙적인 논쟁이 일어나야 하는데, 일어나지 않고 있다. 역사 청산을 피하고 있기 때문에 불가능한 것이다." 김석범이 소설을 쓰는 것은 허무주의를 극복하고 인생을 어떻게든 긍정적으로 살아가기 위해서였다. 『까마귀의 죽음』에서 시작해 『화산도』로 정점을 찍었는데 다시 『까마귀의 죽음』으로 되돌아가 버린 느

---

59) 金石範, 『"火山島" 小説世界を語る!』, 右文書院, 2010 참고.
60) 金石範·小林孝吉, 「『看守朴書房』から『火山島』へ—ナショナリズムの風景のなかで」, 『社会文学』 第26号, 2007 참고.

낌이었다고 한다. 4·3사건으로 시작해서 4·3사건으로 끝났다는 단순한 구조가 아닌 것이다. 그 같은 순환 속에 미 군정과 군사독재의 한국 역사가 있고, 고도 소비사회와 포스트모던의 일본 역사가 투영되어 있다. 게다가 사회주의 붕괴와 같은 세계사도 들어있다. 허무주의의 극복, 그것은 작가의 내면에서는 치열한 '혁명'을 위한 투쟁이었다.

　김석범은 조직을 떠난 후부터는 일본어로 글을 썼다. 강직하고 기개 넘치는 작품을 남겼는데, 그 저류에 흐르고 있는 긴장감을 감출 수 없다. 일본어는 조직의 입장에서 보면 '적'의 언어였다. 김석범은 1972년에 『언어의 주박－재일조선인 문학과 일본어(ことばの呪縛－在日朝鮮人文学と日本語)』라는 에세이집을 출판하였다. 저자 후기에 이렇게 쓰고 있다. "말 속에 내재된 속박을 느끼지 않는 작가는 없겠지만, 재일코리안 작가는 그것을 이중적으로 느낀다. 먼저 나 자신이 일본어와의 관계에 속박되어 있다는 느낌을 완전히 떨쳐 버릴 수 없으며, 그 모순된 의식의 연속이 또한 나 자신을 속박하는 것으로부터의 자유, 속박당하면서 동시에 그것을 극복하는 작업의 연속이기도 하다." 대단히 함축적인 말인데, 조직을 떠나서 일본어로 글을 쓰게 되고 게다가 일본어로 쓴 글이 필연적으로 조직에 대한 비판으로 나아갈 수밖에 없었다. 혁명과 통일을 염원하는 한 조직 비판은 피하기 어려웠다. 실제로 김석범은 「도상(途上)」(『海』 1974.5)이나 「왕생이문(往生異聞)」(『すばる』 1979.8) 등에서 본격적으로 조직의 동맥경화 현상, 조직 간부의 타락 양상 등을 그리고 있다. 당시 많은 재일코리안 지식인에게 조직은 단지 어느 하나의 사상이나 이데올로기를 체현하는 것 이상으로 그야말로 정신적인 지주였다. 스스로의 존재 자체를 담보하며 조국과 직결되는 의미였다. 「도상」에서는 조직으로부터 이탈하는 것이 '미친 짓', '자살', '자살 미수', '폐인'으로 이어짐을 묘사하였는데, 이는 김석범 자신의 괴로움을 토로한 것이기도 하다.

재일코리안 2세대 작가가 문학계 전면에 등장했던 1960년대 후반과 1970년대에는 '재일'로 살아간다는 것이 곧 차별에 저항하며 살아간다는 뜻이었다. 김석범은 '재일'의 역사성에 입각해서 재일코리안이 '피(被)', '부(負)', '불우(不遇)'의 입장에서 출발하는 것을 '윤리적인 요청'이라고 규정한다. 주체적인 자유는 그러한 조건에서밖에 획득할 수 없다는 것이다. 더욱이 재일코리안이 자기 존재를 의식한 경우에 느끼게 되는 모순의 응어리는 항상 무언가 민족적인 양상을 띨 수밖에 없다고 한다. 달리 표현하자면, 재일코리안의 민족의식은 피차별 체험을 촉매로 해서 획득된 것으로, 이는 일본이나 일본 사회에 맞서는 것을 불가결한 본질로 삼는다. 이회성 등과 같이 민족이나 조국에 속박되는 형태로 이어지기 쉽고, 또 한편에서는 공허함이나 편협함, 보수성, 나아가 일본 제국주의에 의해 온존되고 이용되어 온 봉건성을 어느 정도 포함하게도 된다.

『화산도』에 비추어 말하자면, 김석범이 그리는 민중은 제주도에서 항쟁을 일으킨 빨치산에 초점이 맞춰져 있다. 그렇다면 토벌에 동원된 경찰 측의 민중, 양 진영 사이에서 우왕좌왕하거나 혹은 침묵을 지키려고한 또 다른 민중, 그리고 육지에서 온 민중과 육지에 머물러 있던 민중, 게다가 남북대립에 휘말려 버린 일본에 거주하던 민중이 각각 어떻게 다르고 어떤 존재 방식을 가졌는지 의문이 남는다. 원래 김석범은 살아간다는 것의 어려움, 인간으로서의 고뇌를 민족과 국가에 교차시켜서 그리려 하였다. 작가 다테마쓰 와헤이는 김석범 문학에 대해 이렇게 말한다.

 국가는 끝내 그에게 안주의 땅을 가져다주지 않는다. 북이든 남이든 또 일본이든, 국가는 믿을 만한 것인가. 체제라든가 정치라는 것도 사람다운 사람이 되고자 하는 의사를 제어하는 장치로만 기능하는 게 아닐까. 정치적이 되려고 하면 할수록 죽음에 이르거나 혹은 그보다 더 가혹한 불행이 미소와 함께 다가온다. 그런 시대에 어떤 삶이 가능할지, 의문을 던지는 것은 지금으로

서는 문학밖에 없다. 그렇기에 끊임없이 쓸 수밖에 없다는 김석범 씨의 말을
나는 들은 것 같다.[61]

이처럼 김석범은 현실에서 재일코리안의 존재 방식의 근간에 있는 국
적 문제로 고민하고 괴로워하며 그 심정을 분출하였다. 김석범이 40여 년
만에 조국인 한국행을 이루어 낸 것은 1988년의 일이었다. 1987년 6월,
민주정의당의 대통령 후보 노태우에 의한 '민주화 선언'이 이루어지고 겨
우 실현된 고국 방문이었다. 그 후 몇 번 인가 한국에 올 때마다 글을 발
표하였다. 「42년 만의 한국(四二年ぶりの韓国)」(『文芸春秋』 1989.5), 「현
기증 속의 고국(眩暈のなかの故国)」(『世界』 1989.9~11), 「또다시 한국, 또
다시 제주도(再び韓国、再び濟州島)」(『世界』 1997.2월과 4월), 「이다지도
어려운 한국행(かくも難しい韓国行)」(『濟州鳥シンポジウム報告集』 1999.4),
「고난 끝의 한국행(苦難の終りの韓国行)」(『文字界』 2001.11), 「거리낌으로
서의 한국행(鬼門としての韓国行)」(『文字界』 2004.1~3), 「적이 없는 한국
행(敵のない韓国行)」(『すばる』 2005.6) 등이 그것이다.

제목에서도 알 수 있듯이 김석범의 한국행은 그때마다 조금씩 의미가
변하는 것 같다.[62] 한국에서는 '민주화 선언'이 있고 난 뒤 1980년대 후
반에 비로소 재일코리안 문학자의 작품이 합법적으로 수용되었다. 그 주
된 독자는 민주화 운동에 참여한 사람들이었다.[63] 김석범은 한국의 민주
화가 어느 정도 진전되어 가는 가운데 4·3사건의 진상 규명과 명예 회
복이 추진될 것으로 생각하였다. 또 『1945년 여름(1945年夏)』(1974년)과
같은 작품에서 추궁했던 친일파에 대한 비판도 진척이 있으리라 기대하

61) 立松和平, 「〈解説〉人間的苦悩と国家」, 『〈在日〉文学全集』 第3巻 金石範, 勉誠出版, 2006 참고.
62) 林浩治, 「虚無と対峙して書く―金石範文学論序説」, 『社会文学』 第26号, 2007 참고.
63) 宋恵媛, 『「在日朝鮮人文学史」のために』, 岩波書店, 2014 참고.

였다. 그러나 실제로 모든 것이 기대처럼 그리 간단하게 진행되지는 않
았다. 김석범이 1993년에 새삼스럽게 『전향과 친일파(転向と親日派)』를
출간한 이유도 그 때문이었다. "과거의 치욕을 도려냄으로써 비로소 조
선과 일본은 진정으로 평등한 관계를 쌓을 수 있다." 더욱이 남북분단의
고정화라는 조건 속에서 김석범은 끝까지 조선 국적을 고수하면서 한국
국적으로 변경하는 것을 거부해 왔다. 그 배경에는 한국 국적으로 바꾸
고 한국과 일본을 자주 왕래하던 김달수와 이회성 등에게 불만이 있었다
고 한다. 1992년에 『세카이(世界)』 2월호에 기고한 「재방을 거절당하고
(再訪を拒まれて)」에서는 재일코리안의 한국행이 '전향'으로 향하는 레일
위에 깔린, 눈에 보이지 않는 길이라고 말하고 있다.

　이회성은 김대중 정권 발족 후인 1998년에 조선 국적을 한국 국적으로
변경하였다. 이는 미디어 등에 크게 보도되었다.[64] 이를 본 김석범은
1998년 10월에 「지금, '재일'에게 '국적'이란 무엇인가-이회성 군에게 보
내는 편지(いま、「在日」にとって「国籍」とはなにか-李恢成君への手紙)」
를 잡지 『세카이』에 기고하였다. 이회성은 답변으로 「무국적자가 살아
가는 방식-김석범 씨에게 보내는 답장(「無国籍籍者」の往き方-金石範氏
への返答)」이라는 제목의 반론을 역시 『세카이』(1999.1)에 게재하였다.
이어서 김석범은 「다시, '재일'의 '국적'에 대하여-준통일 국적 제정을(再
び、「在日」にとっての「国籍」について-準統一国籍の制定を)」(『世界』 1999.5)
이라는 글을 실으면서 두 사람 사이에 논쟁이 격화되었다.

　잡지 『세카이』 지면상에서 전개된 김석범과 이회성의 국적 논쟁은 재
일코리안 사회의 이목을 집중시켰다. 그것은 남과 북의 두 국가로부터
협공을 당하면서 살아갈 수밖에 없는 재일코리안의 근원적 문제와 닿아

64) 李恢成, 「韓国国籍取得の記」, 『可能性としての「在日」』, 講談社文芸文庫, 2002 참고.

있었기 때문이다. 조선 국적이었던 재일코리안이 한국 국적으로 소속을 옮겨 여권을 취득해 방한한다는 것은 삶의 모든 것을 좌우하는 중대사였다. 국적 변경 문제의 중요성을 이회성은 얼마나 심각하게 생각했을까.

김석범과 이회성 사이의 국적 논쟁은 1996년 10월 서울에서 개최된 한민족문학인대회에 그들이 출석(방한)하는 것을 두고 한국 당국이 난색을 보인 일에서부터 시작된다. 그때 출석 예정자 중 김석범과 이회성 두 사람만 임시 여권이 발급되지 않았다. 이회성은 1995년 11월, 세 번째로 한국에 입국할 때 재일 한국 대사관 담당자로부터 '조선 국적의 경우는 내규로 세 번까지' 가능하다는 말을 들었다고 한다. 그래서 네 번째 방문이 되는 한민족문학인대회에 출석할 때는 트집이 잡혔고, 도쿄에서 담당 참사관으로부터 다음 방한 때는 한국 국적으로 변경한다는 서약서를 쓰도록 강요받았다. 긴박한 교섭을 거치는 가운데 결국 이회성은 "어쨌든 간에 서약서는 쓸 수 없습니다. 그러나 앞으로 방한할 때는 한국 국적으로 바꿉시다."라고 약속을 하였다고 한다. 그 결과, 교섭 결렬 직전 마지막 단계에서 마침내 임시 여권이 발급되었다.

그러나 같은 자리에 있던 김석범은 똑같은 서약서나 다음 방한 시 국적을 변경하는 요구에 대해 "당치도 않다. 나는 구두 약속도 안 하는 사람이야."라며 딱 잘라 거절하였다. 그렇지만 이회성이 김석범의 동행을 인정하지 않는다면 자신도 서울에 가지 않겠다고 버티면서 결국 두 사람 모두 임시 여권을 발급받았고, 그 자리에서 바로 나리타에서 출발하는 대한항공 편으로 서울로 향하였다. 고고학자 이진희도 1981년에 처음으로 김달수 등과 함께 방한하였는데, 그 후 12회나 단수의 여행증명서로 방한하였다고 한다. 그 뒤 이진희도 1984년에 한국 국적으로 변경하였다.[65]

---

65) 李進熙, 『海峽－ある在日学者の半生』, 靑丘文化社, 2000 참고.

이회성이 한국 국적을 취득하겠다고 선언한 것은 한림대학교와 동아일보가 공동으로 주최하는 국제 심포지엄 자리에서였다(1998년 5월). 방한 직전 『신초(新潮)』 편집부에 수기 「한국 국적 취득의 기록」을 게재하였는데, 한국과 일본 동시 발표라는 형식을 취하였다. 본인은 요란스러운 것을 싫어하는 타입이라고는 하지만, 한일 양국에서 뉴스가 되고 특히 한국 언론은 이를 크게 다루었다. 충분히 예상되던 일이었고 김석범이 이회성에게 "이 정도까지 국적 변경에 대해 변명하지 않을 수 없도록 짜 맞추기 작업을 하였다는 게 슬프다. 몇 번이나 한국을 왕래하였으니 조용히 진행하면 될 일이었다."고 지적한 것은 어찌 보면 당연해 보이기도 한다.

김석범의 첫 번째 편지는 논리 정연하고 의연한 문장이지만 꽤나 공격적이었다. 이에 비해 이회성의 답장은 어딘가 구차한 인상이 들기도 한다. 김석범 문학과 이회성 문학의 차이가 여기에서 완연히 드러난다고도 볼 수 있다. 재일동포가 실제로 조선 국적에서 한국 국적으로 대량 전환한 시기에 이회성의 행동이 잘못된 것이라고는 할 수 없다.

그렇지만 이회성은 논쟁을 통해 불명확하면서 자기 정당화를 위한 변명과 같은 인상을 비추었다. 그래선지 논쟁에서 김석범의 주장이 그런대로 재일코리안의 지지를 얻었던 듯하다. 이회성도 김석범의 재논박에 재반론의 게재를 요청하였지만 잡지 『세카이』 지면상에서의 논쟁은 중단되고 말았다. 『세카이』 편집부에 재일동포로부터 실망이나 슬픔, 빈축의 목소리가 쇄도하였다고 한다.

김석범의 반론에서 등장한 '준통일 국적'이라는 표현은 분단 시대를 살아가는 재일코리안에게 매력적이긴 하지만 방향을 잘못 잡은 논의라는 지적도 있다.[66] 조선 국적이란 원래 일본 정부가 1947년 5월 2일(현행

---

66) 윤건차, 박진우·김병진 외 옮김, 『자이니치의 사상사』, 한겨레출판사, 2016, 625~626쪽.

일본국헌법 시행 하루 전)에 외국인등록령을 제정하면서 재일코리안에 대한 역사적 책임을 방기하고 외국인으로 규정하며 국제적으로 통용되지 않는 무국적을 의미하는 '기호'로써 사용된 것에 불과하다. '준국적'이 아니라 '총칭' 정도의 말일뿐이다. 나중에 이회성은 『가능성으로서의 재일』에서 "통일국가가 아직도 존재하지 않는데 재일에게 '준통일 국적'의 권리를 보장하라는 것은 터무니없는 이야기입니다. (…) 분단국가에는 그런 권한은 없는 것입니다. 주체가 결여된 발상이라고 말할 수밖에 없습니다."라고 쓰고 있다. 단지 그렇다고 해서 환상이든 희망이든 통일 조국을 갈망하는 것이 잘못된 것은 아니며 오히려 당시 적지 않은 수의 재일동포가 그것을 바라고 있었다.[67]

김석범은 그 후에도 통일 조선의 조선 국적만을 인정하는 귀속 의식을 갖고 살아간다. 게다가 수차례에 걸쳐 한국 정부로부터 입국을 거부당한 적이 있다고는 해도, 1988년 이후부터 노무현 정권까지 10회나 임시 여권을 발급받아 일본과 한국을 왕래하였다. 이명박 정권 때에는 갈 수 없었지만, 박근혜 정권하인 2015년 3월 말에 다시 임시 여권을 발급받아 한국에 입국할 수 있었다. 그는 그해 4월 1일 제주도에서 열린 기념 행사에서 제1회 '제주 4·3 평화상'을 수상하였다.[68]

그에 반해 이회성은 1970년 이후 종종 한국을 방문하였다. 『세카이』의 반론에서 이회성은 당시 한국의 군사정권은 타도 대상이었고, 민주화 세력을 살해, 투옥, 납치하는 '무법천지'였으며, "내가 1970년 10월에 한국으로 들어간 것은 어찌 되었건 나의 혁명적 의지에 의한 것이었다."고 말한다. 『지상생활자』 제4부에도 그때의 행동에 대한 묘사가 나오는데, 거기에는 혁명을 위해, 한국을 알기 위해 가는 것이라며 긍정적으로 묘사되어 있다.

---

67) 윤건차, 박진우·김병진 외 옮김, 『자이니치의 사상사』, 한겨레출판사, 2016, 625~626쪽.
68) 고동명, 「제1회 제주4·3평화상 김석범 작가 수상」, 『뉴시스』 2015년 4월 1일.

5) 이회성

이회성은 1935년 사할린 마오카초에서 태어났다.[69] 일본 패전 후 1947년에 소련령 사할린에서 가족과 함께 일본인 행세를 하여 귀환선을 타고 탈출하였다. 일본에 도착하여 하코다테 귀환자 수용소에 들어가지만, 미군 점령군에 의해 강제송환 처분을 받아 나가사키현 하리오 귀환자 수용소로 이감되었다. 우여곡절 끝에 강제송환 처분을 면하고 삿포로에 정착하여 아버지의 양돈장 일을 도왔다. 노후한 조모를 비롯해 육친을 사할린에 남겨 둔 것이 이후의 작품 속에서도 트라우마로 드러난다. 삿포로 니시고등학교를 나와 와세다대학 제1문학부 러시아문과에 진학하여서도 일용직 노동과 같은 아르바이트를 하며 생활하였고, 이때 총련 계열의 재일본조선유학생동맹(유학동) 활동에 빠져든다. 졸업논문 주제는 도스토옙스키의 『지하생활자의 수기』에 관한 것이었다고 한다.

대학을 졸업한 후 조총련 중앙학원에서 6개월간 간부 양성 교육을 받고 조총련 중앙 교육부에 배속되었다. 이듬해 허승귀와 결혼한다. 1963년에 조선신보사로 전근한 다음 한국어로 창작을 시도하였지만 한국어 실력이 부족한 탓에 단념하였다고 한다. 이후 이회성은 고된 업무와 조직 내부에 적응하면서 일본어 창작 활동에 매진하였다. 그러나 극도의 정신적 피로로 인해 직장과 병원을 번갈아 가며 다녔고, 1967년에 결국 조선신보사를 퇴사하고 조총련을 탈퇴하였다.

이후 이회성은 과거 사용하였던 일본 이름으로 광고 대리점이나 자칭 '삼류' 경제지 회사에 근무하면서 창작 의욕을 불태웠다. 1969년 『또 다른 길(またふたたびの道)』로 제12회 군조 신인문학상을 수상하면서 작가

---

69) 磯貝治良・黒古一夫編, 「年譜」, 『〈在日〉文学全集』 第4卷 李恢成, 勉誠出版, 2006 참고.

로서 빛을 보게 된다. 1972년 어머니에 대한 추억을 그린『다듬이질하는 여인』으로 일본 문단의 등용문이라고 할 수 있는 제66회 아쿠타가와상을 수상한다. 외국인으로서는 처음이었다. 『다듬이질하는 여인』은 비정치적이면서도 민족적인 정서가 흐르는 작품으로 평가된다.

가와이 오사무에 의하면 이회성의 문학은 네 개의 시기로 구분할 수 있다고 한다. 제1기는『또 다른 길』에서『가야코를 위하여(伽耶子のために)』(1970년),『기적의 날(奇跡の日)』(1974년)까지로 사소설적이며 자전적인 작품을 썼던 시기이다. 제2기는『추방과 자유(追放と自由)』(1975년)나 『못다 꾼 꿈(見果てぬ夢)』(1976.6 연재 개시) 등 허구성이 강한 작품을 쓴 시기이다. 제3기는『마산까지(馬山まで)』(1980년) 이후 약 10년간 소설을 발표하지 않았던 시기이다. 제4기는 1990년대 이후로『유역으로(流域へ)』(1992년),『100년 동안의 나그네들(百年の旅人たち)』(1994년) 등 왕성하게 소설을 집필하던 시기이다. 이렇게 이회성 문학의 특징은 일본과 사할린, 조선이라는 세 지역을 아우르고 있다. 그리고『청구의 집(靑丘の宿)』(1971년)에서 고마쓰가와 사건의 이진우,『반쪽발이(半チョッパリ)』(1971년)에서는 자살한 야마무라 마사아키를 연상시키는 인물을 등장시키고 있는 점으로 보아 재일코리안 2세대 다운 강한 민족 지향을 보인다.[70]

이렇게 이회성은 재일코리안 2세대의 곤란한 처지를 바탕으로 자칫 민족 허무주의로 수렴될 수 있는 역사와 현실, 그리고 재일동포의 고뇌와 방황을 그려 간다. 어떻게 살아갈 것인가에 대해 고민하는 재일코리안 젊은이들에게는 희망의 별과도 같았다고 한다. 김석범은 아쿠타가와상을 수상한 이회성을 자랑스러워하며 자주 어울렸다. 이회성 문학의 특징 중 하나는『가능성으로서의 '재일'(可能性としての「在日」)』(2002년)이

70) 河合修, 「時代の中の「在日」文学」, 『社会文学』 26号, 2007, 2쪽.

라는 저서에서 시사하고 있듯이, 경계선상을 살아간다는 존재론에서 생존의 근거를 찾고 있다는 점이다. 재일코리안을 자각함으로써 양가성이나 중의성을 가지고 살아갈 수 있다는 것인데, 그것은 민족 문제와 식민지 문제를 극복할 수 있는 대안적 방법이기도 하였다. 이회성은 "민족 문제는 계급과 이데올로기를 넘어 해결할 수 있다고 생각하며, 사상의 차이는 인정하더라도 민족적 공통점을 모색하는 과정에서 통일의 길이 열릴 것이라고 본다."고 단언하기도 한다. 재일코리안이라는 존재는 현실적으로는 일본 안에서 반일본인, 혹은 반조선인을 거쳐 조선인이라는 새로운 삶의 길을 개척해 가는 것, 즉 일본 사회의 차별과 거절이 안겨준 '불우한 의식'을 '살아가는 힘'으로 전환해 가는 것이 가능하다는 말이다.

이런 경우 '불우한 의식'이란 무엇보다도 무질서, 혼란, 폭력, 빈곤 등으로 상징되는 자신의 집, 가족, 아버지, 그리고 민족 그 자체에서 기인하는 모든 것을 가리킨다. 그들이 유일하게 조선 국적임을 느낄 수 있는 장소는 가정이며, 집을 통해서 겨우 조선을 추체험할 수 있었다. 이회성의 소설에서는 그러한 난폭한 아버지와 음울한 가정이 그 자체로 한 사람의 운명과 조국의 운명으로 오버랩되어 나타난다.

또 이회성은 청년기의 연애를 자기 발견, 민족적 아이덴티티의 확립을 둘러싼 위기로 인식하였다. 재일코리안 사회에서는 종종 '쪽발이'라는 일본인을 멸시하는 호칭을 사용하였다. 재일코리안은 반쪽짜리 일본인이라는 의미에서 '반쪽발이'였다. 일본인도 아니고 조선인도 아니라는 콤플렉스를 안고 살아가면서 동화와 이화 사이에서 괴로워하며 발버둥 치는 존재였다. 그래서 이회성이 『우리들 청춘의 길 위에서(われら靑春の道上にて)』(1970년)와 같은 작품에서 강조하고 있듯이 조선인이 된다는 것이 존재에 관한 근원적인 요청처럼 자리매김한 것이다. 과거의 무거운 짐을 긍정적인 동력 축으로 설정한 것이다. 물론 1세대와 비교해서 그 곤란함

의 정도는 한층 심화되었으며 굴절과 상극 속에서 민족적 주체와 문학적 리얼리즘을 추구하기에 이른다.

평론가 다케다 세이지는 이렇게 말한다. "이회성 문학에서 2세가 갑자기 민족 이념을 획득하는 데에는 적지 않은 고난이 뒤따른다. 그래서 젊은 세대는 먼저 재일코리안의 집에서 빠져나와 민주주의적인 일본 사회 속에서 살고 싶다는 생각을 갖는다. 그러나 민족 이념은 당장 집으로의 귀속을 강제하기 때문에 그들은 집 혹은 아버지에 대한 반항의 방편으로써 먼저 일본 사회의 인간적인 이념을 받아들이고, 나아가 그 이념과 현실의 커다란 괴리에 직면하면서 비로소 민족 이념을 표출하게 된다. 이것이 2세대에게 반일본인의 길이 피할 수 없는 기본적인 이유가 되기도 하지만, 이와 같은 일본인화의 길은 동시에 민족 이념의 측면에서는 최대의 위기이기도 하다."[71]

재일의 젊은 세대에게 조선인이 된다는 것은 인간성 실현을 위한 하나의 중요한 회로라고 하더라도, 본래는 성장 과정에서 체득하게 되는 조선적인 감각이라든가 조선인의 생활감정을 더는 몸에 익힐 수 없음은 자명하다. 부모 세대와는 다른 역사적인 입장에 처해 있으면서도 여전히 민족을 희구하고 조국에 대한 갈증을 느끼지 않을 수 없는 것이 재일코리안이라는 모순된 존재인 것이다. 재일코리안으로 살아간다는 존재 조건 자체가 피차별적이고 비인간적일수록 민족이나 조국, 통일과 같은 이상세계가 빛을 더해 가기 때문이다. 민족이나 조국을 고집해서 모든 것이 해결될 리가 없다고 하더라도 그렇게 해서 아이덴티티를 확보함으로써 자존심과 삶의 활력을 얻을 수 있는 길이 열리게 된다는 것이다. 이회성 문학에 꿈이라든가 희망이라는 용어가 자주 등장하는 것도 이 때문이다.

---

71) 竹田靑嗣, 『〈在日〉という根拠－李恢成・金石範・金鶴泳』, 国文社, 1983 참고.

　다만, 조직이나 남북의 조국과 깊은 그늘이 드리워진 관계 속에서 재일코리안 문학은 많든 적든 정치소설의 색채를 띨 수밖에 없다. 이회성의 경우도 북한이나 조총련과의 알력 속에서 조국 통일이라든가, 이승만이나 박정희 정권의 타도라든가, 그리고 민주화 투쟁에 어떻게 하면 관계하여 함께 싸울 수 있을 것인지 그 고민을 문학의 테마로 삼았다. 북한이든 남한이든 모두 '우리 조국'이라 생각했던 이회성은 조총련을 탈퇴한 이후 민주 통일을 이룩하기 위해서는 오히려 남한을 바꾸는 것이 먼저라는 생각을 가졌다고 한다.[72]

　그러나 과연 재일코리안이 남한을 바꿀 수 있었을까. 이회성의 『못다 꾼 꿈』에 대한 서평 중에 이에 대한 비판도 있었다. 이회성의 초기 작품에는 '동화된 소년 → 반일본인 → 민족적 자각'이라는 이상적 이미지가 반복해서 묘사되어 젊은 세대의 재일코리안에게 강한 영향을 주었는데, 이것이 신화에 불과한 것이라고 지적한다. 게다가 이 신화가 『못다 꾼 꿈』에 와서는 고립된 재일코리안이 정치의 문맥을 통해 본국의 민중과 연대하는 길로 향한다는 새로운 신화로 변형되어 간다. 한국의 정치적 현실에서 심적 고통을 느끼는 것은 당연한 일이겠지만, 재일코리안의 사상과 본국에 실제로 존재하고 있을 사상 사이에는 상상할 수 없을 정도의 차이와 균열이 있다. 이회성은 그와 같은 균열에 직면하였을 때, 힘차게 도약하여 그것을 훌쩍 뛰어넘은 것처럼 보이기도 한다. 그러나 막상 훌쩍 뛰어넘은 곳에 있는 본국의 사상은 실제 이회성이 머릿속에서 그려낸 재일코리안의 사상에 불과한 것이 아닐까.

　재일코리안이 혁명 내지는 변혁의 주체가 될 수 있는가, 혹은 어디까지가 연대인가, 하는 문제를 두고 당연히 의견이 분분할 것이다. 그러나

---

72) 李恢成・河合修, 「時代のなかの「在日」文学」, 『社会文学』 第26号, 2007 참고.

어느 쪽이든 이회성에게 조국은 조국이었다. 그는 『죽은 자와 산 자의 도시(死者と生者の都市)』(1996년)에서 이렇게 쓰고 있다. "1917년 경상남도 출생으로 독일에서 살고 있던 세계적인 작곡가 윤이상은 1967년 7월에 한국 중앙정보부가 유럽에 거주하는 한국인 교수와 유학생을 서울로 납치한 동백림사건이 발생한 이후, 끝내 한국으로의 귀국을 거부당하자 곧바로 서독에 귀화하였고 다시는 한국 땅을 밟은 적이 없다. 그때 윤이상은 독일을 '조국'으로 느꼈다고 한다." 그러나 이회성에게는 좋든 싫든 조국은 조국이었다는 것이다.

그렇다면 조국이란 무엇인가. 일본으로부터 거부당하고, 일본에 동화되기 어려운 재일코리안에게 조국은 관념적인 개념으로서가 아니라 실제 일상생활에 밀접한 관계성을 지닌 개념이다. 조선 국적인가, 한국 국적인가와 같은 국적 문제, 그리고 이에 따른 조국 방문이나 여권 문제 등 아주 구체적이고 엄격한 문제로써 받아들여지는 '실체'적 개념인 것이다.

이회성은 아쿠타가와상 수상 이전인 1970년 10월에 조선 국적을 그대로 지닌 채 임시 여권을 발급받아 비밀리에 한국을 방문하였다. 당시는 재일코리안 모국 유학생에 대한 단속이 강화되던 시기였다. 수기에서도 방한에 대해 밝히고 있는데 방한을 제안했던 인물의 이름은 지금도 밝힐 수 없다고 한다.[73] 이후 이회성은 아쿠타가와상을 수상하고 1972년 6월에 한국일보사의 공식 초청으로 다시 방한하게 된다. 이때도 국적은 조선이었다. 그러나 남북공동성명(1972.7)이 발표되고 6개월이 지나 유신 체제로 이행하면서 장기간에 걸쳐 한국 정부로부터 입국을 거부당하였다.

이회성은 1980년대에 들어서면서 더 이상 소설을 쓰지 않았다. 『지상

---

[73] 李恢成, 「韓国国籍取得の記」, 『可能性としての「在日」』, 講談社文芸文庫, 2002 참고.

생활자』 제5부에 해당하는 「해후와 사색(邂逅と思索)」(『群像』 2012.3~2014.6)
을 보면 그간의 사정을 알 수 있다. 조국 통일의 꿈을 담은 장편 소설이
베테랑 작가로부터 좌익 문학의 틀에 지나치게 빠져있다는 비판을 받고
심적으로 많이 괴로웠다고 한다. 그는 고향 사할린으로 여행을 떠나 연
애 문제를 일으키는 등 문학적 인간의 나약함을 드러내기도 하였다. 그
리고 재일상공인의 지원을 받아 『계간 재일문예 민도(季刊在日文芸民濤)』
의 편집과 발행(1~10호, 1987.11~1990.3)에 힘썼는데, 재일코리안의 역사
를 남긴다는 의미에서 가장 큰 공적이라 볼 수 있다.[74]

6) 고사명

　고사명은 1932년 야마구치현 시모노세키시에서 태어났다. 본명은 김
천삼이다. 세 살 때 어머니가 돌아가시고 일본어를 교육받고 사용하면서
탄광 광부였던 아버지와의 의사소통이 쉽지 않았다고 한다. 빈털터리가
된 아버지가 목을 매고 자살하려고 할 때 고사명은 형과 함께 일본어로
울부짖으며 애원하였지만, 아버지는 절망적인 시선을 보내며 조선어로
대답할 뿐이었다. 싸움이 원인이 되어 열다섯 살 때 야마구치 형무소에
수감되었고, 거기서 형이 보내 준 일본 시인 이시카와 다쿠보쿠의 시집

[74] 李恢成, 『可能性としての「在日」』, 講談社文芸文庫, 2002 참고. 이후 이회성은 1995년 11월에
세 번째로 한국에 입국하였다. 두 번째 입국 때부터 계산하면 23년 만이었다. 그동안 국
적 문제 등으로 한국 당국과 입국을 둘러싼 교섭을 하였다고 하는데, 1998년에 김대중 정
권 발족을 계기로 한국 국적을 취득하였다. 이회성은 김대중 정권이 진정한 '국민 정권'이
고, 그러한 정권의 발족으로 대한민국이 민주화되었다고 표명하면서 한국 국적을 취득한
정당성을 주장하기도 하였다. 이를 두고 조선 국적을 유지하고 있던 김석범이 강한 반론
을 제기하였던 것이다. 당시 원칙적으로 조선.국적으로는 한국에 쉽게 입국할 수 없었다.
그러나 이회성도 서술하고 있듯이 결국 입국을 허가할지 어떨지는 정부 권력이 결정하는
바로, 조선 국적이라도 한국 정보기관이 '공작상' 필요하다고 판단하면 총련계 인물 등을
비밀리에 입국시키기도 하였다.

을 반복해서 읽은 것이 최초의 문학적 체험이었다.

열여덟이 되던 1950년에 일본 공산당원이 되어 정치 운동에서 참여하였고, 일본 여성 오카 유리코와 결혼하였다. 민전에서 조총련으로 노선을 전환할 때 탈당하게 된 고사명은 문학과 재회하였고, 1971년에 첫 작품집『밤이 세월의 발길을 어둡게 할 때(夜がときの歩みを暗くするとき)』를 발표하였다. 혁명 운동과 인간의 모순에 집중하고 있는 이 작품으로 그는 큰 주목을 받았고 평론 활동도 본격화하게 된다.

1975년에 자전적 소설『산다는 것의 의미-어느 소년의 성장 과정(生きることの意味-ある少年のおいたち)』을 출판하고 일본 아동문학자 협회상과 산케이 아동출판 문화상을 수상하게 된다. 그런데 아이러니하게도 이듬해 외동아들 오카 마사후미가 열두 살의 나이로 자살을 하였다. 아들의 유고 시집『나는 열두 살(ぼくは12歳)』(1976년)을 아내와 함께 편찬해 일본 사회에 파장을 일으키기도 하였다. 아들의 자살로 충격을 받은 고사명은 그 후 일본 고전『탄이초(歎異抄)』를 읽으며 정토진종의 가르침에 귀의하였다. 그리고 인간이 자기 안의 어둠을 극복하고 생명의 힘을 회복해 갈 수 있는 지혜를 탐구하기 시작하였다.

고사명은『월애삼미(月愛三昧)』(2010년)에 실린「죽은 아들과의 재회(亡き子との再会)」라는 글에서 이렇게 말한다. "내가 신란의『탄이초』5장과 인연이 된 것은 하나뿐인 아들이 죽은 밤이었습니다. 그것이야말로 부처님의 인도였을 테죠. 칠흑같이 어두운 방에 가로놓인 아들의 관 옆에 나란히 누워 있자니, 불도의 가르침에 인도되어 살아가라는 목소리가 들렸습니다."

주로 자신과 주변 인물의 인생사를 작품에 담아 온 고사명은 2004년에 발표한『어둠을 먹다(闇を喰む)』에서도 자전적인 경험을 각색하여 재일코리안 2세의 삶을 그려내었다. 이 작품은 전 2권으로 구성되어 있다.

1권에서는 주인공 김천을 중심으로 재일코리안 2세가 겪게 되는 사회적 차별과 빈곤, 고독 등을 묘사하고 있다. 성장 과정에서 폭력을 휘두르다 형무소에 수감되는 에피소드로 등장한다. 2권에서는 공산당원이 된 김천이 조련 해산 반대 투쟁을 하다 체포되어 투옥되는 과정을 그렸다. 그리고 당의 방침과 노선에 의문을 제기하다 불량분자로 낙인 찍히는 사건 등을 현실적으로 담았다. 투옥된 김천을 석방시키기 위해 구명 활동을 벌이는 인물이 등장하는데, 이는 평생 사회주의자와 부락해방 운동가, 항일독립 운동가들을 변호해 온 인권 변호사 후세 다쓰지를 실제 모델로 하였다고 한다. 재일코리안 2세의 삶과 시대의 격변이 묵직한 울림을 주는 작품이다.[75]

7) 김학영

김학영은 1938년 군마현에서 태어났고 본명은 김광정이다. 원래 야마다라는 일본 이름을 썼는데, 대학에 들어가면서 '김'이라는 성을 사용하였다. 대학에서는 화학을 전공하고 도쿄대학대학원 화학계연구과 박사과정을 중퇴하였다. 1965년 대학의 문학 동인지인 『신시초(新思潮)』에서 김학영이라는 필명으로 활동하기 시작하였고, 1966년 『얼어붙은 입(凍える口)』이 문예상을 수상하면서 본격적인 작가의 길로 들어섰다. 그의 작품 세계는 말더듬이를 등장시켜 '불우의 의식'을 표현하고 재일코리안 2세대의 민족에 대한 고뇌와 폭력적인 아버지를 둘러싼 절대적인 고뇌 속에서 독자적인 세계를 그렸다는 평가를 받았다. 이후에도 『돌의 길(石の道)』(1974년), 『착(鑿)』(1978년) 등 4편의 작품이 아쿠타가와상 후보작에 오르

---

75) 세계한민족문화대전, 『어둠을 먹다』,
     http://www.okpedia.kr/Contents/ContentsView?contentsId=GC95201339&localCode=jpn

는 등 꾸준히 작품 활동을 하며 재일코리안 2세 작가로서 입지를 굳혔
다. 1985년 마흔여섯에 조슈의 마에바시에 있는 아버지 집 2층에서 가스
자살을 하여 생을 마감하였다.

데뷔작인 『얼어붙은 입』에서 다루었던 아버지, 집, 민족과 같은 주제
들을 만년까지 일관되게 그려내면서 정주화라는 현실 앞에 고뇌하는 재
일코리안 세대들의 현실 인식과 갈등을 문학적으로 표출하였다. 동시대
에 활동하였던 다수의 재일코리안 작가들은 민족의식을 주요한 근거로
삼아 그들의 우울한 현실을 극복해 가는 형태의 내용을 주로 다루었다
면, 김학영은 일본과 조국 어디에도 속하지 못하는 '불우함'을 있는 그대
로 그려냄으로써 독자적인 문학 세계를 창출해 내었다. 『얼어붙은 입』에
서 표현된 말더듬의 고통은 작가의 이러한 경계인 의식을 상징하는 코드
로 볼 수 있다. 바로 이 점이 민족 혹은 조국과 같은 이데올로기적 요소
가 더 이상 절대적으로 기능하지 않는 재일코리안 3세, 4세대들에게 많
은 공감을 불러일으켰다.[76]

김학영의 주요 작품들은 『김학영 작품 집성(金鶴泳作品集成)』(1986년)
이 간행되면서 널리 알려지게 되었다. 이 작품집에 다케다 세이지가 기
고한 「해설-고뇌의 원질(〈解説〉 苦しみの原質)」은 김학영 문학에서 가
장 원형적인 감촉으로서의 삶의 고통을 이야기하고 있다. 더구나 김학영
의 소설 대부분과 처음 공개되는 일기, 수많은 에세이와 서평 등을 망라
한 『얼어붙는 입-김학영 작품집(凍える口-金鶴泳作品集)』(2004년)과
『흙의 슬픔-김학영 작품집2(土の悲しみ-金鶴泳作品集II)』(2006년)가 간
행되면서 김학영은 재일코리안 문학, 그리고 재일코리안의 정신사에서
확고한 위치를 차지하게 되었다.

---

76) 엄미옥, 「재일디아스포라문학에 나타난 언어경험양상: 김학영, 이양지, 유미리의 작품을
   중심으로」, 『한민족문화연구』 제41집, 2012 참고.

다케다 세이지는 「고뇌의 원질」에서 김학영 문학에는 말더듬이, 민족 문제, 그리고 아버지라는 세 가지 큰 모티프가 있는데, 그것이 일상에서 소용돌이치는 '고통의 근원'이 되어 선명하게 상호 진동하고 있다고 평가 하였다. 김학영에게 민족은 북한과 남한 사이에 놓여 있지만 기본적으로 는 한국 쪽을 지지하였다. 이러한 관계 설정은 일상생활에서 가정 내 아 버지나 어머니, 그리고 북한을 지지하는 아버지와 자신을 통해 알 수 있 다. 특히 어머니에게 상처를 주는 아버지의 폭력, 그것을 보고 자란 아들 의 고뇌, 그리고 그런 것을 포괄하는 의미에서 말더듬이를 비롯한 자기 자신의 고통, 게다가 자기해방의 수단인 창작에 전념하려던 자신과 어린 아이를 돌봐야 했던 생활고는 아버지로부터 파생되는 문제였다. 그의 일 기 여기저기에서 숙취, 수면 부족, 컨디션 이상, 설사, 복통, 복부 이상, 절망, 그리고 자살이라는 단어가 목격된다.

> 영주권 신청을 결심하였다. (…) 나는 북한 쪽이라기보다는 한국 쪽이라는
> 것을 이참에 명확히 하려는 것이다. (…) (구청으로 모여든) 조총련은 나의 신
> 청 사실을 곧바로 고향의 아버지에게 알릴 것이다. 이것은 조총련이 할 법한
> 일이다. 아버지가 충격을 받고 병이 나지는 않을까. (…) 이제는 돈이 떨어져
> 서 아내의 반지 두 개를 전당포에 맡기고 2만 엔을 빌렸다. (1971년 1월 6일,
> 33세)
> 쓰려고 해도 쓸 수 없다. 원래부터 쓸 수 없는 것을 무리해서 쓰려 하는 걸
> 까? 극도의 궁지. 생활도 문학도 궁지에 몰려 있다. (1979년 6월 8일, 41세)
> 소설이란, 유서다. 그때그때의 유서다. (1983년 10월 6일, 45세)[77]

김학영의 아버지는 일본어를 할 수 없었다. 또 타국에서의 삶이 평탄

---

77) 金鶴泳,「そしてわれらは──金鶴泳日記抄(略年譜を付す)」,『凍える口 金鶴泳作品集』, 図書 出版クレイン, 2004 참조.

할 리 없었고 이러한 상황은 가정 폭력으로 분출되었다. 김학영의 말더
듬기는 아버지와의 관계에서 일상화되었다.[78] 이렇듯 어두운 가정에서
어릴 때부터 마음에 상처를 입고 말더듬이로 괴로워하며 성장하는 가운
데 조국이나 민족 어디에도 마음 둘 곳을 찾지 못한 그는 계속해서 소설
을 쓰는 것으로 마음의 상처를 치유하고자 하였다. 그러나 끝내 이도 지
쳤는지 가족을 남기고 스스로 목숨을 끊은 비극의 주인공이 되고 말았
다.

　다케다 세이지는 『'재일'이라는 근거』에서 김학영론을 쓴 후, 1996년에
「재일과 대항주의(在日と対抗主義)」라는 논문을 발표하였다.[79] 『'재일'이
라는 근거』를 출판할 당시 재일코리안은 '민족인가, 동화인가'라는 정치
적이고 윤리적인 결단을 재촉하는 물음에 직면하였다고 한다. 그래서 민
족주의를 기축으로 해야 할지, 민족주의를 버려야 할지 끊임없이 고민해
야 하였다고 밝힌다. 한편 다케다 세이지는 그러한 의문이 자연스럽게
무의미해지고 퇴색할 것이라고 예상하였다고 한다. 그러나 현실에서는
그러한 예상이 반은 맞고 반은 빗나간 듯이 보인다며, 재일코리안이 향
후 차별에 대항해야 하는 근거로, 혹은 '재일을 살아가는' 근거로서 민족
적 아이덴티티를 대신할 새로운 이념을 발견할 수 있을지 반신반의해 한
다. 말 그대로 이해하면 재일코리안은 다케다 세이지의 말처럼 민족적
아이덴티티, 즉 극단적인 대항주의적 이념에 여전히 사로잡혀 있다는 뜻
이다. 이에 대해 윤건차는 민족이라든가 민족주의, 민족적 아이덴티티는
그 자체로 인간 존재의 본원적 의미를 차지하는 것이며, 그러한 의미에
서는 민족에 얽힌 사고를 전면 부정할 수도 있는 발상 자체가 잘못된 것

---

78) 黒古一夫, 「〈解説〉「北」と「南」の狭間で―金鶴泳の口を凍えさせたもの」, 『〈在日〉文学全集』
　　第6巻 金鶴泳, 勉誠出版, 2006 참고.
79) 竹田青嗣, 「在日と対抗主義」, 『岩波講座現代社会学』第24巻(民族・国家・エスニシティ), 岩
　　波書店, 1996 참고.

이 아니라며 다케다의 문제 제기를 비판한다. 본래 민족이란 근대 초기에 저항의 이념 내지는 정신으로서 키워진 것이며, 탈근대·탈식민지의 과제가 아직도 미완성인 현시점에서 재일코리안이 그 본질에 있어 민족과 분리되기 어려운 상태로 존재하고 있는 것은 당연한 일이라는 것이다.[80] 민족을 이야기하는 것이 인간성의 회복과 평등한 사회, 세계의 실현을 염원하는 것이기 때문이다.

물론 민족이라든가 민족주의, 민족적 아이덴티티 같은 말의 사용법 자체가 이미 오해받기 쉬우며, 오늘날에는 민족이라는 말 자체에 거부감이 있는 것도 사실이다. 그러나 재일코리안 2세대는 차치하더라도 3세, 4세대까지도 민족적 아이덴티티를 통해 민족적 자각이라는 '고통의 원형질'로부터 자유롭지 못한 현실에서 민족에 얽혀 있는 것을 회피하는 것만으로는 일이 해결되지 못할 것이다.

다케다 세이지는 2006년에 간행된 『흙의 슬픔-김학영 작품집2』에 수록된 「고뇌의 유래-김학영을 애도한다(苦しもの由来-金鶴泳を悼む)」에서 다음과 같이 서술하였다.

재일 작가로서 김학영 씨의 독창성은 '재일'로 산다는 것의 고난을 '말더듬이'의 고난에 중첩시켜 그려냄으로써 통상적인 '북인가, 남인가'라는 이율배반적인 문제의 범주를 비로소 뒤흔든 점에 있다. (…) 김학영 씨에 의해 파악된 '재일'은 역사라는 착오에 의해 초래되고 전도된 부정적인 것을 의미하지 않는다. (…) '재일'이란 이미 올바른 형태로 재정립하는 것이 무의미하기도 하고 또 불가능할 것 같은 부정적인 성격의 존재임에 틀림없다. 그렇기 때문에 김학영 씨의 주인공들은 민족으로의 귀속이나 아버지와의 화해라는 아이덴티티의 거점을 끊임없이 모색하면서 계속해서 좌절하는 모양새를 반복하는 것이다.

---

[80] 윤건차, 박진우·김병진 외 옮김, 『자이니치의 사상사』, 한겨레출판사, 2016, 638~639쪽.

김학영의 내향적인 자기 심화 과정이 문학의 보편적 가치로 접목되고 있고, 이렇게 어디에도 속하지 못하는 '불우함'을 있는 그대로 묘사해 내는 방식은 이후 재일코리안 문학, 그리고 재일코리안의 삶의 방식을 이해하는 데에 유의미하게 다가온다.

8) 김태생

김태생은 1924년 제주도에서 태어났다. 1930년에 일본으로 건너가 오사카의 이카이노[81](현재 이쿠노)에서 성장하였다. 해방 후 결핵을 앓아 오른쪽 폐엽과 늑골 아홉 개를 절단하였고 8년에 걸쳐 요양 생활을 하게 되었다. 퇴원 이후 야스타카 도쿠조의『문예수도』에 함께 참여하여 기타 모리오, 모리 레이코 등과 교류하면서 일본어 실력을 쌓았다. 1960년대에는 조총련 조직에서 활동하면서 잡지『통일평론(統一評論)』에 안재균이라는 필명으로 많은 기사를 남기기도 하였다. 그러나 1972년 잡지『인간으로서(人間として)』제10호에 아버지와의 갈등과 죽음에 대한 고뇌를 그린 소설「뼛조각(骨片)」(이후 1977년에 단행본으로 출간)을 발표하며 다시 작품 창작에 들어섰다. 그 후『계간 삼천리』,『신일본문학』등에 주옥같은 작품을 발표하였다. 작품집『나의 일본지도(私の日本地図)』(1978년),『나의 인간지도(私の人間地図)』(1985년),『나그네 전설(旅人(ナグネ)伝説)』(1985년),『붉은 꽃－어느 여자의 생애(紅い花－ある女の生涯)』(1993년) 등을 발간하였고, 모두 자신이 성장한 이카이노를 배경으로 다루고 있다.

---

81) 이카이노는 '돼지를 기르는 토지'라는 뜻으로, 제주도와 오사카 사이를 연결하는 정기 여객선 기미가요마루호를 타고 표류하던 한국 사람들이 온갖 고생을 하며 개척한 마을이었다. 일본 전체에서 재일코리안이 가장 많이 거주하기도 하였던 이곳에서 김태생은 빈곤한 숙모 밑에서 자라며 어릴 때부터 공장 등에서 일하였다. 세계한민족문화대전, 김태생, http://www.okpedia.kr/Contents/ContentsView?contentsId=GC95200240&localCode=jpn

김태생의 문체는 사람들 간의 만남과 이별, 거리의 풍취나 풍물의 음영을 독자적이면서도 세련된 필치로 표현하고 있다. 이름 없는 재일코리안 민중을 애처로운 시선으로 섬세하게 다루며 응시한다. 『나의 일본지도』는 「고향으로(故鄕へ)」, 「작은 출발(小さな旅立ち)」, 「만남과 이별 사이에서(出会いと別れの間で)」, 「잃어버린 것(失われたるもの)」, 「모국이 소생하는 나날(母国甦る日々)」로 구성되어 있다. 여기서 인간은 이데올로기만으로 나눌 수 있는 존재가 아님을 맑고 투명한 일본어로 표현하고 있다.

많은 평론가가 김태생의 일본어를 격찬하였는데, 이소가이 지로는 『시원의 빛』에서 「명징과 응시－김태생론(明澄と凝視－金泰生論)」이라는 글을 통해 김사량의 문체가 농밀화라면, 김태생의 표현은 담채화에 비유할 수 있다고 평가하였다. 또 그는 명징과 정치한 문체, 인간의 삶과 죽음, 사물이나 현상이 투명하게 보이는 듯한 시선으로 정교하고 치밀하게 접근하여 숨결이 전해 오는 듯한 문체라며 김태생의 문장을 호평하고 있기도 하다. 이외에도 김태생 문학은 소박하지만 '인광처럼 빛나는 소설'[82], '세련되고 섬세한 일본어 리얼리즘 문학'[83]이라는 평가를 받기도 하였다.

9) 양석일

양석일이 현재 알려진 것처럼 대중 소설가로 활약하기 시작한 것은 주로 1990년대 이후이다. 1980년대 중반 이후부터 재일코리안의 문학 세

---

82) 金時鐘, 『金時鐘詩集選 境界の詩』, 藤原書店, 2005 참고.

83) 林浩治, 「鄭承博と金泰生」, 『〈在日〉文学全集』第9巻 金泰生・鄭承博, 勉誠出版, 2006; 林浩治, 「金泰生論」, 『在日朝鮮人日本語文学論』, 新幹社, 1991; 林浩治, 「金泰生と在日朝鮮人文学の戦後」, 『さまざまな戦後』, 日本経済評論社, 1995 참고.

계에는 새로운 현상이 나타났는데, 세대가 크게 교체되는 가운데 일본
사회로의 동질화 현상이 진행되었고 일본 이름으로 활동하는 작가도 적
지 않게 등장하였다. 이런 분위기에서 양석일의 등장은 화제를 모았다.

양석일은 1936년 오사카에서 태어났다. 처음에 그는 1950년대 서클 시
잡지 『진달래』나 그 뒤를 이은 『가리온』을 통해 활약을 하면서 시인으
로 출발하였다. 고등학교 때 우연히 친구의 병문안을 갔다가 거기에서
재일코리안 출신의 환자를 소개받았는데, 그가 바로 김시종이었다고 한
다.[84] 양석일의 본명은 양정웅이다. 이후 김시종이 '석일'이라는 이름을
붙여주었다.[85] 양석일이 유일한 시집 『몽마의 저편(夢魔の彼方)』을 출판
한 것은 1980년이다. 그해 운전하던 택시가 추돌 사고를 당해서 사망자
를 내고 자신도 입원하는 일이 두 차례나 이어졌다고 한다. 곧장 택시
회사를 그만두고 곤궁한 처지에서 『광조곡(狂操曲)』(1981년)을 집필하여
데뷔하였다. 그 후 『택시드라이버 일지(タクシードライバー日誌)』(1984년)
를 출판하고 『족보의 끝(族譜の果て)』(1989년)과 같은 장편 소설을 잇달
아 발표하였다.

청년 시절, 시 창작에 몰두했던 양석일은 생활의 안정을 위해 문학과
돈벌이의 양립에 노력하였다. 구둣방, 고물상, 양복점 일 등을 거친 후,
아버지에게 300만 엔을 빌려서 인쇄 회사를 경영하였다. 그러나 사업은
곧바로 난관에 부딪혔고 은행에 이자를 갚기 위해 고금리 사채나 폭력단
등으로부터 돈을 빌리기 시작하였다. 헤어날 수 없는 나날을 보내며 매
일같이 밤마다 환락가를 배회하며 주색에 빠졌다고 한다. 끝내 버티지
못하고 도산해서 막대한 부채를 떠안게 되고, 점점 더 심해지는 아버지

---

84) 이때 재일코리안으로서 시를 쓰는 사람은 나뿐이라고 생각하고 있었는데 친구가 김시종
을 재일코리안 시인으로 소개해 주어 깜짝 놀랐다고 회상하고 있기도 하다(『朝日新聞』
2010.7.5).

85) 金時鐘・梁石日, 「〈対談〉我らが文学と抵抗の日々を想起する」, 『世界』7月号, 2004 참고.

의 폭력을 견딜 수 없게 된다. 파멸할 지경에 이른 양석일은 센다이로 도망치듯 떠나가 찻집에서 지배인으로 근무하였다. 그러나 빚은 더욱 늘어났고, 1970년 2월에 상경하여 신주쿠 중앙공원에서 택시운전사 모집 광고를 보고 기숙사 생활을 할 수 있는 택시운전사로 근무하기 시작하였다. 그러던 중 병상에 있던 아버지로부터 가업을 이을 것을 부탁받았지만 거절한다. 아버지는 얼마 뒤 전 재산을 총련에 기부하고 북한으로 건너갔으며, 그곳에서 혼자 외롭게 병으로 사망하였다.

이러한 그의 자전적 이야기는 작품 『피와 뼈(血と骨)』(1998년)에 그대로 노출되어 있다. 감독 최양일이 2004년에 영화로 제작하기도 한 이 작품은 대형 영화사인 쇼치쿠사가 제작에 참여하는 등, 시작 단계부터 일본 대중들의 관심을 끌었다. 2005년 일본 아카데미 영화제에서 최우수 감독상을 포함하여 4개 부문을 수상하고, 미국 아카데미 영화제에 일본 대표작으로 출품되는 등 평단과 대중 양쪽에서 우호적인 평가를 받았다.

양석일 문학의 대부분은 이렇게 그 자신이 겪은 다양한 체험의 산물이라 할 수 있다. 더욱이 『피와 뼈』로 대표되듯이 작품 중 적지 않은 수가 영화로 만들어지면서 그의 대중적인 작품성이 재일코리안 사회를 너무 폭력적으로만 그려내며 일본인의 오락적 취향에 기대고 있다는 혹평을 받기도 하였다.[86] 이소가이 지로는 양석일이 폭력과 섹스를 과격하게 묘사한다며 "폭력도 섹스도 그 묘사는 그의 내면의 조선 혹은 인간을 속박해 온 '거대한 이야기'에 반기를 들고 해체하기 위해 정면으로 격투하고 있다. 그렇기 때문에 역설적으로 양석일은 조선으로부터 어느 곳으로

[86] 반자전적 성격의 에세이 『수라를 살아간다(修羅を生きる)』(1999년)의 저자 후기에서 그는 이렇게 밝히기도 하였다. "너무나 자기중심적이고 파멸적인 나 자신의 삶의 방식에 아연 실색하였다. (…) 글을 쓴다는 행위는 그러한 내면의 드라마를 자기화할 수 있는 하나의 방법이다." 다카하시 도시오는 그러한 양석일의 태도를 '장난기 많은 창조적 착란자'에 비유하기도 하였다. 高橋敏夫, 「〈解説〉やんちゃな創造的錯乱者」, 『〈在日〉文学全集』第7巻・梁石日, 勉誠出版, 2006 참고.

도 이탈하지 않는다. 그의 소설은 그 자체로 조선인 문학이다. 그 역설이 팔리는 것인지도 모른다."고 양석일의 작품에 난무하는 폭력성을 재일코리안 2세대의 문맥 속에서 평가하기도 하였다.[87]

이런 그의 작품은 민족의식이 강한 재일코리안 1세대 문학과는 달리, 일본의 국민도 조선의 국민도 아닌, 재일코리안의 타자적인 위치를 조명하고 있고 그것은 해방 후에도 변하지 않는 제국의 타자인 식민지인으로서의 자기인식을 반영하고 있다고 평가하기도 한다.[88] 또 양석일은 김석범과의 대담에서 "옛날 아버지들은 이런 측면이 있었다. 즉 부성과 부권을 상징하듯 이야기되고 있습니다. 저도 그에 대해 반대하는 것은 아닙니다만, 실은 그런 소설이 아닙니다. 어떤 의미에서는 역시 신체성의 문제입니다. 그 신체성이 지금 결락되어서 허물이 되어 버린 가운데 김준평의 존재는 신체성을 특권화한 존재라는 측면이 있습니다."라고 밝히고 있다.[89] 사소설적 성향이 뚜렷한『피와 뼈』에서조차 민족과 조국과 같은 문제를 주인공의 현재와 일직선으로 연결하기보다 인간이라는 존재의 어두운 면을 보편적 시점에서 묘사한다는 점에서 재일코리안 작가로서의 특징이 담겨 있다고 볼 수 있다.[90]

이외에도 재일코리안의 삶을 통해 일본의 전후 50년사를 통찰한『밤을 걸고(夜を賭けて)』(1994년)에서는 옛 오사카 조병창 터에 묻혀 있는 고철을 몰래 캐어 생계를 꾸리던 일명 아파치족이라 불리던 재일코리안의 삶을 다루었다. 이 작품 역시 2002년에 재일코리안 2세인 김수진 감

---

87) 磯貝治良,『〈在日〉文学論』, 新幹社, 2004 참고.

88) 구재진,「제국의 타자와 재일(在日)의 괴물 남성성-양석일의『피와 뼈』연구-」,『민족문화사연구』제43권, 2010, 377쪽.

89) 梁石日・金石範「『血と骨』の超越性をめぐって」,『ユリイカ』44, 2000 참고.

90) 세계한민족문화대전,『피와 뼈』,
    http://www.okpedia.kr/Contents/ContentsView?contentsId=GC95201276&localCode=jpn

독에 의해 영화화되었다. 그리고 장기이식 등 아동매매와 아동 매춘의
실상을 해부한 화제작『어둠의 아이들(闇の子供たち)』(2002년)도 일본의
대표적 사회파 감독 사카모토 준지에 의해 영화화되었다.

10) 오임준

오임준은 1926년 경상남도 마산에서 태어나 네 살 때 부모님을 따라서
일본으로 건너갔다. 열여덟 살 때 만주에서 일본군 이등병으로 복무하였
고, 해방 후에는 재일본조선미술회와 재일본조선문학예술가동맹에서 활
동하였다. 민족학교 교사로 재직한 적도 있지만, 화가와 시인, 평론가로
알려져 있다. 시집으로『바다와 얼굴(海と顔)』(1968년),『해협-오임준
장편 서사 시편 집성(海峽-吳林俊長編敍事詩篇集成)』(1973년) 등을 발표
하였고, 번역시집에『아리랑의 노랫 소리-현대 남조선의 시선(アリラン
の歌ごえ-現代南朝鮮詩選)』(1966년) 등이 있다. 평론집으로는『기록 없
는 수인-황군에 지원한 조선인의 전투(記錄なき囚人-皇軍に志願した朝
鮮人の戰い)』(1969년),『조선인 속의 일본(朝鮮人のなかの日本)』(1971년),
『조선인으로서의 일본인(朝鮮人としての日本人)』(1971년),『재일조선인
(在日朝鮮人)』(1971년),『조선인의 빛과 그림자(朝鮮人の光と影)』(1972년),
『조선인 속의 '천황'(朝鮮人のなかの≪天皇≫)』(1972년),『보이지 않는 조
선인(見えない朝鮮人)』(1972년),『끊임없는 가교-재일코리안의 시선(絶
えざる架橋-在日朝鮮人の眼)』(1973년),『일본인의 조선상(日本人の朝鮮
像)』(1973년) 등 다수의 저서가 있다. 1966년 일본 여성과 결혼하였지만
7년 뒤 마흔여덟의 나이에 심근경색으로 갑작스러운 죽음을 맞이하였다.
유고작으로『전설의 군상-조선인과 일본어(伝説の群像-朝鮮人と日本語)』
(1974년)가 출간되었다.

오임준은 황군으로 복무하던 시기 겪었던 정신적 굴절을 주제로 조선인과 일본인 사이에 존재하는 깊은 균열을 추궁하며 조선인의 민족적 자각을 추구하였다. 그러나 야마구치 게이는 오임준 평전 『바람의 전설(風の伝説)』(1994년)에서 오임준의 생전 평판이 훌륭한 것만은 아니었다고 서술하는데, 이는 그의 작품이 그만큼 많이 읽힌 동시에 적지 않은 비판을 받기도 하였음을 가리키는 것이었다. 그 대표적인 것이 김시종과 안우식의 비판이다.

김시종은 오임준이 패전 직전에 일본 군인으로 징병되었고 일본 군인으로 복무하던 전쟁기의 원체험을 그가 지칠 줄 모르는 집념으로 반복해서 쓰고 있다고 지적한다. 이러한 원체험과 창작에의 집념이 재일코리안으로서의 자기, 조선을 모른 채 일본에서 태어나 자란 사람의 슬픔과 분노의 원형질이라고 평론하기도 하는데, 김시종 본인 역시 소년기부터 청년기까지 그와 같은 과정을 거친 동세대의 한 사람으로서 그 아픔을 이해 못 하는 바는 아니라고 한다. 그러나 그런 원체험에 의한 원형질이라는 것이 혹시라도 일본이 전쟁에 이겼다면 그 고뇌에 가득 찬 일본 군인으로서의 기억이 어떻게 되었을지 모른다며 오임준에게 가차 없는 비판을 가한다. 즉 조선인 총체를 똑같은 인식의 기준에 둠으로써 조선인은 고통받고 있는 존재라는 통상적인 정의로 귀결해 버리는 그의 태도를 비판하는 것으로, 조선인이라는 존재가 하소연해야 하는 쪽에만 서 있다는 균질화된 의식에 대한 거부감을 드러낸 것이다.[91]

평론가 안우식이 오임준을 비판하는 맥락도 김시종과 대략 비슷하다. 여기에 천황과 천황제 비판이라는 시점이 더 부가된다. 그만큼 재일코리안 문학자는 냉엄한 위치에 놓여 있음을 지적한 것으로 보인다.

---

[91] 金時鐘, 『さらされるものとさらすもの』, 解放教育選書〈8〉, 明治図書, 1975 참고.

그의 실수는 그 시점을 자기 내부로 향하게 하는 데 소홀하였기에 일어난 일이었다. 그러나 동시에 천황제에 길들어 있었기 때문에 지금까지 판단력이 흐려졌던 탓이라는 점을 인식하지 않았다는 것도 알아야 한다. 달리 말하면 그 시점을 자기 내부로 향하게 하는 데 소홀하였다는 그 자체가 천황제와 관계를 맺는다는 말이 된다. 따라서 오임준은 무엇보다도 우선 자기 내부에서 천황·천황제와 관계를 끊기 위해 피 터지는 갈등을 해야만 하였다. (…) 마지막으로 오임준의 가장 중요한 실수를 지적해 두고자 한다. 그것은 오임준이 그 개인과 재일조선인 전체를 혼동해 버렸다는 점이다. 오임준이 재일조선인이라고 해서 재일조선인이 오임준이 될 수는 없다.[92]

오임준이 작고하였을 때 몇몇 잡지에서 추도 특집이 기획되었는데, 그 중 『계간 마당』(제2호, 1974.2)에 '재일조선·한국인의 광장(在日朝鮮·韓国人のひろば)'이라는 글이 실렸다.

고발이 계속되면 반드시 공허감이 밀려온다. 민족 주체는 일본 사회에 대한 저항만으로 만들어지지 않는다. 민족에 관한 것을 지향하고 민족의 문화적 자질이 실제적으로 갖추어져야만 한다. 오임준의 경우, 일본어로 쓰지만 거기에 민족의 고유한 것을 담아내려고 노력해 왔다. 그는 잃어버린 자기 회복에 아주 열성적이었다. 그가 나와 말할 때는 항상 모국어를 사용하였다. 다소 이상한 발음에도 주눅이 드는 경우는 없었다. (…) 북한에도 갈 수 없고, 남한에도 갈 수 없다. 결국 '통일되면'이라는 희망만으로 살아갈 수밖에 없는 딜레마 같은 것이었다. 정치 과잉의 시대를 살아가는 재일조선인·지식인의 고뇌를 보는 것 같았다.[93]

오임준의 경우, 민족문화를 지향하였다고 하더라도 현실적으로 일본어라는 매개체를 사용해야만 하였다. 잡지 『조선인(朝鮮人)』(제11호)의

92) 安宇植, 『天皇制と朝鮮人』, 三一書房, 1977 참고.
93) 李仁夏, 「〈呉林俊氏を悼む〉民族的主体の恢復を志向して」, 『季刊まだん』第2号, 1974 참고.

추도 좌담회에서 사회학자 오사와 신이치로가 '일본어로 쓰면 어찌 되었
건 일본 문화 속으로 한 차례 되돌아가 버린다. 그렇게 되면 또 그것을
부정해야지, 만회해야지 하는 힘이 작용한다. 그러한 모순을 안고 있었
다'고 말한 것은 적절한 표현이라 할 수 있다. 오임준이 작고하였을 때
그의 책상 위에는 백지 원고지 5,000장이 쌓여 있었다고 한다.[94]

11) 다케다 세이지

다케다 세이지는 1947년 오사카 출신으로 재일코리안 2세이다. 본명은
강수차이고 호적에는 강정수로 기록되어 있다고 한다. '다케다 세이지'라
는 이름은 일본 문학자 다자이 오사무의 유명한 소설「지쿠세이(竹靑)」
(『文芸』1945.4)에서 따온 필명이다. 즉 다케다 세이지는 일본 이름이 아
니고 필명이라고도 해석할 수 있는 것인데, 그만큼 본명(민족명)에 친숙
하지 않았고 이는 또 그만큼 민족이나 조국에 이질감을 가졌다고 할 수
있다. 이러한 점에서는 김학영과 통하는 부분이 있기도 하다.

와세다대학 정치경제학부 경제학과를 졸업하였고, 메이지대학 교수를
거쳐 와세다대학 국제교양학부 교수로 재직하기도 하였다. 학생 시절부
터 자신의 민족 문제와 정치에 관해 사고하면서 독학으로 철학, 현대 사
상 등을 공부하였다. 그러던 중에 에드문트 후설의 현상학에 경도되었고
현상학을 사상적 원리로 받아들였다. 이후 독자적인 현상학을 탐구하였
는데, 이를 두고 '다케다 현상학'이라고 부르기도 하였다.

1980년대 초부터 글을 많이 썼는데, 『플라톤 입문(プラトン入門)』(1999년),
『니체 입문(ニーチェ入門)』(1994년), 『현상학 첫걸음(はじめての現象學)』

94) 金達壽・飯沼二郎・大沢真一郎・小野誠之・鶴見俊輔,「〈座談会〉呉林俊のつきつけたもの─
呉林俊・追悼」,『朝鮮人』No.11, 1975 참고.

(1993년), 『언어적 사고를 위해−해체와 현상학(言語的思考へ−脱構築と現象學)』(2001년) 등 철학과 현상학에 관한 저서는 한국에도 소개되었다.

또 다케다 세이지가 『'재일'이라는 근거(〈在日〉という根拠)』(1983년)에서 이회성, 김석범, 김학영을 다룬 것은 유명한데, 특히 세대가 변하며 과거 재일조선인 문학이 '재일' 문학 내지는 '자이니치' 문학으로 변용되어 가는 과정을 톺아보며 그중 김학영을 높이 평가하였다.

다케다 세이지는 초기에 문예평론을 썼다. 이런 점이 재일코리안 지식인의 계보에서 보자면 다소 이질적으로 보이기도 한다.

> 당시 학생 중에는 직접 행동으로 옮기지는 않았지만 '세상은 바뀌어야 한다'고 생각하는 '심정좌파(心情左派)'가 많았습니다. 나도 그중 한 사람이었습니다. (…) 나는 평균적인 심정좌파('non sect radical'이라고도 일컬어짐)로 마르크스나 레닌을 읽으면서 '세상을 바꾸기 위해서 무언가 나름대로 할 수 있는 일이 없을까?' 생각하고 있었습니다. (…) 도대체 어느 정도까지 혁명을 위해 노력할 수 있을까? 그 명확한 구분선이랄까, 기준이 아무 데도 없었습니다. 학생 대부분이 그 때문에 고민에 빠져있던 것입니다. 좌익 체험이 있는 한편, 민족 문제에도 봉착하였습니다. (…) 당시 좌익 사상의 중심은 인터내셔널리즘으로, 민족주의라는 것은 오히려 이와는 접점이 없습니다. 저의 경우에는 일본인이 아닌 것은 분명한데 조선 민족으로서 살아가고 싶은 것도 아니었습니다. 이 문제도 어떻게 결정할지, 기준이 아무 데도 없었습니다. 그런 이유로 대학 시절 저의 내면에 명확하게 결판을 내지 못하는 과제가 해결되지 않은 채 남아 있었습니다. 혁명 문제와 민족 문제입니다. 저의 경우에 문학이 그러한 문제를 조금씩 사유하는 수단이 되었다고 봅니다.[95]

다케다 세이지의 평론 활동은 이소가이 지로의 말에 따르면, 민족과의

---

95) 와세다대학 정치경제학부에 재학 중에 쓴 글이다. '集英社新書' 웹칼럼 「在日二世の記憶」 참고.

관계에서 일종의 회피 현상처럼 보였다. 즉 작품 해독에 기초한 그의 문
학론은 수준이 높은 것이긴 하지만, 관점이 조국, 민족, 민중이라고 하는
'규범적 모델'을 부정하고 소위 포스트모더니즘의 입장에서 작가의 내면
을 비추어 보는 것이었다. 재일코리안의 불우함은 극복되어야 할 대상이
아니라 그 자체가 문학의 주제로서 응시해야 할 대상이라는 폐쇄성을 어
쩔 수 없이 받아들이고 해방으로의 회로를 차단해 버린 것이다.[96] 이것
은 재일코리안의 역사성과 존재성과는 거리를 둔 입장으로 받아들여지
기도 한다. 여기에는 차별 사회 일본의 실상과 투쟁하고, 남북분단을 극
복하려는 시점이나 주체의식이 희박하다. 재일코리안에게 조국, 민족,
민중은 허구성을 함유하면서도 역시 실체로서 존재하기 때문이다.

3. 민족적 트라우마를 넘어

1) 이양지

아이덴티티 혹은 경계성의 문제는 재일코리안 문학을 가늠하는 중요
한 척도로 작용해 왔다. 과거 식민지기에 강압적으로 이루어진 민족 정
체성 박탈과 왜곡에 더해 구식민지 종주국인 일본에 남겨진 재일코리안
의 삶에 커다란 그림자를 드리웠다. 분단된 조국, 일본 사회의 노골적인
차별과 타자화는 재일코리안으로 하여금 자신의 역사적, 실존적 위치가
어디인지 끊임없이 모색하게 만들었다. 일본에서 살아가며 일본어를 모
국어로 사용하고 그 문화에 적응해 있는 재일코리안, 이러한 자기모순의

---

[96] 磯貝治良, 「新しい世代の在日朝鮮人文学」, 『季刊三千里』 第50号(特集 : 在日朝鮮人の現在),
    1987. 참고.

뼈아픈 자각과 그렇지만 '재일'을 있는 그대로의 현실로 받아들여야 한다
는 생존의 논리, 한국인이라는 근원 탐색을 통해 아이덴티티를 회복하려
는 의식적인 고투의 과정이 서로 상충하고 혼재하면서 재일코리안의 자
아 찾기는 다양한 스펙트럼을 형성해 왔다. '나는 누구인가'라는 존재적
물음의 양태가 사회적, 역사적 맥락과 날카롭게 조우하면서 '재일'적 자
아의 세대별 유형이 출현하였고, 그들은 반쪽발이, 경계인, 디아스포라라
는 명칭을 스스로에게 부여하였다.

　재일코리안의 경계적 위치, 혹은 이중적 타자의 위치를 문학 작품을
통해 가장 적나라하게 묘사하고 있는 작가로 이양지를 빼놓을 수 없다.
이양지는 본명으로 아홉 살 때 부친의 귀화로 미성년자였던 그는 자동적
으로 일본 국적을 갖게 되었다. 일본 이름은 다나카 요시에였다. 이양지
는 고등학교 3학년에 진급해서 바로 중퇴를 하고, 양친의 이혼문제로 불
안정한 가정을 떠나 교토로 가 여관 일을 돕는 일을 하였다. 와세다대학
교에 진학한 이후 한국문화연구회(한문연)와 인연을 갖게 되고『계간 마
당(季刊まだん)』을 발간하던 잡지사에서 한국어 학습을 하며 민족에 대
해 자각하였다고 한다. 이때부터 이양지라는 본명을 쓰기 시작하였다.
가야금, 한국무용을 배웠고, 또 누명사건으로 알려진 마루쇼사건(1955년)
으로 옥중에 있던 이덕현의 석방 운동에 참여하였다. 얼마 지나지 않아
광주민주화항쟁이 일어나고 1982년에 서울대학교 재외국민교육원을 거
쳐 서울대학교 인문대학 국어국문학과에 입학하여 가야금, 판소리, 무용
등을 배우기도 하였다. 이양지에게 조국은 새로운 희망을 찾을 수 있는
기회의 땅이자 자신의 정신적 이상의 근본이 되는 곳이었고, 삶과 인간
을 바라보는 힘을 배양하기 위한 배양토였다.[97]

---

97) 윤명현, 「이양지문학과 조국」, 『일본학보』 53호, 2002, 470쪽.

그러나 일본어와 한국어 중 양자택일을 하듯 자신의 아이덴티티를 결정하는 것이 쉬운 일은 아니었다. 좌절감과 위화감을 안고서 아이덴티티 확립에 고충을 느끼며 그것을 소설로 쓰게 된다. 1989년 제100회 아쿠타가와상 수상작품이 된 「유희(由熙)」(『群像』 1988.11)는 그러한 이양지의 청춘을 묘사한 대표작이다. 대금 소리와 한글에 크게 애착을 느껴 한국으로 유학을 간 재일 교토 유학생이 주인공이다. 그러나 그리워하던 고국에서 오히려 갈등과 부담을 겪으며 자신의 위선적인 태도에 환멸을 느끼고 귀국하게 된다. 이렇듯 『유희』의 테마는 모국 유학에 의한 조국과의 대면과 좌절이라고 할 수 있는데, 단순히 일반적으로 말하는 문화적 마찰이나 이문화 간의 충돌에서 오는 갈등이 아니라 재일코리안 특유의 모어와 모국어 간의 상충을 '자아 찾기라는 재일코리안의 아이덴티티 문제로 환원하여 깊이 추궁한 작품이다.

이양지는 한국 유학이라는 모국체험을 기반으로 일본뿐 아니라 한국에서 재일코리안이 겪는 정체성의 혼란과 긴장 관계를 가감 없이 작품 안에 녹여내고 있다. 그는 이분법적이고 단일적인 민족 정체성의 논리를 폭로하는 예리한 관찰자이자 경험자로서의 시선을 보여준다. 이후 「나비타령」(1982년)에서부터 「각」(1984년), 「그림자 저쪽」(1985년), 「갈색의 오후」(1985년), 「유희」에 이르기까지 유학 생활에서 겪은 새로운 모국체험의 의미와 문화적 충격, 그리고 정신적 방황, 이방인 의식 등이 언어, 생활, 문화, 인간관계에 이르는 폭넓은 갈등 구조 속에서 세밀한 감각으로 그려지고 있다. 이러한 이양지의 작품 경향에 대해 고봉준은 탈네이션적 관점으로 해석하기도 한다. 탈네이션적 혹은 탈민족주의적 관점이란 국민국가 체제에 근거해서 근대문학을 파악하고 있는 맹목을 지적하는 시각으로, 한국과 일본 '사이'에 놓여 있는 재일코리안의 목소리를 국민국가적 이해방식으로는 환원할 수 없음을 의미하는 것이다. 또 권성우는 민족주의적 디아스포라 문학과 탈민족주의적 디아스포라 문학의 경계에 놓인 문제적인 작품으로 평가하였다.[98]

이양지는 1992년 5월, 급성 심근염으로 애석하게도 서른일곱의 나이에 요절하는데, 재일코리안 문학은 여성 작가의 등장에 의해서 다양성을 넓혀감과 동시에 문학 표현에 있어서도 윤택해져 갔다.

2) 종추월

종추월은 1944년에 사가현에서 태어났다. 재일코리안 2세대로 본명은 종추자이다. 양친이 식민지기에 각기 제주도에서 일본으로 도일하였고, 규슈의 탄광에서 일하였다. 이후 사가현 오기마치에서 소작농이 되었는데, 이때 당한 취직 차별을 계기로 양친이 만나게 되었다고 한다. 종추월은 토목 작업원이었던 조선인들이 그리워하던 오사카의 이카이노로 함께 가야겠다고 마음먹고 열여섯 살 때 이주하였다. 양복 봉제와 외판, 오코노미야키 노점상, 신발공장 하리코(본드칠), 간이식당 경영 등, 다양한 직업을 전전하면서 양친에 대한 그리움과 이카이노에서의 생활을 시로 썼다. 오사카 문학학교에 다녔는데, 이때 김시종이 종추월의 재능에 주목하였다.

종추월의 첫 시집 『종추월시집』은 1971년에 출판되었다. 일본 시단에서는 무시하였지만, 당시 일본어 시의 폐색감에 충격을 주었다고 한다. 수록된 24편가량의 시는 어머니의 신세타령과 아버지의 잔소리를 통해 재일코리안 부모 세대의 삶과 추억을 드러내면서 시인 자신의 성장과 삶

---

98) 고봉준, 「재일조선인 문학에서 '기억'과 '망각'의 문제」, 『우리어연구』 30집, 2008, 29쪽; 권성우, 「재일 디아스포라 여성소설에 나타난 우울증의 양상 - 고 이양지의 작품을 중심으로」, 『한민족문화연구』 30집, 2009, 102쪽.

을 다루고 있다. 그의 시 창작은 육체를 통해 드러나는 음성의 리듬을 마음껏 발휘하여 민족 노래에 지극히 가까운 생활 감각과 유머를 담고 있다. 일본의 현대시가 속박되어 있던 에크리튀르의 폐쇄성을 충분히 이화하는 것이었다.

첫 시집에 이후에 창작한 시를 덧붙여 1984년에 『이카이노 · 여자 · 사랑 · 노래(猪飼野 · 女 · 愛 · うた)』를 출간하였다. 새로 덧붙인 시들도 대게는 첫 시집의 특성을 계승하고 있지만, 내면을 향한 자기 응시의 시선이 가미되며 여성과 성의 정념, 거기에 얽힌 국가와의 투쟁이 한층 더 농밀하게 표현되었다. 여성으로서의 '자아'에 대한 집착이 강해졌다고도 할 수 있다. 그런 시적 모티브의 변화에 따라 언어 표현에도 사상적인 요소가 나타났다.

종추월은 무엇을 목표로 시를 창작하였던 것일까. 종추월의 시에는 이카이노의 생활 속에서 사용하던 일본어와 제주도 방언, 그리고 한국어가 뒤섞여 있다는 점이 특징적이다. 일본과 한반도의 틈바구니에서 사는 재일코리안의 모습을 일상의 현실감, 특히 여성의 시각을 통해 묘사하고 있다. 「우리 윤회의 노래」라는 시가 상징하듯 환상으로서의 조국의 굴레와 재일코리안이기에 고통받았던 시련으로부터 자아를 해방시키려 하였다. 그 방법은 두말할 필요도 없이 이데올로기나 이념에 의지하지 않고 여성이라는 성 자체가 갖는 생명관을 통한 극복이었다. 게다가 시 표현이 갖는 세계관에 있어서 그녀의 생활 감각, 신체 감각, 생명 감각, 역사 감각이 한없이 원초적인 사상을 이루어갔다.

또 종추월은 단지 일본에 거주하는 민중의 고뇌를 나타낸 것뿐 아니라 남북한에 사는 민중의 현실을 직시하고 있다. 그렇기 때문에 조선 민중이 함께 살아가기 위한 연가라는 평가를 받았다. 이회성은 종추월을 민중의 살풀이를 하는 무녀로 표현하기도 하였다.[99]

종추월은 이후 시 창작과 더불어 산문을 통한 자기 표출의 세계를 열어간다. 1986년에 간행된 최초의 산문집 『이카이노 타령(猪飼野タリョン)』이 그것이다. 『이카이노 타령』은 대부분 작가의 생활과 노동을 포함해 아수라장과 같은 삶을 살아가는 재일코리안 여성들, 남성들을 뛰어넘어 삶을 지탱하는 어머니들과 무속인 여성들을 그려냈다. 가난하면서도 강인하고 때때로 우스꽝스럽기도 한 여성들의 삶이야말로 작자에게 있어서는 아름다움이었다. 이러한 감각, 즉 여성·어머니·성의 신체를 통해 획득하게 된 감각은 '윤회의 사상'에 대한 확신을 한층 더 강화해 주었다고 한다. 시인이자 비교문학자인 나카무라 가즈에는 '문학이 아닌 그 원천의 목소리에 몸을 두고 재일을 살아가는 민중의 입장에 서겠노라고 마음을 굳힌 시인의 시와 소설에서 들려오는 것은 문학을 배울 기회가 없었던 어머니와 그 어머니들의 목소리다'라로 그녀의 시 세계가 갖는 특징을 설명하기도 한다.[100]

『이카이노 타령』 이듬해 간행된 『사랑해(サランヘ)』(1987년)에서는 외부세계—민족분단의 현실, 군사독재정권, 5월 광주, 일본국가, 일본 사회, 천황제 등—로 향하는 시선이 눈에 띄게 강해진다. 모순에 대한 문제의식과 담론은 규탄과 사랑의 메시지가 맞물려 매우 엄격하면서 주저함이 없다. 시대의 소용돌이가 그녀를 그렇게 만들었을 것이다.

한편 종추월은 재일코리안 문예지 『계간 민도』에 「이카이노 태평한 안경(猪飼野のんき眼鏡)」(1987.11), 「불꽃－히라노 운하(華火－平野運河)」(1990.3)라는 소설을 발표하기도 하였다. 모두 작가 자신과 그 주변을 소재로 주인공과 가족, 공동체를 둘러싼 재일코리안의 신세를 가감 없는

99) 세계한민족문화대전, 종추월,
   http://www.okpedia.kr/Contents/ContentsView?localCode=jpn&contentsId=GC95200242
100) 中村和恵, 「(書評)『宗秋月全集　在日女性詩人のさきがけ』宗秋月〈著〉」, book.asahi.com,
   2016.12.11. https://www.asahi.com/articles/DA3S12701351.html?iref=pc_ss_date_article

시선으로 그리고 있다.

3) 유미리

1968년 요코하마에서 태어난 유미리는 어린 시절 양친의 불화와 별거, 학교에서의 이지메 등으로 불안정한 유년시절과 청소년기를 보내며 가출과 자살미수 등을 거듭하였다. 고등학교를 중퇴하고 연극배우, 극작가, 그리고 연출가로 활동하기 시작하였다. 1993년 「물고기의 축제」로 제37회 기시다 구니오 희곡상을 수상하고 이를 계기로 소설 창작에도 뛰어들었다. 첫 소설 『돌에서 헤엄치는 물고기』(1994년)을 비롯해 『풀하우스』(1996년), 『가족시네마』(1997년) 등으로 현대일본 사회의 가족 문제를 해체와 복원이라는 시각에서 관찰하였다고 높은 평가를 받기도 하였다. 이렇듯 유미리는 민족에 대한 문제의식보다는 일본인으로 살아가는 현대적 일상성과 보편성에 더욱 큰 비중을 두고 있다.

폭력적인 아버지에 대한 치유할 수 없는 내면적 갈등과 반복되는 트라우마의 발현이 김학영 작품을 관통하는 가장 근원적인 주제의식이고, 또 불우한 가정환경으로 인한 소외와 고통 속에서 자아의 실존적 의미를 희구하려는 치열한 내적 작업이 이양지 문학의 출발이라면, 유미리에게 있어서 가족은 글쓰기 작업과 등가에 놓이는 창작의 현장이라 하겠다. '사람의 기억 자체가 픽션이고 내가 쓴 소설이 픽션이자 사실이다. 그래서 자전의 형식을 취하고 있다'고 작가적 입장을 밝히고 있는 유미리에게 '기억=픽션'의 원초적 공간으로서의 가족은 창작의 기원이며 동시에 창작의 원료인 것이다. 불안한 현실과 화해하기 위해 글쓰기를 시작한 유미리는 자신 안에 내재한 세상과의 불화의 원인이 '한(恨)'에 있다는 것을 깨닫고 이러한 '한'을 초월하고자 하는 의지를 소설의 테마로 삼았다.101) 이때 '한'이라는 것을 그는 현실이 항상 사람을 위협하지만, 그 위협과 대처하지 않으면 살아가는 의미를 알 수 없기 때문에 사람이 태어나면서부터 짊어진 무거운 짐(숙명)같은 것이라고 정의한다. 그리고 유미리를 위협하는 일차적인 현실은 바로 가족이었다.

『돌에서 헤엄치는 물고기』을 비롯해 『풀하우스』, 『가족시네마』, 『골드러시』(1998년), 『여학생의 친구』(1996년) 등의 작품에 나타난 가족의 모습은 모두 개인의 소외와 좌절, 세계와의 소통 불능의 과정을 주조하는 일차적인 배경이면서 동시에 유미리의 작품세계를 규명할 전제적 단서가 된다. 유미리의 작품에 드러난 가족의 형상은 그 구성원 개개인의 불화와 단절의 상황에 노출된다는 점에서 작가 개인의 특수한 경험을 넘어 현대 자본주의 사회의 병리적 현상과 인간 소외의 문제를 환기한다.102)

이러한 유미리의 작품은 재일코리안의 존재론적 특수성을 드러내기보다 현대 사회의 보편적인 병리 현상에 주목하고 있는 것으로 알려져 있다. 그러나 그의 희곡작품이나 소설 『돌에서 헤엄치는 물고기』에서 이러한 실존적 억압과 소외의 밑바탕에는 재일코리안으로서 겪어야 했던 차별적 일상과 이질적 감각의 공존이 실재하고 있다. 재일코리안 출신이라는 자신의 존재를 은폐하면서 보편적 주제에 천착하였다기보다 자신의 불행을 직시하고 고통스러운 삶의 재현이 보편적 주제의 구현에 자연스럽게 녹아들었다고 볼 수 있다. 재일코리안의 존재적 열등감과 결핍의 지점을 인식하고 그 마이너스적 성향을 극복하려는 노력은 결국 소외된 인간 군상들에게 집중하는 계기를 주었다. 『돌에서 헤엄치는 물고기』에서 주인공이 한국방문을 통해 겪게 되는 한국 사회와 '나'의 기만적 소통

---

101) 유숙자, 「타자와의 소통을 위한 글쓰기: 유미리문학의 원점」, 『재일 한국인 문학』, 솔출판사, 2001, 209쪽.
102) 윤송아, 『재일조선인 문학의 주세 서사 연구』, 인문사, 2012, 384쪽.

불능 관계는 재일코리안으로서의 자신의 존재성을 다시 부정하고 억압하는 기제로 작용한다. 이러한 경험은 일본 사회 안에서 고착화된 재일코리안의 왜곡된 이미지를 강화하고 재생산하는 과정과 맞물리면서 중층적인 소외의 양상을 보이게 된다.

붕괴된 가족과 허위적 인간관계에 고통받으며, 또한 재일코리안으로서의 이중적 타자의식에 시달리던 유미리는 미혼모가 되어 아이의 출산과 양육을 경험하며 새로운 영역의 세계관을 구상하게 된다. 자신의 피에 강박적 거부감을 가지고 '아이는 낳지 않겠다'고 결심하였던 유미리는 아들의 출산으로 새롭게 피의 근원에 대해 고찰하게 된다. 식민지기 손기정 선수와 함께 조선 마라톤의 기대주였으나 중일전쟁 발발로 올림픽 출전을 단념해야 했던 자신의 외할아버지 양득임을 주인공으로 4대에 걸친 가족사를 허구와 실제를 넘나들며 묘사한다. 다양한 실험적 형식을 구사하고 있는 연대기적 소설 『8월의 저편』(2004년)이 그것이다. 유미리는 무엇보다 '이름'이라는 화두를 통해 식민의 굴레와 민족적 비극의 상황 안에서 발생하는 인간 소외의 경험을 밀도 깊게 형상화한다. 재일코리안의 역사 안에 있는 본명과 통명이 가지는 억압구조의 기원이라고 할 수 있는 창씨개명의 경험을, 한 인간의 존재론적 근원을 부정당하는 억압의 과정으로 풀어내고 있다. 또 좌익운동을 하다 죽임을 당한 작은 할아버지, '일본군 성노예'로 끌려가 이름 없이 사라져간 김영희라는 여성 등, 역사의 이면에 존재하는 민중의 삶의 서사를 면밀하게 재구성하여 재일코리안으로서의 존재적 기원을 탐구한다. 역사적 타자이며 기억으로부터 추방된 역사적 하위 주체들이 서사화되면서 말소된 기억의 복원과 치유의 과정을 만들어내고 있는 것이다.

4) 사기사와 메구무

사기사와 메구무는 1968년에 도쿄에서 태어났다. 1987년 열여덟의 나이에 「강변길(川べりの道)」로 제64회 문학계 신인상을 최연소로 수상하며 등단하였다. 이후 일본 문단 내에서도 현대 여류작가로서 인정을 받았지만, 서른다섯의 젊은 나이에 스스로 죽음을 선택하였다. 그러나 비록 17년이라는 짧은 기간이지만 상당히 활발한 집필 활동을 하였다. 17편의 에세이와 22편의 소설을 단행본으로 출판하였고, 번역과 연극 각본, 칼럼 등 다양한 분야에서 활동하였다.

사기사와 메구무는 아버지를 소재로 한 「달리는 소년(駆ける少年)」(1989년)을 집필하던 중의 우연히 자신의 친할머니가 한반도 출신인 것을 알게 되었다.[103] 이후 「진정한 여름(ほんとうの夏)」(1992년)에서 처음으로 재일코리안을 다룬 소설을 쓴다. 그는 1993년에 6개월 동안 어학연수 차 서울 연세대학교 어학당에 다녔다. 일본에 돌아가서는 이러한 체험을 바탕으로 「개나리도 꽃, 사쿠라도 꽃(ケナリも花、サクラも花)」(1994년), 「그대는 이 나라를 사랑하는가(君はこの國を好きか)」(1997년), 「땅끝의 두 사람(さいはての二人)」(1999년), 「나의 이야기(私の話)」(2002년), 「안경 너머로 본 하늘(眼鏡越しの空)」(2004년), 「고향의 봄(故郷の春)」(2004년) 등 재일코리안의 삶을 다룬 작품을 발표하였다.

재일코리안 3세대가 모국 유학을 하면서 먼저 부딪히게 되는 어려움은 문화적 충격과 한국인들과의 성격 차이에서 오는 위화감, 그리고 재일교포에 대한 몰이해 혹은 멸시로 인한 우울감이다. 그러나 사기사와

---

[103] 1992년에 출판된 단행본 「달리는 소년(駆ける少年)」에는 「은하의 마을(銀河の町)」(『文学界』 1987.12), 「달리는 소년(駆ける少年)」(『文学界』 1989.12), 「야윈 등(痩せた背中)」(『文学界』 1991.12)으로 총 3편의 단편이 수록되어 있다.

메구무는 넘쳐흐르는 태연함으로 이를 극복한다. 그러나 성인이 된 이후 할머니가 한국인임을 인지하면서 '쿼터코리안'[104]이라고 자칭하기도 하던 그녀지만, 서울에서 겪어야 했던 어려움으로 인해 결국 지쳐버린다. 본인이 상상하던 교포의 무리에 속할 수 없다는 결론을 내리게 되는 것인데, 아이러니하게도 그가 그렇게 힘들어할 때 가까이에서 늘 함께해 주던 사람들이 재일코리안이었다고 한다.[105] 일본인 유학생이나 다른 나라의 유학생에게는 마음의 안도를 느낄 수가 없는데 반해서, 재일코리안의 마음은 잘 이해할 수가 있었고 그들과 함께 있으면 안도감을 느낄 수 있었다는 것이다.

그러나 이러한 자전적 요소로 인해 재일코리안의 삶의 실태, 즉 그 고통과 갈등을 표상한다거나 재일코리안 일반의 문제에 대해 고발하는 등에 목표를 두지 않았다. 그것과 반대로 개인적인 문제를 사회에서 지극히 특수한 환경에 놓여 있는 존재로 환원하고 있다. 그는 그저 평범한 재일코리안을 주인공으로 내세워 자신의 '사정'을 소설로 형상화하였다. 즉 개인적인 사정을 개인적인 사정으로 제시하였을 뿐이다. 사기사와 메구무는 스스로 재일코리안이라는 존재의식과 그 문제를 특별시하지 않았다. 오히려 많은 사람들이 직면할 수 있는 하나의 '사정'으로 표상하였던 것이다.

사기사와 메구무가 재일코리안 무리와 친밀해지고 또 재일코리안이 문학적 중요한 제재가 된 것은 본국 지향도 아니고 일본 지향도 아닌, 새로운 아이덴티티의 모색이라는 측면에서 생각해 볼 수 있다. 그에서 아이덴티티의 모색이란 잃어버린 아이덴티티를 되찾는 일이 아니라, 자

104) 小山鉄郎, 「鷺沢萠さんと韓国-(文学界コラム-文学者追跡)」, 『文學界』 47(9), 文藝春秋, 1993, 135쪽.
105) 장태환, 「사기사와 메구무(鷺沢萠) 작품에 나타난 아이덴티티 연구;『개나리도 꽃, 사쿠라도 꽃』을 중심으로」, 건국대학교 교육대학원 석사학위논문, 2012 참고.

신의 아이덴티티를 새롭게 만들어가는 과정으로 이해할 수 있기 때문이다. 바로 이러한 재일코리안의 존재 방식이 사기사와 메구무가 추구하는 삶의 방식과 겹치는 부분이자 텍스트 속에서 삶의 문제에 직면한 등장인물들이 맞부딪치는 태도와 맞물려 있다.

그리고 자신의 뿌리를 알기 전이나 후에도 어떠한 '단절'이 없다는 것 역시 그의 작품 세계가 갖는 특징이다. 그가 관심을 가진 재일코리안의 삶은 그 자신의 이방인으로서의 삶과 연장선상에 있었다. 물론 어디론가 돌아가고 싶은 향수가 있는 것은 그의 여러 작품에서 느낄 수 있다. 그러나 그러한 흔들림을 작가 스스로가 자각하고 최종적으로 향수를 부정하려는 각오를 텍스트에서 읽어낼 수 있다. 그가 한국이나 재일코리안의 사정을 작품에서 다루는 태도는 자신의 '피'를 거슬러 올라가는 뿌리 찾기, 즉 안주할 수 있는 곳, 아이덴티티의 귀착점을 추구하기 위해서가 아니라 자신의 이방인으로서의 삶을 표출하기 위한 방법이었던 것이다. 주인공들은 어딘가로 귀속하고 싶어 한다. 그러나 귀속감으로는 스스로를 달랠 수 없어 결국에는 귀속감의 결여로서의 소외와 표류 속으로 자신의 몸을 내밀어 버린다. 다시 말해 사기사와 메구무의 문학에 나타난 이방인으로서의 삶은, 돌아가지 못하고 또 이제 더는 돌아가려 하지 않는 삶이라고 말할 수 있다. 걸어가 다다른 곳만이 '돌아갈 수 있는 곳'이라는, 즉 거듭되는 이동만이 귀착할 곳이다.

> 민족이나 가족을 픽션이라고 생각하는 나에게 더구나 '국가'는 거대한 픽션이다. 이 픽션도 또한 사람들이 갈망하는 '귀속감'에 기인되는 부분이 큰 것 같은데 현시점에서는 '국가'라는 개념이 사라질 거라는 것은 생각할 수 없다. 그래도 가까운 미래에 혹시나 그런 일이 생길 수도 있다……그러한 상상을 하는 것은 나에겐 즐거운 일이다.

'국가'가 같으니까, '민족'이 같으니까, 이 사람들과 같이 있는 거다⋯⋯라는
것보다 자연스럽게 애정을 느낄 수 있는 사람들끼리 같이 있을 수 있는 게 더
좋네⋯⋯이런 식으로.106)

지배적인 권위를 가진 민족적 담론에 대한 '나'의 갑갑증과 국가에 관
한 역설적인 알레고리에서 문화의 고정과 역사의 일원화를 거부해 온 프
란츠 파농과 호미 바바의 기도를 읽을 수 있다. 「나의 이야기」에서 '나'
는 향수를 품으면서도 그것을 거부함으로써 스스로를 해방시키고 그 향
수를 새로운 공동체로 향하는 의지로 전환하는 과정을 보여준다. 여기서
'나'와 재일코리안은 이방인과도 같은 삶에서 발견되는 모순과의 갈등을
통해 지향점을 찾아내는 힘을 기르고 그들 스스로가 아이덴티티의 구속
으로부터 해방되어 그 자유로워진 정신을 사회에 환원시키려는 욕망을
표출하고 있다.

이렇게 사기사와 메구무의 문학에 나타난 '재일성'은 혈통주의의 대변
이나 자신의 아이덴티티에 대한 확신을 위한 것이 아니었다. 그러한 고
정된 아이덴티티의 환상을 깨뜨리기 위한 장치로 기능하고 있다. 물론
텍스트에 산재하는 '재일성'을 둘러싼 갈등이나 흔들림은 지배 담론을 역
설적으로 강화시키는 일을 막기는커녕 오히려 그것을 돕게 될 위험성이
있는 것도 사실이다. 그러나 그녀가 재일코리안을 보는 시각의 근저에는
'범주로서의 재일코리안', 다시 말해 통일된 역사로서의 '재일'이 아니라
혼합으로서의 '재일'이 있다고 볼 수 있다.107) 물론 처음에는 그도 혈통
적, 민족적 관심에서 여정을 시작하였을지 모른다. 그러나 결국 그의 이
방인으로서의 삶을 재현하기 위한 '재일성'의 발견으로 나아갔다.

---

106) 鷲澤萠, 『私の話』, 河出文庫, 2005, 172~173쪽.
107) 엄현아, 「사기사와 메구무(鷲沢萠) 문학의 정체성 변화 연구」, 부경대학교 대학원 석사학
    위논문, 2017 참고.

자유로운 존재로 거듭나는 비주류의 삶을 다룬 그에 대해 이소가이 지로는 '하늘의 별과 들판의 풀숲 사이에서 자유의 경계를 추구하던 사기사와 메구무는 바람처럼 반짝이며 흩어졌다'고 평가한다. 그의 주변인으로서의 자기 변혁적 삶을 비유하고 있다고 할 수 있다.

5) 가네시로 가즈키

가네시로 가즈키는 1968년 사이타마현 태생으로 중학교까지 민족학교(조선학교)에 다니다가 국적을 조선 국적에서 한국 국적으로 바꾸면서 일본 고등학교에 진학하였다. 1998년 「레벌루션 No.3(レヴォリューションNo.3)」로 소설 현대 신인상을 받았고, 2000년에는 『GO』로 나오키문학상을 수상하며 대중성을 인정받았다. 이듬해 이 작품은 영화화되어 일본의 각종 영화상을 휩쓸었다. 그 후로도 그의 작품은 만화나 영화로 제작되었고, 그가 직접 각본을 쓰기도 하였다.

가네시로 가즈키의 『GO』는 재일동포 2세 고등학생이 주인공인 청춘 연애 소설이다. 재일코리안 문학으로서는 처음으로 나오키문학상을 수상하기도 한 이 작품은 이전까지 재일코리안에게 따라붙어 다니던 고정관념을 뒤집는 신선함을 안고 있다. 경쾌한 터치로 리얼하게 주고받는 인물 간의 대화는 그야말로 심각함이 없다. 대중소설이기도 한 이 작품은 가네시로 가즈키의 자전적 성장소설이기도 하다. 따라서 그에 대한 평가는 대부분 작품 『GO』를 중심으로 이루어져 왔다.[108]

조총련 활동가였던 부친이 하와이 여행을 위해 조선 국적에서 한국

---

108) 岸川秀實, 「대중소설로서의 〈재일 한국인 문학〉 - 가네시로 가즈키 ≪Go≫를 중심으로」, 『日本學』 제19권, 2000; 우정오, 「가네시로 카즈키(金城一紀) 『GO』 연구; 재일 한국인 문학의 대중문화화」, 고려대학교 교육대학원 석사학위논문, 2011 참고.

국적으로 훌쩍 국적을 바꾸는 에피소드나 주인공이 민족학교에서 일본 고등학교로 전학을 자처하는 모습을 포함해 민족학교의 사상교육이나 지문날인, 일본 여학생과의 교제, 그리고 혈통이나 국적의 문제 등 어떻게 보면 고전적이면서도 그러나 전혀 다른 새로운 스타일로 재일코리안이 품어왔던 난제에 도전하고 있다. 무엇보다 그런 표현 방식이 세대와 상황의 변화에 맞게 참신함을 준다.

이렇게 주인공의 비애와 강인함, 남을 사랑하는 솔직함과 주저함을 주제로 한 가네시로 가즈키는 자신을 '코리안 재패니즈'라고 부른다.[109] 그 자체가 기성의 민족적 패러다임을 탈구축하고 탈국경을 지향하고 있다.[110] 그만큼 이 작품은 국적과 민족의 문제를 풀어내는 방식이 상당히 독특하다고 할 수 있다.

우선 국적에 대해서 주인공 스기하라는 국적이 아파트 임대 계약서나 다를 바 없는 것이고, 그 아파트가 싫어지면 해약을 하고 나가면 된다고 말하면서 국적의 문제를 선택의 문제로 치환해 버린다.[111] 나아가 '개인은 외국으로 이주하거나 또는 국적을 이탈할 자유를 침해받지 않는다'는 일본국헌법(일명 '신헌법')의 조항을 근거로 국적이라는 것이 고정불변의 것이 아니라는 점을 강조한다. 실제로 이 작품에는 스기하라의 아버지나 스기하라처럼 조선 국적을 가졌다가 한국으로 국적을 바꾼 인물이나, 어머니의 동급생 나오미 씨처럼 "조선 국적이든 한국 국적이든 해외를 들

---

109) 전영은, 「가네시로 가즈키(金城一紀)의 『GO』론:'가벼움'과 마이너리티를 중심으로」, 건국대학교 교육대학원 석사학위논문, 2008 참고.

110) 강혜림, 「재일 신세대 문학의 탈민족적 글쓰기에 관한 연구; 유미리, 현월, 가네시로 문학을 중심으로」, 동국대학교 교육대학원 석사학위논문, 2006 참고.

111) 국적의 문제를 중심으로 이 작품을 연구한 논문으로 이영미의 가네시로 가즈키의 '고(GO)'에 나타난 '국적'의 역사적 의미가 있다. 이 논문은 이 작품에서 국적이 자유의지에 의한 선택으로 나타난다는 점을 밝혔으나 국적과 관련된 민족-국가의 허구성의 문제에까지 나아가지는 않았다고 지적한다(이영미, 「재일조선문학연구-재일본조선문학예술가동맹의 소설을 중심으로」, 『현대 문학이론 연구』 제33집, 2008 참조).

락거리는 데 방해만 될 뿐"이라며 일본으로 귀화한 인물 등 다양한 원인으로 국적을 선택한 사람들이 등장한다. 국적에 대한 주도권이 국가가 아니라 개인에게 있다는 새로운 인식을 보여주는 것이다. 국적과 관련된 차별, 나아가 디아스포라에 대한 차별의 근거 자체를 무력화시키는 전략이라고 할 수 있다.

그리고 민족에 대해서도 그 허구성을 폭로한다. 스기하라는 옛날부터 일본에 유포되어 온 '단일민족 신화'가 얼마나 '오리지널리티에 넘치는 거짓말'인지를 공부하며 그 신화의 허위성을 폭로한다. 또 미토콘드리아 DNA를 사용한 최근 조사에서 혼슈에 살고 있는 일본 사람의 약 50%가 한국과 중국 타입의 미토콘드리아 DNA를 가지고 있고, 일본 사람 고유의 미토콘드리아 DNA를 갖고 있는 사람은 5%에 불과하다고 말한다. DNA, 또는 피의 순수성에 기반한 민족 본질론 역시 허구임을 주장하는 것이다. 민족에 대한 이러한 비판적인 인식은 일본의 민족 본질주의만이 아니라 조선, 한국에서 통용되는 단일민족주의와 민족 본질주의에도 적용될 수 있다.[112]

가네시로 가즈키는 『GO』보다 앞서 단편소설 「레벌루션 No.3」를 발표하였다. 그는 『GO』로 문학계의 주목을 받기 시작한 이후에도 「레벌루션 No.3」의 후속편인 단편 「런, 보이스, 런(ラン、ボーイズ、ラン)」, 「이교도들의 춤(異教徒たちの踊り)」을 차례로 발표한다. 그리고 2001년에 이 세 개의 단편으로 구성된 단행본 『레벌루션 No.3(レヴォリューション No.3)』를 출간하였다. 또 계속해서 『플라이, 대디, 플라이(フライ、ダディ、フライ)』(2003년)와 『스피드(SPEED)』(2005년)를 후속 시리즈로 간행하였다. 가네시로 가즈키가 가장 오래도록 집필해 온 이 시리즈들은

---

112) 구재진, 「민족–국가의 사이 혹은 너머에 대한 상상; 코리안 디아스포라 문학의 트랜스내셔널 양상」, 『도시인문학연구』 제9권 2호, 2017, 43~67쪽.

'좀비즈 시리즈'라 불리며 일본 사회를 살아가는 다양한 마이너리티 군상을 담아내고 있다.[113]

이 시리즈 작품을 통해 그는 마이너리티에게 주체적이면서 개개인의 개성을 살린 자신감 있는 모습으로의 변용을 촉구하고 있다. 그리고 마이너리티라는 존재가 도덕성을 상실한 메이저리티 사회의 어두운 면을 밝히고 정화하는 힘이 있음을 보여준다. 대중사회라는 메이저리티 세계가 만들어 놓은 자본주의 경쟁 시스템 속에서 도덕성마저 상실한 채 무기력하였던 자신을 발견하고 진정한 자신만의 세계를 찾아가라고 권유한다. 그리고 메이저리티가 만들어 놓은 고정되고 편협한 시각에서 벗어나 마이너리티라는 세계로 시야를 넓히는 것이 궁극적으로 사랑하는 가족을 지킬 수 있는 힘이 됨을 보여준다.[114]

---

113) 가네시로 가즈키의 문학이 다른 재일코리안 문학과 비교하였을 때 정치적, 민족적인 정체성 문제가 많이 희석되었다고 보는 대부분의 연구와는 다르게 황봉모는, 소수집단 문학의 경우 그 정치적 성격과 집단적 배치가 다수 집단과의 관계에서 뗄 수 없는 관계에 있다고 본다. 황봉모, 「소수집단 문학으로서의 재일 한국인 문학─카네시로 카즈키(金城一紀)의 「GO」를 중심으로─」, 『日語日文學研究』 第48輯, 2004 참고.
114) 서단비, 「가네시로 가즈키 소설에 나타난 마이너리티의 양상과 그 변용: 『레벌루션 NO.3』·『플라이, 대디, 플라이』·『스피드』를 중심으로」, 건국대학교 교육대학원 석사학위논문, 2012 참고.

1. 단행본

川村湊, 유숙자 옮김, 『전후문학을 묻는다-그 체험과 이념』, 소화, 2005.

강재언·김동훈 지음, 하우봉·홍성덕 옮김, 『재일한국·조선인-역사와 전망』, 소화, 2005.

김재용, 『협력과 저항』, 소명출판, 2005.

김종회 편, 『한민족 문화권의 문학』, 국학자료원, 2003.

김종회, 『한민족문화권의 문학』 2, 새미, 2006.

김태영, 『저항과 극복의 갈림길에서』, 지식산업사, 2005.

김학렬 외, 『재일동포 한국어문학의 전개양상과 특징연구』, 국학자료원, 2007.

김현택 외, 『재외한인 작가연구』, 고려대 한국학 연구소, 2001.

김환기 편, 『재일디아스포라문학』, 새미, 2006.

中村福治, 『김석범 화산도 읽기』, 삼인, 2001.

동국대학교일본학연구소 편, 『재일한민족 문학』, 솔, 2001.

리영희, 『대화』, 한길사, 2005.

박이진, 『아시아의 망령』, 성균관대학교출판부, 2015.

서경식·高橋哲哉 외, 『단절의 세기, 증언의 시대』, 삼인, 2002.

설성경 외, 『세계 속의 한국문학』, 새미, 2002.

신명직, 『재일코리안 3색의 경계를 넘어』, 고즈윈, 2007.

양석일 외, 『재일동포작가 단편선』, 한림신서일본학총서, 소화, 2005.

양왕용 외, 『일제강점기 재일한국인의 문학활동과 문학의식 연구』, 부산대학교출판부, 1998.

유숙자, 『재일한국인 문학연구』, 월인, 2000.

윤건차, 박진우・김병진 외 옮김, 『자이니치의 사상사』, 한겨레출판사, 2016.

윤송아, 『재일조선인 문학의 주세 서사 연구』, 인문사, 2012.

윤인진, 『코리안 디아스포라 : 재외한인의 이주, 적응, 정체성』, 고려대학교, 2004.

이명재, 『소련지역의 한글문학』, 국학자료원, 2002.

이명재, 『통일시대 문학의 길찾기』, 새미, 2002.

이유식, 『한국문학의 전망과 새로운 세기』, 국학자료원, 2002.

이한창, 『재일동포작가 단편선 : 역사와전망』, 소화, 2000.

이한창, 『재일 동포문학의 연구 입문』, 제이앤씨, 2011.

임규찬, 『비평의 창』, 강, 2006.

임영봉, 『생성과 소멸의 언어』, 리토피아, 2006.

임종국, 『친일문학론』, 평화출판사, 1966.

임채완, 임영언, 허성태, 홍현진, 『재일코리안 디아스포라 문학』, 북코리아, 2012.

전북대학교재일동포연구소 편, 『재일동포문학과 디아스포라』 1, 제이앤씨, 2008.

전북대학교재일동포연구소 편, 『재일동포문학과 디아스포라』 2, 제이앤씨, 2008.

전북대학교재일동포연구소 편, 『재일동포문학과 디아스포라』 3, 제이앤씨, 2008.

정은경, 『디아스포라문학-추방된 자, 어떻게 운명의 주인공이 되는가』, 이룸, 2007.

최강민 편, 『타자・마이너리티・디아스포라』, 여름언덕, 2007.

최강민, 『탈식민과 디아스포라문학』, 제이앤씨, 2009.

최효선, 『재일동포 문학연구 : 1세 작가 김달수의 문학과 생애』, 문예림, 2002.

한승옥 외, 『재일동포 한국어문학의 민족문학적 성격 연구』, 국학자료원, 2007

홍기삼, 『재일한국인 문학』, 솔, 2003.

安宇植, 『天皇制と朝鮮人』, 三一書房, 1977.

安宇植, 『金史良-その抵抗の生涯』, 草風館, 1983.

李殷直, 『朝鮮の夜明けを求めて 第5部』, 明石書店, 1997.

李進熙, 『海峽-ある在日学者の半生』, 青丘文化社, 2000.

磯貝治良, 『在日世代の 文學略圖』, 季刊青丘, 1994.

磯貝治良, 『〈在日〉文学論』, 新幹社, 2004.

李恢成, 『可能性としての「在日」』, 講談社文芸文庫, 2002.

任展慧, 『日本における朝鮮人の文學の歷史-1945年まで』, 法政大學校出版局, 1994.

大村益夫,『朝鮮近代文学と日本』, 緑蔭書房, 2003.

金慶海編,『在日朝鮮人民族教育擁護闘争資料集 I 』, 明石書店, 1988.

金史良,『金史良全集』IV, 河出書房新社, 1973.

金時鐘,『さらされるものとさらすもの』, 解放教育選書⟨8⟩, 明治図書, 1975.

金時鐘,『金時鐘詩集選 境界の詩』, 藤原書店, 2005.

金石範,『金石範作品集 I 』, 平凡社, 2005.

金石範,『"火山島"小説世界を語る！』, 右文書院, 2010.

金石範・金時鐘,『なぜ書きつづけてきたか なぜ沈黙してきたか』, 平凡社, 2001.

国際高麗学会日本支部『在日コリアン辞典』編集委員会 編,『在日コリァン辞典』, 明石
        書店, 2010.

高榮蘭,『「戦後」というイデオロギー－歴史・記憶・文化』, 藤原書店, 2010.

仙崎引揚援護局,『仙崎引揚援護局史』, 1946.

宋恵媛,『「在日朝鮮人文学史」のために』, 岩波書店, 2014.

宋恵媛編,『在日朝鮮女性作品集 1945-84 2』在日朝鮮人資料叢書9, 緑蔭書房, 2014.

高井有一,『立原正秋』, 新潮社, 1991.

竹田青嗣,『〈在日〉という根拠－李恢成・金石範・金鶴泳』, 国文社, 1983.

鄭百秀,『コロニアニズムの克服』, 草風館, 2007.

崔孝先,『海峡に立つ人－金達寿の文学と生涯』, 批評社, 1998.

鷺澤萠,『私の話』, 河出文庫, 2005.

林浩治,『在日朝鮮人日本語文學論』, 新刊社, 1997.

布施辰治資料研究準備会編,『「布施辰治植民地関係資料集Vol.1 朝鮮編」関連資料集:
        石巻文化センター所蔵』, 布施辰治資料研究準備会, 2006.

洪性坤,『日韓、わが二つの国』, 中経出版, 2010.

宮崎学,『不逞者』, 角川春樹事務所, 1998.

森田進・佐川亜紀編,『在日コリアン詩選集―1916年~2004年』, 土曜美術社出版販売, 2005.

梁石日,『アジア的身体』, 平凡社ライブラリー, 1999.

四方田犬彦,『日本のマラーノ文学』, 人文書院, 2007.

渡邊一民,『〈他者〉としての朝鮮－文学的考察』, 岩波書店, 2003.

Edward Wadie Said, *Reflections on Exile and Other Essays*, Harvard University Press,
        2000. (大橋洋一・近藤弘幸・和田唯・三原芳秋訳,『故国喪失についての省察

(1 · 2)』, みすず書房, 2006 · 2009)

Erik Homburger Erikson, *Childhood and Society*, W W Norton & Co. Abstract, 1950.

2. 논문

가와무라 미나토, 「분단에서 이산으로-재일조선인문학의 행로」, 전북대학교재일
    동포연구소편, 『재일동포문학과 디아스포라』, 제이앤씨, 2008.

강영숙, 「디아스포라, 민족 정체성 그리고 문학, 〈대담-이회성〉」, 『현대문학』 제
    53권 12호, 2007.

강진구, 「제국을 향한 모델 마이너리티의 자기 고백」, 『현대문학의 연구』 제29집,
    2006.

강진구, 「탈식민, 역사, 디아스포라」, 『한국문학의 쟁점들』, 제이앤씨, 2007.

강혜림, 「재일 신세대 문학의 탈민족적 글쓰기에 관한 연구; 유미리, 현월, 가네시
    로 문학을 중심으로」, 동국대학교 교육대학원 석사학위논문, 2006.

고동명, 「제1회 제주4 · 3평화상 김석범 작가 수상」, 『뉴시스』 2015년 4월 1일.

고봉준, 「재일조선인 문학에서 '기억'과 '망각'의 문제」, 『우리어연구』 30집, 2008.

고부응, 「디아스포라의 전개과정과 현재적 의미」, 『대산문화』 제18호, 2002.

고화정, 「이질적 타자, 재일조선인의 초상」, 『황해문화』 겨울호, 2007.

공종구, 「강요된 디아스포라」, 『한국문학이론과 비평』 10권 3호, 2006.

구재진, 「제국의 타자와 재일(在日)의 괴물 남성성-양석일의 『피와 뼈』 연구-」,
    『민족문화사연구』 제43권, 2010.

구재진, 「민족-국가의 사이 혹은 너머에 대한 상상; 코리안 디아스포라 문학의 트
    랜스내셔널 양상」, 『도시인문학연구』 제9권 2호, 2017.

권성우, 「재일 디아스포라 여성소설에 나타난 우울증의 양상-고 이양지의 작품을
    중심으로」, 『한민족문화연구』 30집, 2009.

岸川秀實, 「대중소설로서의 〈재일 한국인 문학〉-가네시로 가즈키 ≪Go≫를 중심
    으로」, 『日本学』 제19권, 2000.

北村桂子, 「자서전을 통한 자이니찌의 정체성에 관한 연구」, 서울대학교 석사학위
    논문, 2006.

김명혜, 「디아스포라 여성의 자아정체성 재창조 과정」, 『커뮤니케이션학연구』 제 15권 4호, 2007.

김부자, 「Haruko – 재일여성, 디아스포라, 젠더」, 『황해문화』 통권57호, 새얼문화재 단, 2007.

김석범, 「화산도에 대하여」, 『실천문학』 가을호, 1988.

김숙자, 「재일조선인의 정체성과 국적」, 동국대학교 석사학위논문, 2007.

김시종, 김정례 역, 「바래지는 시간 속」, 『광주시편』, 푸른역사, 2014.

김은영, 「김윤 시 연구」, 『한중인문과학연구』 제15집, 2005.

김일태, 「재일한국인의 민족적 귀속의식 연구」, 연세대학교 석사학위논문, 1987.

김정희, 「재일한국인의 문학과 현실 – 김석범」, 강원대학교 석사학위논문, 2008.

김종회, 「재외동포문학의 어제, 오늘, 내일」, 『어문연구』 32권 4호, 2004.

김총령, 「재일동포 문학의 세계 – 해방 후의 소설을 중심으로」, 『교포정책자료』 31권, 1989.

김태기, 「아나키스트 박열과 해방 후 재일한인 보수단체」, 『韓日民族問題研究』 제27호, 2014.

김학동, 「민족문학으로서의 재일조선인문학 – 김사량, 김달수, 김석범」, 충남대학교 박사학위논문, 2007.

김현택 외, 「특집 세계 속의 한국문학」, 『한국학연구』 11집, 1999.

김형규, 「귀국운동과 '재일의 현실'」, 『한중인문학연구』 제15집, 2005.

김형규, 「조선 사람으로서의 자각과 '재일'의 극복」, 『한중인문과학연구』 제14집, 2005.

김혜연, 「김석범의 〈까마귀의 죽음〉의 인물형과 디아스포라 역사의식연구」, 『국제 한인문학연구』 제4호, 2007.

김혜진, 「이양지 작품 속에 나타난 갈등과 모국체험」, 전북대학교 일어교육 석사학 위논문, 2004.

김환기, 「김달수 문학의 민족적 글쓰기」, 『일본어문학』 제29집, 2005.

김환기, 「재일 디아스포라 문학 개관」, 『재일디아스포라』, 새미, 2006.

김환기, 「재일디아스포라 문학의 형성과 분화」, 『한국일본학회』 제74집 1권, 2008.

김환기, 「재일디아스포라 문학의 '혼종성'」, 『한국일본학회』 제78집, 2009.

김희숙, 「재일인의 현실인식」, 『한국문예비평연구』 제25집, 2008.

나지혜, 「일본 영상매체를 통한 재일한국인의 재현연구: 영화 〈박치기(パッチギ!)〉와 TV드라마 〈동경만경〉을 중심으로」, 고려대학교 석사학위논문, 2008.

노상래, 「장혁주의 창작어관 연구」, 『한국어문학회』 76호, 2002.

문지영, 「재일동포작가들의 작품에 나타난 정체성 연구」, 신라대학교 석사학위논문, 2007.

문혜원, 「재일동포문학의 정치적 이념 갈등 연구」, 전북대학교 석사학위논문, 2004.

箕輪美子, 「재일조선인 고뇌의 형상」, 경희대학교 석사학위논문, 1993.

민영, 「허남기 선생에게－역자로부터 저자에게」, 『화승총의 노래』, 동광출판사, 1988.

박광현, 「재일문학의 2세대론을 넘어서」, 『일어일문학연구』 제53집 2권, 2005.

박유하, 「재일문학의 장소와 교포 작가의 조선표상」, 『일본학』 제22집, 2003.

박정이, 「김학영 문학에 있어 '정체를 알 수 없는' 표현의 의미」, 『일어일문학』 제34집, 2007.

박종상, 「조선글로 소설을 쓰는 의미－〈오늘 왜 조선글로 소설을 쓰는가〉하는 물음에 대한 대답」, 『겨레문학』 겨울호, 2000.

박종상, 이은직 편, 「재일조선인소설」, 『해외동포문학』 1·2·3, 해토, 2005.

박종희, 「이양지 문학의 경계성과 가능성」, 숙명여자대학교 석사학위논문, 2005.

박현선, 「재일동포의 국가 및 민족정체성과 현실인식」, 『한중인문과학연구』 제17집, 2006.

백로라, 「재일동포 한국어 극문학 연구」, 『한중인문과학연구』 제14집, 2005.

변화영, 「문학교육과 디아스포라」, 『한국문학이론과 비평』 10권3호, 2006.

변화영, 「유미리 '기억의 서사교육적 함의'－8월의 저편」, 『한민족 문제연구』 제1호, 2006.

변화영, 「재일한국인 유미리 소설연구」, 『한국문학논총』 제45집, 2007.

변화영, 「폭력과 욕망으로 표현된 식민지배의 야만성: 양석일의 『피와 뼈』를 중심으로」, 『영주어문』 제23집, 2012.

서경식, 「재일조선인이 나아갈 길」, 『창작과비평』 98 가을호, 통권 102호, 1998.

서단비, 「가네시로 가즈키 소설에 나타난 마이너리티의 양상과 그 변용 : 『레벌루션 NO.3』·『플라이, 대디, 플라이』·『스피드』를 중심으로」, 건국대학교 교육대학원 석사학위논문, 2012.

서종택 외, 「특집 세계 속의 한국문학」, 『한국학연구』 10집, 1998.

서해란, 「가네시로 가즈키 (金城一紀)문학연구-GO의 대중성을 중심으로」, 동국대학교 일어교육 석사학위논문, 2009.

손지원, 「시인 허남기와 그의 작품 연구」, 사에구사 도시카쓰 외, 『한국 근대문학과 일본』, 소명출판, 2003.

송기찬, 「민족교육과 재일동포 젊은 세대의 아이덴티티」, 한양대학교 석사학위논문, 1998.

송승철, 「『화두』의 유민의식-해체를 향한 고착과 치열성」, 『실천문학』 34호, 1994.

송하춘, 「역사가 남긴 상처와 민족의식」, 『재외 한인작가 연구』, 고려대학교한국학연구소, 2001.

송하춘, 「재일한인소설의 민족주체성에 관한 연구-이회성의 소설을 중심으로」, 『한민족어문학』 제38집, 한민족어문학회, 2001.

송현호, 김형규, 「재일의 현실과 재일의 의미」, 『재일동포 한국어문학의 민족문학적 성격』, 국학자료원, 2007.

심애니, 「재일교포 소설문학 연구-한국문학사적 수용을 위한 시론」, 중앙대학교 석사학위논문, 1990.

심원섭, 「재일조선어문학 연구 현황과 금후의 연구방향」, 『현대문학의 연구』 제29집, 2006.

양명심, 「이회성 초기 작품에 나타난 '정체성'에 관한 연구」, 건국대학교 석사학위논문, 2003.

엄미옥, 「재일디아스포라문학에 나타난 언어경험양상: 김학영, 이양지, 유미리의 작품을 중심으로」, 『한민족문화연구』 제41집, 2012.

엄현아, 「사기사와 메구무(鷺沢萠)문학의 정체성 변화 연구」, 부경대학교 대학원 석사학위논문, 2017.

緒方義廣, 「〈자이니치〉의 기원과 정체성」, 연세대학교 석사학위논문, 2006.

오세종, 「국민문학의 경계지대 '조선부락'; 1940~50년대의 문학작품을 중심으로」, 『통일과평화』 6집 1호, 2014.

오양호, 「세계화시대와 한민족 문학연구의 지평확대」, 『한민족어문학』 Vol.35, 1999.

오은영, 「金石範の作品に表れる矛盾について」, 『일본어문학』 제38집, 2008.

太田厚志, 「이회성 문학의 특징」, 『논문집』 제16집, 2002.

와나타베 나오키, 「관계의 불안 속에서 헤매는 〈삶〉-이양지 소설의 작품 세계」,

『일본연구』 제6집, 2006.

우정오, 「가네시로 카즈키(金城一紀) 『GO』 연구; 재일 한국인 문학의 대중문화화」, 고려대학교 교육대학원 석사학위논문, 2011.

유숙자, 「1945년 이후 재일한국인 소설에 나타난 민족적 정체성 연구」, 고려대학교 국어국문학과 박사학위논문, 1998.

유숙자, 「타자와의 소통을 위한 글쓰기: 유미리문학의 원점」, 홍기기 편, 『재일 한국인 문학』, 솔출판사, 2001.

유은숙, 「이회성의 '다듬이질 하는 여인' 연구 – 재일교포작가로서의 특수성을 중심으로」, 한남대학교 일어교육 석사학위논문, 2002.

유은숙, 「이양지의 소설'각'에 나타난 在日性연구」, 『일본어문학』 제6집, 2008.

윤건차, 「'재일'을 산다는 것 – '불우의식'에서 출발하는 보편성」, 『동포정책자료』 제53집, 1996.

윤명현, 「이양지문학과 조국」, 『일본학보』 53, 2002.

윤의섭, 「재일동포 강순 시 연구」, 『한중인문과학연구』 제15집, 2005.

윤인진, 「코리안 디아스포라: 재외한인의 이주, 적응, 정체성」, 『한국사회학』 제37집 4호, 2003.

윤인진, 「디아스포라를 어떻게 볼 것인가」, 『문학판』 통권18호, 2006.

윤정헌, 「한인소설에 나타난 이주민의 정체성」, 『한국현대문예비평』 제21집, 2006.

윤정화, 「재일한인작가의 디아스포라 글쓰기 연구」, 이화여자대학교 대학원 박사학위논문, 2010.

이경수, 「재일동포 한국어 시문학의 전개과정」, 『한중인문과학연구』 제14집, 2005.

이연숙, 「디아스포라와 국문학」, 『민족문학사연구』 제19호, 2001.

이영미, 「재일 조선 문학 연구 – 재일본조선문학예술가 동맹의 소설의 중심으로」, 『현대문학 이론 연구』 제33집, 2008.

이은영, 「이름과 언어를 통해 본 재일한국인의 아이덴티티」, 중앙대학교 석사학위논문, 2005.

이재봉, 「재일한인문학의 존재방식 – 화산도」, 『한국문학논총』 제32집, 2002.

이정석, 「재일동포가 창작한 한국어 산문문학의 존재양상」, 『한중인문과학연구』 제14집, 2005.

이정석, 「재일동포가 창작한 한국어 소설문학 담론의 존재양상」, 『한중인문과학연구』 제16집, 2005.

이정석, 「재일조선인 학글문학 속의 민족과 국가」, 『현대소설연구』 제24호, 2007.

이정희, 「재일동포 한국어소설 연구」, 『한중인문과학연구』 제7집, 2006.

이한창, 「재일한국인문학의 역사와 그 현황」, 『일본연구』 Vol.5, 1990.

이한창, 「재일교포문학의 작품 성향 연구-정치의식 변화를 중심으로」, 중앙대학
      교 박사학위논문, 1996.

이한창, 「민족문학으로서의 재일동포문학연구」, 『일본어문학』 제3집, 1997.

이한창, 「재일동포조직이 동포문학에 끼친 영향」, 『일본어문학』 제8집, 2000.

이한창, 「재일동포문학을 통해서 본 일본문학」, 『일어일문학연구』 제39권, 2001.

이한창, 「체제와 가치에 도전한 양석일의 작품세계」, 『일본어문학』 제13집, 2002.

이한창, 「재일동포문학의 역사와 그 연구현황」, 『일본학연구』 제17집, 2005.

이한창, 「재일동포문학에 나타난 부자간의 갈등과 화해」, 『일어일문학연구』 제60집
      2호, 2007.

이현영, 「주체성변용과 새로운 가능성」, 목포대학교 석사학위논문, 2008.

임경상, 「조국의 빛발 아래(재일조선 작가 소설집)」, 조선문학예술총동맹출판사,
      1965.

任展慧, 「'광조곡'을 통해 본 양석일의 문학세계」, 『일본학보』 Vol.45, no.1, 2000.

임헌영, 「재일동포문학에 나타난 한국여성의 초상」, 『한국문학연구』 Vol.19, 1997.

장미영, 「제의적 정체성과 디아스포라 문학」, 『한국언어학회』 제68집, 2009.

장사선, 「재일한민족 문학에 나타난 내셔널리즘」, 『한국현대문학연구』 제21집, 2007.

장사선, 「재일한민족 소설에 나타난 가족의 의미 연구」, 『한국현대문학연구』 제23집,
      2007.

장사선·김겸향, 「이회성초기 소설에 나타난 원형적 욕망의 양상」, 『한국현대문학
      연구』 제20집, 2006.

장사선·지명현, 「재일한민족 문학과 죽음 의식」, 『한국현대문학연구』 제27집, 2009.

장영우, 「재일한국인문학을 어떻게 할 것인가」, 『한국문학평론』 제7권, 통권 26호,
      2003.

장태환, 「사기사와 메구무(鷺沢萠) 작품에 나타난 아이덴티티 연구;『개나리도 꽃,
      사쿠라도 꽃』을 중심으로」, 건국대학교 교육대학원 석사학위논문, 2012.

전영은, 「가네시로 가즈키(金城一紀)의 『GO』론: '가벼움'과 마이너리티를 중심으로」,

건국대학교 교육대학원 석사학위논문, 2008.

정수원, 「재일한국인문학작품을 통해 본 재일한인의 일상적 고민과 대처방법」, 『일어일문학』 제29집, 2006.

정희선 외 옮김, 『재일코리안사전』, 선인, 2012.

조강희, 「해방직후 재일한인 작가의 언어생활에 대한 일고찰」, 『일어일문학』 제36집, 2012.

조경화, 「문학과 영화에 나타난 '피와 뼈'의 변주」, 건국대학교 석사학위논문, 2006.

조해옥, 「재일한국인의 분단극복 의식」, 『한중인문과학연구』 제14집, 2005.

조현미, 「일본인의 대한인식과 재일동포의 아이덴티티」, 『일본어문학』 제23집, 2003.

천관희, 「한·일 디아스포라 : 사적 전개와 실존적 갈등 연구 」, 『한국동북아논총』 제13권 제2호, 2008.

최승희, 「이양지 문학 연구」, 신라대학교 석사학위논문, 2005.

최종환, 「재일동포한국어시문학의 내적논리와 민족문학적 성격」, 『한중인문과학연구』 제17집, 2006.

추석민, 「김달수의 문학과 생애-창작활동을 중심으로」, 『일본어문학』 제29집, 2005.

추석민, 「김사량과 김달수 문학 비교」, 『일본어문학』 제27집, 2005.

하야시 고지, 「해방이후 재일 조선인 문학과 민족분단 비극의 인식」, 김환기 편, 『재일 디아스포라문학』, 새미, 2006.

한승옥, 「재일동포 한국어문학연구 총론(1)」, 『한중인문과학연구』 제14집, 2005.

허명숙, 「재일동포작가 량우직의 장편소설 연구」, 『한중인문과학연구』 제14집, 2005.

허명숙, 「재일한국어소설문학의 최근 동향」, 『한중인문과학연구』 제15집, 2005.

布袋敏博, 「해방 후 재일한국인문학의 형성과 전개-1945년~60년대 초를 중심으로」, 『인문논총』 제47집, 2002.

홍기삼, 「재외한국인문학개관」, 『문학사와 문학비평』, 해냄, 1996.

홍기삼 편, 「재일한국인문학론」, 『재일한국인 문학』, 솔, 2001.

황봉모, 「소수집단 문학으로서의 재일 한국인 문학-카네시로 카즈키(金城一紀)의 「GO」를 중심으로-」, 『日語日文學硏究』 第48輯, 韓國日語日文學會, 2004.

황은덕, 「탈국가, 코리안 디아스포라」, 『작가와사회』 제30호, 2008.

安宇植, 「在日朝鮮人の文学」, 『岩波講座 日本文学史』 第14巻, 岩波書店, 1997.

石川逸子, 「〈解說〉 金時鐘の詩」, 『〈在日〉 文学全集』 第5巻·金時鐘, 勉誠出版, 2006.

石塚友二,「交友関係から」,『民主朝鮮』第4号, 1946.

李殷直,「われらの放談」,『民主朝鮮』第19号, 1948.

李仁夏,「〈呉林俊氏を悼む〉民族的主体の恢復を志向して」,『季刊まだん』第2号, 1974.

磯貝治良,「在日朝鮮人文学の世界——負性を超える文学」,『季刊三千里』第20号(特集：
　　　在日朝鮮人文学), 1979.

磯貝治良,「新しい世代の在日朝鮮人文学」,『季刊三千里』第50号(特集：在日朝鮮人の
　　　現在), 1987.

磯貝治良,「在日朝鮮人の文學變遷」,『在日文學論』, 新幹社, 2004.

磯貝治良,「『〈在日〉文学全集』の刊行」,『民族時報』2006년 6월 15일.

磯貝治良・黒古一夫編,「年譜」,『〈在日〉文学全集』第3巻・金石範, 勉誠出版, 2006.

磯貝治良・黒古一夫編,「年譜」,『〈在日〉文学全集』第4巻・李恢成, 勉誠出版, 2006.

磯貝治良・黒古一夫編,「年譜」,『〈在日〉文学全集』第5巻・金時鐘, 勉誠出版, 2006.

磯貝治良・黒古一夫編,「年譜」,『〈在日〉文学全集』第16巻・作品集Ⅱ, 勉誠出版, 2006.

李恢成,「韓国国籍取得の記」,『可能性としての「在日」』, 講談社文芸文庫, 2002.

李恢成・河合修,「時代のなかの「在日」文学」,『社会文学』第26号, 2007.

任展慧,「金史良「山の神々」完成までのプロセス」, 朝鮮問題研究会編,『海峡』2, 社会
　　　評論社, 1975.

任展慧,「在日朝鮮人文學－亞細亞人外編」,『朝鮮を知る事典』, 平凡社, 1986.

宇野田尚哉,「『ヂンダレ』『カリオン』『原点』『黄海』解説」, 復刻版『ヂンダレ・カリ
　　　オン』別冊, 不二出版, 2008.

呉世宗,「許南麒の日本語詩についての一考察」,『論潮』第6号, 論潮の会, 2014.

呉鳴夢,「私の記憶手帳」,『コリア研究』第4号, 立命館大学コリア研究センター, 2013.

梶井陟,「日本の中の朝鮮文学」,『朝鮮文学－紹介と研究』季刊第12号(終刊号), 朝鮮文
　　　学の会, 1974.

加藤周一,「夕陽妄語〈書評〉『在日コリアン詩選集』」,『朝日新聞』2005年 7月 20日.

河合修,「時代の中の「在日」文学」,『社会文学』26号, 2007.

姜魏堂,「朝連の思い出」,『民主朝鮮』第32号, 1950.

金時鐘,「対談」,『論潮』第6号, 論潮の会, 2014.

金時鐘,「日本精神修養時代」,『朝鮮と日本に生きる－済州島から猪飼野へ』, 岩波新書,
　　　2015.

金時鐘・小田実・桐山襲・中里喜昭・李恢成・李丞玉,「〈座談会〉在日文学と日本文学をめぐって」,『在日文芸 民涛』第4号, 1988.

金時鐘・梁石日,「〈対談〉我らが文学と抵抗の日々を想起する」,『世界』7月号, 2004.

金鐘現,「京都西陣織伝統産業と西陣同胞社会の歴史」, 立命館大学ウリ同窓会,『玄海灘』第7号, 2012.

金石範・小林孝吉,「『看守朴書房』から『火山島』へ──ナショナリズムの風景のなかで」,『社会文学』第26号, 2007.

金達寿・飯沼二郎・大沢真一郎・小野誠之・鶴見俊輔,「〈座談会〉呉林俊のつきつけたもの─呉林俊・追悼」,『朝鮮人』No.11, 1975.

金貞恵,「立原正秋の美意識と小説的形象」,『日本語文学』第35輯, 2006.

金鶴泳,「そしてわれらは──金鶴泳日記抄(略年譜を付す)」,『凍える口 金鶴泳作品集』, 図書出版クレイン, 2004.

金栄・鄭雅英・文京洙,「座談会「在日」の内なる差別」,『ほるもん文化』제9호, 2000.9.

黒古一夫,「〈解説〉「北」と「南」の狭間で─金鶴泳の口を凍えさせたもの」,『〈在日〉文学全集』第6巻・金鶴泳, 勉誠出版, 2006.

小山鉄郎,「鷺沢萌さんと韓国─(文学界コラム─文学者追跡)」,『文學界』47(9), 文藝春秋, 1993.

宋恵媛,「在日朝鮮人詩人姜舜論─その生涯と詩作をめぐって」,『朝鮮学報』第219輯, 2011.

高澤秀次,「金石範論──「在日」ディアスポラの「日本語文学」」,『文学界』9月号, 2013.

高橋敏夫,「〈解説〉やんちゃな創造的錯乱者」,『〈在日〉文学全集』第7巻・梁石日, 勉誠出版, 2006.

竹田青嗣,「在日と対抗主義」,『岩波講座現代社会学』第24巻(民族・国家・エスニシティ), 岩波書店, 1996.

立松和平,「〈解説〉人間的苦悩と国家」,『〈在日〉文学全集』第3巻・金石範, 勉誠出版, 2006.

田中久介,「『解放詩』第一芸術論─許南麒の作品をめぐって」,『民主朝鮮』5月号, 1950.

田村栄章,「1935年張赫宙の思想的転換点」,『日本文化学報』第15輯, 2002.

鄭仁,「一年の集約」,『ヂンダレ』第18号, 1957.

坪井豊吉,「在日朝鮮人運動の概況」,『法務研究』報告集 第46集 第3号, 1959.

朴慶植・張錠壽・梁永厚・姜在彦,『体験で語る解放後の在日朝鮮人運動』, 神戸学生青年センター出版部, 1989.

朴正伊,「在日韓國朝鮮人文學における在日性」, 神戸女子大學博士學位論文, 2003.

朴鐘鳴,「[解説 1]『民主朝鮮』概観」, 復刻『民主朝鮮』本誌別巻, 明石書店, 1993.

林浩治,「金泰生論」,『在日朝鮮人日本語文学論』, 新幹社, 1991.

林浩治,「金泰生と在日朝鮮人文学の戦後」,『さまざまな戦後』, 日本経済評論社, 1995.

林浩治,「戦後在日朝鮮人文学史」,『戰後 非日文學論』, 新刊社, 1997.

林浩治,「鄭承博と金泰生」,『〈在日〉文学全集』第9巻・金泰生・鄭承博, 勉誠出版, 2006.

林浩治,「虚無と対峙して書く―金石範文学論序説」,『社会文学』第26号, 2007.

深沢夏衣,「在日、アイデンティティの行方」,『中国公論』第8号, 1949.

堀田希一,「なぜ在日韓国・朝鮮人が本名を名乗ってはいけないのか―映画「(イルム)…なまえ」が提起するもの」,『朝日ジャーナル』1983년 7월 1일.

水野明善,「在日朝鮮人作家論おぼえがき(その一)」,『民主朝鮮』第33号, 1950.

水野直樹,「座談会 在日朝鮮人問題に就て」,『世界人権問題研究センター・研究紀要』第10号, 2005.

森木和美,「在日韓国・朝鮮人および中国人の職業的地位形成過程の研究」,『関西学院大学社会学部紀要』60号, 1989

森崎和江,「民衆の内在律と天皇制国体試論」,『アジア女性交流史研究』No.11, 1972.

保高徳蔵,「日本で活躍した二人の作家」,『民主朝鮮』第4号, 1946.

梁石日,「金史良試論」,『原点』1, 梁石日個人雑誌, 1967.

梁石日・金石範,「『血と骨』の超越性をめぐって」,『ユリイカ』44, 2000.

尹健次,「「在日」を生きるとは」,『思想』第811号, 1992.

尹学準,「金達寿著『朝鮮』―民族・歴史・文化―ゆがめられたイメージとどう対決するかの問題について」,『学之光』第4号, 法政大学朝鮮文化研究会・朝鮮留学生同窓会, 1958.

横手一彦,「解説・〈史〉の内側を語る言葉」, 磯貝治良・黒古一夫編,『〈在日〉文学全集第11巻 金史良・張赫宙・高史明』, 勉誠出版, 2006.

3. 기타 및 웹사이트검색

세계한민족문화대전, 종추월,

　　　http://www.okpedia.kr/Contents/ContentsView?localCode=jpn&contentsId=GC9
　　　5200242

세계한민족문화대전, 김태생,

　　　http://www.okpedia.kr/Contents/ContentsView?contentsId=GC95200240&localC
　　　ode=jpn

세계한민족문화대전, 『피와 뼈』,

　　　http://www.okpedia.kr/Contents/ContentsView?contentsId=GC95201276&localC
　　　ode=jpn

세계한민족문화대전, 『어둠을 먹다』,

　　　http://www.okpedia.kr/Contents/ContentsView?contentsId=GC95201339&localC
　　　ode=jpn

在日本大韓国民民団, 「在日同胞社会」, https://www.mindan.org/syakai.php

中村和恵, 「(書評)『宗秋月全集　在日女性詩人のさきがけ』宗秋月〈著〉」, book.asahi.com,
　　　2016.12.11.

　　　https://www.asahi.com/articles/DA3S12701351.html?iref=pc_ss_date_article

김병진

일본의 총합연구대학원대학 국제일본문화연구센터에서 오스기 사카에(大杉栄)에 관한 연구로 박사학위를 받고 현재 이화여자대학교 이화인문과학원에서 연구교수로 재직 중이다.

동아시아 근현대의 지적 시스템과 그것을 지탱해 온 가치관을 되묻는 연구를 통해 '근대'를 돌아보고자 하는 작업을 진행하고 있다. 특히 일본 근현대 사상에 나타난 '생명주의'의 흐름에 주목하고서 사회운동 및 여성운동 내에서의 전개 양상을 추적하고 있다. 그러한 흐름이 재일문학에 나타나는 양상에 대해서도 계속해서 관심을 기울이고 있다.

주요 업적으로는 『자이니치의 정신사』(공역) 외에 「근대 일본 여성운동에서의 생명주의와 우생학」, 「다이쇼기 '아나·볼 논쟁' 재고」, 「고토쿠 슈스이의 '과학적' 사회주의」, 「20세기 전환기 자유의 각성과 생명의식」 등 다수의 논문이 있다.